转型之擎

软件产业高质量发展路径探索

黄　鹏◎编著

电子工业出版社.

Publishing House of Electronics Industry

北京·BEIJING

内 容 简 介

本书分析了在以"软件定义"为主要特征的新形势下，软件作为"转型之擎"的内涵和价值；对全球软件产业发展态势、趋势及重点国家和地区推进软件产业发展的经验进行了梳理，简要描绘了全球软件产业发展的新图景。本书还对我国推进软件产业发展的政策举措、总体成效及重点领域进展情况进行了分析，我国软件产业的规模持续扩大、盈利能力稳步提升、就业形势保持稳定、服务化和平台化融合发展态势明显，软件产业在经济增长中发挥了重要的引领作用，是制造强国和网络强国建设的重要基础。本书对软件产业的生态构建、创新体系、标准建设、知识产权、人才培养、区域发展、企业发展、国际合作等进行了研究，提出了全方位推进我国软件产业高质量发展的方法。本书基于对最新形势的研判，从顶层设计、产业链、市场环境等角度提出了我国未来推进软件产业高质量发展的重点方向。

图书在版编目（CIP）数据

转型之擎：软件产业高质量发展路径探索 / 黄鹏编著. —北京：电子工业出版社，2020.8

ISBN 978-7-121-39442-3

Ⅰ.①转…　Ⅱ.①黄…　Ⅲ.①软件产业－产业发展－研究－中国　Ⅳ.①F426.67

中国版本图书馆 CIP 数据核字（2020）第 157494 号

责任编辑：李　冰

文字编辑：冯　琦

印　　刷：北京盛通商印快线网络科技有限公司

装　　订：北京盛通商印快线网络科技有限公司

出版发行：电子工业出版社

　　　　　北京市海淀区万寿路 173 信箱　　邮编：100036

开　　本：787×1 092　1/16　印张：16.25　字数：286 千字

版　　次：2020 年 8 月第 1 版

印　　次：2022 年 4 月第 2 次印刷

定　　价：98.00 元

前　言

当今世界，新一代信息技术正在深刻改变人类的生产和生活方式及社会产业结构。作为信息技术之魂、经济转型之擎、网络安全之盾、数字社会之基、大国博弈之焦，软件不断拓展自身形态的边界，在数字化浪潮中体现出产品云化、服务平台化、应用智能化的发展趋势。"软件定义"已经成为信息化发展的新标志和新特征。软件的发展能够持续引领产业变革，驱动数字经济蓬勃发展，促进信息消费扩大升级，推动智慧社会加速演进。软件的赋能、赋值、赋智作用日益凸显。

近年来，我国在软件产业发展方面取得了重要进展。关键软件供给能力实现突破，云计算、大数据产业化应用拓展加速，人工智能、虚拟现实、区块链等领域的技术和产品创新持续活跃。软件在全产业的研发设计、流程控制、企业管理、综合保障等关键环节的应用不断深入，为产业发展和新业态培育提供了新动能。产业转型加快，软件产业迈入高质量发展的新阶段。

在软件产业链的上下游，数据规模迅速扩大，数据类型日益丰富并成为重要的生产要素，为软件的升级和生态版图的拓展提供了创新宝库；工业生产的效率提升和智能发展迫切需要软件的升级，软件同实体经济的融合使一张全新的蓝图逐渐展开；人类对高水平生活的向往，使其对社会治理提出了精细化、智能化、个性化要求，高度契合发展要求的软件为创新服务提供了数字化平台。总体来看，软件产业发展的新趋势表现为重构和演化。在5G、大数据中心、工业互联网、人工智能等基础设施建设的助力下，软件产业将获得更加广阔的创新发展空间。

本书基于对国内和国外软件产业发展态势和趋势的分析，结合软件产业发展的最新动向，对软件产业的内涵分类、价值影响、发展态势、发展趋势、政策举措、细分领域、生态构建、创新体系、标准建设、知识产权、人才培养、区域发展、企业发展、国际合作等进行了分析，概括了软件产业的发展重点和热点。

　　本书的编写和出版得到了国家工业信息安全发展研究中心尹丽波主任、何小龙副主任，电子工业出版社刘九如总编辑等领导的大力支持，以及高晓雨、申睃、李宏宽、陈凤仙、胡思洋、马瑞敏、王慧娴、于金平、王宏洁等同事的全力帮助，在此表示衷心的感谢！

　　由于成稿时间仓促，编著者水平有限，书中难免出现漏误，恳请各位读者批评指正。

黄　鹏

2020 年 8 月

目　　录

第1章

软件概述

习近平总书记指出，世界经济加速向以网络信息技术产业为重要内容的经济活动转变。新一代网络信息技术不断突破，数字化、网络化、智能化深入发展，新一轮科技革命和产业变革动能持续释放，数字经济蓬勃兴起，科技创新正深刻改变着人类的生产和生活方式，对各国经济社会发展、全球治理体系、人类文明进程具有深远影响。软件持续引领科技创新和产业变革，赋能、赋值、赋智作用日益凸显。软件驱动数字经济蓬勃发展、促进信息消费扩大升级、推动智慧社会加速演进、全面支撑经济社会的高质量发展。党的十八大以来，我国软件产业总体保持稳步增长态势，为建设制造强国和网络强国提供了重要支撑。

1.1 软件的内涵

软件是一系列按照特定顺序组织的计算机数据和指令的集合。《软件产品分类》（GB/T 36475—2018）将"软件产品"定义为：向用户提供的计算机软件、信息系统或设备中嵌入的软件或在提供计算机信息系统集成、应用服务等技术服务时提供的计算机软件。

软件是计算机的灵魂。20 世纪 40 年代，世界上第一台电子计算机诞生。此后，随着信息技术的进步和信息化的发展，软件不断升级，从计算机的内置程序发展为独立存在的硬件及跨区域、跨行业的服务。软件不仅是电子产品中嵌入的代码，也不仅是使移动设备更加智能的工具。软件的功能越来越丰富、性能越来越强大、应用越来越广泛，已经成为支撑物理世界和人类社会运行的基础元素。无所不在的软件，逐渐走出信息世界的范畴，深度渗透到物理世界和人类社会中。正如 C++程序设计语言的发明者 Bjarne Stroustrup 所说："人类文明运行在软件之上。"

可以将软件的体系架构分为基础层、中间层和应用层。在基础层，基础软件与底层硬件一同进化，计算部件和存储层次的异构性和复杂性不断增加，面向体系结构的编译优化技术持续发展。作为加载、支撑和管控下游应用的基础设施，基础软件不断适应变化的应用软件形态，各类平台和应用软件的功能在操作系统、中间件、数据库等载体上得以实现。在中间层，云计算、大数据、人工智能、区块链等新一代信息技术不断加速创新和应用步伐，逐步形成良性互动的发展模式，高性能的通用化、标准化软件服务平台和解决方案纷纷涌现。作为智能制造的基础要素，工业软件对生产流程的支持范围不断扩大、力度不断加大。在应用层，数字技术深入改造企业生产、研发、销售、管理等环节，能够在多种应用场景下满足各行业用户的多样化需求，应用软件已成为企业实现战略布局和差异化竞争的重要支撑，应用软件技术呈现网络化、智能化、服务化、平台化及融合化趋势[1]。

1.2　软件的发展历程

从全球来看，软件的发展历程大致可以划分为单机时代、桌面互联网时代、移动互联网时代、万物互联时代。

1.2.1 单机时代

在计算机诞生后的一段相当长的时间内，实际上并没有"软件"的概念，仅用机器语言和汇编语言编写程序。直到 20 世纪 50 年代，IBM 开发了第一款高级程序设计语言 Fortran，才出现了与"硬件"对应的"软件"的概念。个人计算机的出现和普及，加快了软件的产品化步伐，软件发展进入单机时代。大家熟知的 Windows 操作系统、Office 办公软件、甲骨文数据库等，都诞生于这一时期。各领域的行业应用需求催生了大量的专用软件，如计算机辅助设计（CAD）软件、模拟仿真软件、音乐视频播放器等。普遍认为甲骨文是全球第一家独立运营的软件企业，微软开创了软件付费模式，软件产业正式成为一个独立的产业，逐渐颠覆了"硬件为王"的格局。

以研发设计软件的发展为例，回顾软件产品的成熟过程和软件企业的创建过程，如表 1-1 所示，主要研发设计软件均发端于 20 世纪 60 年代。这一时期是工业设计和分析技术的积累阶段，有限元分析、计算机图形学、数控机床技术等逐渐发展和成熟起来。

表 1-1　研发设计软件的发展

产品	20 世纪 60 年代			20 世纪 70 年代			20 世纪 80 年代			20 世纪 90 年代		
	前期	中期	后期	前期	中期	后期	前期	中期	后期	前期	中期	后期
CAD	二维 CAD 技术			三维 CAD 技术，特别是曲面造型技术								
					实体造型技术							
							参数化 CAD 技术					
CAE	有限元分析解决结构分析			有限元分析解决物理场分析						CAE 与 CAD 融合，多物理场融合分析		
CAM		APT 语言逐渐成熟		第一代 CAM 软件：功能差，操作困难，专机专用					第二代 CAM 软件：面向局部曲面			
CAPP		派生式 CAPP 系统		创成式 CAPP 系统								
						检索式 CAPP 系统						
								工具式 CAPP 系统				
PDM						PDM 软件，作为 CAD 的辅助产品			专业 PDM 系统			
									PDM 系统向 PLM 方向发展			

20世纪60年代中后期，研发设计软件发展迅速。二维CAD技术、有限元分析软件及APT语言逐渐完善并成熟起来，构成了第一代研发设计软件。

20世纪70年代，研发设计软件技术进一步发展，三维CAD技术（特别是曲面造型技术）和物理场分析技术逐渐成熟，出现了基于APT语言的第一代CAM软件，CAPP系统从派生式转变为创成式。20世纪70年代后期，实体造型技术的出现，推动CAD、CAE、CAM软件采用统一的方式描述同一个模型，为后续的CAD、CAE、CAM一体化奠定了基础。

20世纪80年代中期，出现了参数化CAD技术，大大提高了工程师和产品设计人员的工作效率，减少了重复劳动。20世纪80年代后期，面向局部曲面的第二代CAM软件出现。随着CAD、CAE、CAM软件的应用范围不断扩大，产品信息数据总量增加，作为CAD软件辅助产品的PDM软件逐渐成熟。这一时期也是研发设计软件产业大发展的时期，诞生了许多著名企业，如Dassault Systemes（成立于1981年）、美国参数技术公司（成立于1985年）和Altair（成立于1985年）等。

20世纪90年代，有限元分析扩展为多物理场融合分析，CAE软件的功能得到扩展，参数化CAD技术走向成熟，CAPP系统从检索式转变为工具式，PDM软件开始独立并发展为专业PDM系统。20世纪90年代中后期，PDM系统开始向PLM方向发展，逐渐成为企业信息化建设的重要组成。20世纪90年代至今，是研发设计软件产业资源大整合与行业集中的时期，许多企业通过收购、兼并，以及成为其他企业的子公司，完成业务拓展和技术积累。

1.2.2　桌面互联网时代

互联网的诞生对软件的发展具有重要影响，软件的运行环境从单机延伸到网络，软件产品以信息交互和网络应用为主导，网页浏览器、电子邮件、社交媒体、搜索引擎、防火墙、网络游戏等创新性软件产品迅速普及，为人们打开了通向网络世界的窗口。传统单机软件也纷纷推出面向互联网的版本，如服务器操作系统、分布式数据库、企业资源管理计划软件（ERP）、流媒体软件等，软件即服务（SaaS）成为软件交付使用的重要方式，逐渐建设了基于互联网应用的软件生态。在桌面互联网时代，出现了谷歌、亚马逊、微软、苹果、雅虎、eBay 等知名跨国企业，新浪、搜狐、网易、百度、腾讯、阿里巴巴等国内企业也迅速成长起来，知名互联网企业的基本信息如表 1-2 所示。全球软件产业的快速发展为世界经济的发展提供了动力，提高了经济社会的运行效率。软件产业的发展水平能够衡量国家信息产业的发展水平及综合竞争力。

表 1-2　知名互联网企业的基本信息

企业	创建时间	总部所在地	初始领域
雅虎	1994 年	美国	网络媒体
亚马逊	1995 年	美国	电子商务
eBay	1995 年	美国	电子商务
网易	1997 年	中国	网络媒体
谷歌	1998 年	美国	搜索引擎
新浪	1998 年	中国	网络媒体
腾讯	1998 年	中国	社交网络
搜狐	1998 年	中国	网络媒体
阿里巴巴	1999 年	中国	电子商务
百度	2000 年	中国	搜索引擎

1.2.3　移动互联网时代

随着智能手机的普及和网络信息基础设施的升级，移动互联网驱动软件形态再次发生重大变革。以云计算、大数据技术为基础的软件蓬勃发展；作为一种新的软件形态，移动 App 被广大用户接受，社交、导航、支付、打车、购物、视频、音乐等各种类型的移动 App 使生活和学习更加便捷、高效、丰富。在这一时期，Android 系统和 iOS 系统占据了全球 95%以上的移动操作系统市场份额，亚马逊、微软主导了全球云计算市场，推特、Facebook 等通过使用大数据技术掌控了社交网络。我国把握移动互联网发展机遇，成功实现了 3G 追赶、4G 并跑、5G 领跑的历史性跨越，培育出了华为、阿里巴巴、腾讯等市场竞争力较强的企业，滴滴、美团、字节跳动等新兴企业在细分领域也具有一定的竞争优势。小米在其生产的电视中内置智能操作系统，能够与各类智能设备实现交互，并创造了全新的智能家居体验，经过五六年的发展，小米的智能电视出货量升至国内市场的首位。

1.2.4　万物互联时代

云计算能力的提高、大数据的集聚、人工智能算法的革新，以及 5G、天地一体化网络的深入发展，预示着软件将与实体经济实现更高水平、更大范围、更深层次的融合，迎来重要的变革期。SAP、美国通用电气的 Predix、德国西门子的 MindSphere 等工业互联网平台集成了工业大数据处理和分析、数据孪生快速建模、工业 App 开发等功能，着力打造工业互联网操作系统。我国工业互联网的发展与国际基本同步，初步构建了能力多样、特色鲜明的工业互联网平台体系，培育出了 50 多个具有行业、区域影响力的平台，约有工业 App 10 万个。下一代操作系统可能是覆盖各类智能终端的统一操作系统，通过"5G+云+人工智能"，实现移动设备、个人计算机、智能电视、车载终端、智能可穿戴设备等的跨终端硬件兼容和数据共享，提供更多的软件创新应用，形成从局部到系统再到全局、从单环节到多环节再到全流程、从单企业到产业链再到产业生态的智能运行体系，迈向"智能+"的新时代。

1.3　软件产品的分类

《软件产品分类》（GB/T 36475—2018）将软件产品分为系统软件、支撑软件、应用软件、嵌入式软件、信息安全软件、工业软件和其他软件。

系统软件是指能够对硬件资源进行调度和管理，并为应用软件提供运行支撑的软件，主要包括操作系统、数据库管理系统、固件、驱动程序等。

支撑软件是指支撑软件开发、运行、维护、管理的软件，以及与网络连接或组成相关的支撑类软件，主要包括开发支撑软件、中间件、浏览器、搜索引擎、虚拟化软件、大数据处理软件、人工支撑软件等。

应用软件是指解决特定业务需求的软件，包括通用应用软件和行业应用软件。

嵌入式软件是嵌入式系统的软件部分，它与硬件部分高度结合，一般对可靠性、实时性、效率等具有更高的要求，主要包括面向通信设备、广播电视设备、汽车电子设备、交通监控设备、电子测量仪器、装备自动控制、电子医疗器械、电力监控设备、信息系统安全产品、计算机应用产品、终端设备等的嵌入式软件。

信息安全软件是指用于对计算机系统及其内容进行保护，确保其不被非授权用户访问的软件，包括基础类安全产品、网络与边界安全产品、终端与数字内容安全产品、专用安全产品、安全测试评估与服务类产品、安全管理产品等。

工业软件是指在工业领域辅助进行工业设计、生产、通信、控制的软件，主要包括工业总线、计算机辅助设计（CAD）软件、计算机辅助制造（CAM）软件、计算机集成制造系统、工业仿真、可编程逻辑控制器（PLC）、产品生命周期管理（PLM）软件、产品数据管理（PDM）软件等。

1.4　软件的特征

软件是信息技术之魂、经济转型之擎、网络安全之盾、数字社会之基、大国博弈之焦，是推动互联网、大数据、人工智能与实体经济深度融合的重要产品。

1.4.1　软件的渗透性

谷歌、微软、苹果、IBM 等软件龙头企业的业务不再局限于信息技术领域，而是向服务业、制造业、农业等领域扩展。谷歌依托"云+人工智能"助力产业实现数字化转型。基于领先的人工智能技术，谷歌云帮助数千家企业实现了业务转型，为其提供安全可靠的大规模基础架构和数字化转型平台，以及金融、医疗、零售、制造等领域的智能解决方案，用户有澳新银行、美国癌症协会、国家地理、宜家、宝洁、雷诺、三星等。微软借助云技术积极赋能行业云端化解决方案，其面向行业应用市场的一系列云计算解决方案涉及制造、能源、新零售、金融、医疗等领域，服务对象包括福特、施耐德、沃尔玛、招商证券、瑞尔等。微软公布的 2019 财年第四财季的数据显示，微软的云合作伙伴已超过 7 万家，云业务收入占企业整体营收的比例超过 1/3，超越了其赖以起家的 Windows 业务。

1.4.2　软件的融合性

软件的应用形态呈现泛在化、社会化、情境化、智能化特征。"软件定义"正全面融入经济社会各领域，加快制造业数字化转型，驱动数字经济蓬勃发展，推动智慧社会加速演进。以软件定义制造为例，当前制造设备、知识和工艺流程软件化及软件平台化趋势明显，不断激发研发设计、仿真验证、生产制造、经营管理等环节的创新活力与模式变革，加快个性化制造、网络化协同生产、服务型制造等新模式的发展。当前，全球高端制造企业的内涵和本质已超越了人类对制造企业的传统定义，领先的软件能力正逐渐成为高端制造企业的标配[2]。洛克希德·马丁是世界上拥有最多软件代码的企业；罗克韦尔有 60%的员工是软件研发人员；特斯拉的软件成本占整车成本的 40%以上，Model S 系列车型的软件代码超过 4 亿行；大众逐渐向软件驱动型企业发展，将投资 35 亿欧元打造汽车操作系统 vw.OS。未来，智能网联汽车的价值将至少有 60%源于软件，而目前软件的价值仅占 10%左右；海尔的 COSMOPlat 工业互联网平台已应用于汽车、纺织等 15 个行业，推动企业从大规模制造向数字化大规模定制转型，逐渐改变了制造企业的生产模式。强大的工业基础和对工业生产的深度理解是高端工业软件成功研发与应用的基础。作为新一代信息技术与制造业融合的关键，工业软件与底层硬件技术及设备密切相关，西门子、达索系统、波音、盖勒普等既是欧美工业软件的领导者，又是全球领先的高端制造企业。

1.4.3　软件的赋能性

在新一轮"万物互联"和"智能化"信息技术革命的背景下，软件的"赋能、赋值、赋智"作用被加速和加倍放大。软件能够提供数据驱动的决策支持，包括更准确的天气预测、更优质的经济模型、个性化的信息推送等。软件使购物、出行、学习、理财等更加便捷，推动行业降本增效、节能减排，使小型企业的先进技术应用成为可能。新冠肺炎疫情暴发后，软件企业发布或免费开放了 1000 余款软件、400 多款工业 App，支持中小企业开展在线远程办公、生产管控和供应链管理，助力企业"云复工"，降低新冠肺炎疫情对企业的冲击，缓解燃眉之急。工业互联网平台提供物资汇聚、供需对接和动态调配等服务，助力企业的柔性转产和产能共享，支撑产业链协同复工和快速达产。新冠肺炎疫情充分释放了软件驱动创新的力量，按下了在软件驱动下的新动能培育壮大的"快进键"。钢铁、石化等行业基于软件创新制造业新模式，发展"黑灯工厂""无人工厂"，保证新冠肺炎疫情期间生产稳定、实现降本增效。此外，软件驱动的信息消费新业态实现了升级，无人配送、在线消费、网络视频等新业态不断发展，教育、医疗、办公、娱乐等领域的消费活动逐渐向线上迁移，商品的网上零售额同比增长 3%。

1.5　软件的价值

当今世界，"软件定义"成为信息技术发展的新特征和新标志，软件的全面融合应用引发了生产方式的深刻变革，使生产力实现了质的飞跃，催生了新技术、新模式、新业态，推动了国民经济和社会生活各领域的转型升级和创新发展。软件对于推动信息技术创新、促进经济社会发展、维护网络空间安全等具有重要意义，是建设现代化经济体系、推进国家治理能力现代化的关键。

1.5.1 软件是支撑科技创新的基础性通用技术

软件是科技创新最活跃的领域之一。美国软件企业的研发投资超过 600 亿美元，约占美国所有企业研发投资的 20%；欧盟软件企业的研发投资约占所有企业研发投资的 7.3%；西班牙、英国、荷兰等国的软件企业研发投资占所有企业研发投资的 8%～9%。印度在美国申请了 4600 多件专利，其中，与计算机相关的占 60% 以上，数据处理和软件开发测试类专利占主导地位。欧盟委员会发布的《2019 年欧盟工业研发投资排名》，对全球 40 多个国家和地区的研发投资超过 3000 万欧元的 2500 家企业进行了调查，这些企业的 2019 会计年度研发投资约为 8234 亿欧元，占全球企业研发投资的 90% 左右。研发投资增长最快的 3 个行业为信息技术服务行业（16.9%，含软件领域）、信息技术产品行业（8.2%）和医疗健康行业（7.6%）。研发强度最高的 3 个细分领域为制药（15.4%）、软件（10.8%）和 IT 硬件（8.0%），汽车领域的研发强度只有 4.7%。在研发强度最高的 50 家企业中（研发强度高于 13.3%），有 24 家来自信息技术领域，有 23 家来自生物制药领域。在《2019 年欧盟工业研发投资排名》中，有 52.8% 的美国企业来自信息技术服务行业（含软件领域），中国为 47.1%，日本为 24.9%，欧盟为 20%。2010—2019 年，信息技术服务行业（含软件领域）的研发投资占总研发投资的比例从 10.7% 提升至 15.0%，信息技术产品行业的研发投资则从 22.9% 提升至 23.6%。2018—2019 年，在研发投资最多的 30 家企业中，软件与计算机服务领域的企业有 5 家，分别是 Alphabet（谷歌的母公司，约 183 亿欧元）、微软（约 147 亿欧元）、Facebook（约 90 亿欧元）、甲骨文（约 53 亿欧元）和阿里巴巴（约 48 亿欧元）。中国有两家企业上榜，即阿里巴巴和华为（约 127 亿欧元）。2018—2019 年研发投资最多的 30 家企业如表 1-3 所示。

表 1-3 2018—2019 年研发投资最多的 30 家企业

排名	企业	总部所在地	领域	研发投资（百万欧元）	增长率（%）	研发强度（%）
1	Alphabet	美国	软件与计算机服务	18270.7	30.3	15.3
2	三星	韩国	电子与电气设备	14831.3	9.8	7.8
3	微软	美国	软件与计算机服务	14738.9	14.6	13.4
4	大众	德国	汽车及零部件	13640.0	3.8	5.8
5	华为	中国	技术硬件和设备	12739.6	12.9	13.9

续表

排名	企业	总部所在地	领域	研发投资 （百万欧元）	增长率 （%）	研发强度 （%）
6	苹果	美国	技术硬件和设备	12433.2	22.9	5.4
7	英特尔	美国	技术硬件和设备	11827.9	3.4	19.1
8	罗氏	瑞士	制药和生物技术	9797.9	6.3	19.4
9	强生	美国	制药和生物技术	9410.5	2.1	13.2
10	戴姆勒	德国	汽车及零部件	9041.0	4.4	5.4
11	Facebook	美国	软件与计算机服务	8972.0	32.5	18.4
12	默克	德国	制药和生物技术	8455.9	-4.7	22.9
13	丰田	日本	汽车及零部件	8264.7	-1.4	3.5
14	诺华	瑞士	制药和生物技术	7998.2	4.2	17.2
15	福特	美国	汽车及零部件	7161.6	2.5	5.1
16	宝马	德国	汽车及零部件	6890.0	12.8	7.1
17	辉瑞	美国	制药和生物技术	6816.6	5.5	14.5
18	通用	美国	汽车及零部件	6812.2	6.8	5.3
19	本田	日本	汽车及零部件	6580.1	12.2	5.3
20	博世	德国	汽车及零部件	6189.0	4.3	7.9
21	西门子	德国	电子与电气设备	5909.0	6.7	7.1
22	赛诺菲	法国	制药和生物技术	5890.0	8.1	17.1
23	思科	美国	技术硬件和设备	5530.1	4.5	12.8
24	百时美施贵宝	美国	制药和生物技术	5472.5	5.3	27.8
25	甲骨文	美国	软件与计算机服务	5262.9	-1.1	15.3
26	拜耳	德国	制药和生物技术	5109.0	-1.0	12.9
27	高通	美国	技术硬件和设备	4881.2	2.3	24.6
28	阿里巴巴	中国	软件与计算机服务	4770.8	64.5	9.9
29	阿斯利康	英国	制药和生物技术	4631.4	-2.7	24.0
30	艾伯维	美国	制药和生物技术	4566.8	5.0	16.0

　　从信息技术的发展来看，互联网、大数据、人工智能、区块链等新一代信息技术的核心都是软件。区块链的本质是基于代码、加密算法和关系模型形成的共识机制实现去中心化协作的软件。习近平总书记指出，要强化基础研究，提升原始创新能力，努力让我国在区块链这个新兴领域走在理论最前沿、占据创新制高点、取得产业新优势。谷歌

的 TensorFlow、百度的飞桨等深度学习平台的核心就是软件开发框架。

软件能够推动信息、能源、生物、材料、空间、海洋等领域的技术实现交叉融合和突破。例如，在波音 787 客机的研制过程中使用了 8000 多种软件，其中有 7000 多种是非商业化专业软件，集中体现了波音公司多年积累的工程技术经验和方法，使其能够依靠自己的力量研制出世界一流的飞机。我国基因测序、干细胞研发等重要原创性科技的突破，悟空、墨子等系列科学实验卫星的成功发射，以及载人航天、探月工程、深地探测、国产航母、金属纳米结构材料等战略性高科技创新成果的取得都离不开软件。

1.5.2　软件是推动经济高质量发展的重要引擎

经济发展水平是衡量国家经济实力和综合国力的决定性因素。软件产业是创新最活跃、增长最迅速、渗透最广泛的产业之一，其支撑互联网平台成为全要素、全产业链和全价值链连接的载体和枢纽，为世界的经济增长提供了不竭动力。1990 年，在全球市值排名前 10 的企业中，无一家软件企业；2000 年，在全球市值排名前 10 的企业中，仅有微软一家软件企业；2019 年，在全球市值排名前 10 的企业中，以软件为主要业务的企业有 7 家。全球市值排名前 10 的企业如表 1-4 所示。微软、苹果、亚马逊一度成为市值突破万亿美元的企业。近 10 年，我国的软件业务收入从 2009 年的不足 1 万亿元增长至 2018 年的 6.3 万亿元，年均增长率超过 20%，远远超过同期 GDP 的增长率。

表 1-4　全球市值排名前 10 的企业

序号	1990 年		2000 年		2010 年		2019 年	
	企业	总部所在地	企业	总部所在地	企业	总部所在地	企业	总部所在地
1	日本电报电话公司	日本	微软	美国	中国石油	中国	微软	美国
2	东京三菱银行	日本	通用电气	美国	埃克森美孚	美国	苹果	美国
3	日本兴业银行	日本	NTT Docomo	日本	微软	美国	亚马逊	美国
4	三井住友银行	日本	思科	美国	中国工商银行	中国	谷歌	美国
5	丰田	日本	沃尔玛	美国	沃尔玛	美国	Facebook	美国
6	日本富士银行	日本	英特尔	美国	中国建设银行	中国	伯克希尔·哈撒韦	美国

序号	1990 年		2000 年		2010 年		2019 年	
	企业	总部所在地	企业	总部所在地	企业	总部所在地	企业	总部所在地
7	日本第一劝业银行	日本	日本电报电话公司	日本	必和必拓	澳大利亚	阿里巴巴	中国
8	IBM	美国	埃克森美孚	美国	汇丰银行	英国	腾讯	中国
9	日本联合银行	日本	朗讯	美国	巴西国家石油	巴西	强生	美国
10	埃克森美孚	美国	德国电信	德国	苹果	美国	摩根大通	美国

当前，软件产业网络化、平台化、服务化、智能化、生态化加速。云计算、大数据、移动互联网、物联网等技术的快速发展和融合创新，推动新一代信息技术快速迭代，不断催生新业态和新经济增长点。软件产业是推动经济增长的重要力量。2016 年，美国软件产业的收入为 5644 亿美元，占 GDP 比重约为 3%，带动相关业务收入 1.14 万亿美元，对 GDP 的贡献率为 7.5%；欧盟软件产业的收入为 3040 亿欧元，占 GDP 比重约为 2%，带动相关业务收入 1 万亿欧元，对 GDP 的贡献率为 6.7%。软件产业是创造就业机会的重要领域。2016 年，美国软件从业人员数量为 290 万人，约占就业总人数的 2%，带动了相关产业的约 1050 万人就业，软件开发人员的年平均工资约为 10.44 万美元，是全行业平均工资的 2.1 倍；欧盟软件从业人员数量为 360 万人，带动了相关产业的约 1270 万人就业；软件开发人员的年平均工资约为 4.53 万欧元，约比全行业平均工资高 1 万欧元。

"软件定义"正全面融入经济社会各领域，加快制造业数字化转型，驱动数字经济蓬勃发展，推动智慧社会加速演进。以软件定义制造为例，制造设备、知识和工艺流程软件化及软件平台化趋势明显，激发了研发设计、仿真验证、生产制造、经营管理等环节的创新活力，加快了个性化定制、网络化协同、服务型制造等新模式的发展。软件已成为制造业的"软零件""软部件""软装备"，推动了传统生产向智能制造转型升级。大到飞机、船舶的制造和使用，小到集成电路、精密器件的开发，都需要依赖不同类型的工业设计软件。高端装备中集成了各种控制软件，这些软件决定了产品的质量和生产效率。例如，中国商用飞机有限责任公司在大型客机 C919 的研制过程中，建立了约包含 100 家供应商及 300 个研发团队的管理系统，实现了跨领域、多主体的全球化协同创新，大大缩短了研制周期；德国安贝格电子制造工厂利用工业控制软件进行生产控制，能够自主完成 3/4 的工作，实现了多品种工控机的混线生产，平均每秒能生产 1 台控制设备，产品合格率高达 99.99%。

软件与实体经济的融合发展，构建了资源丰富、多方参与、创新活跃、高效协同的开放共赢生态，不断催生新模式和新业态。例如，海尔集团打造的 COSMOPlat 工业互联网平台实现了制造能力和工业知识的模块化、平台化，该平台集聚了约 3.3 亿名用户和 390 万家供应商的资源，构建了一个并联生态圈，孵化和孕育了上千家小微企业，创造了上百万个就业机会。通过推进工业技术的软件化，不断巩固和加强对全产业链的控制。工业技术知识往往闭锁在技术人员的脑中、散落在企业里，无法显性、整合和复用，工业技术软件化能力是工业企业的新型能力。CAX、PDM、ERP、MES 等传统工业软件与工艺要求、设备运行原理、实践经验等工业知识深度融合，并顺应工业软件的组件化、轻量化、云化趋势加快改造，满足企业的分布式管理和远程协作需要。面向特定的工业应用场景，应加强工业技术、经验、知识和最佳实践的模型化、模块化、软件化，依托工业互联网平台打造微服务、微组件、工业 App 等，为开源社区建设提供技术支持，不断提高工业智能化水平。

软件是支撑金融业务系统运行、保障金融安全的关键。大型数据库为银行、证券、保险等金融机构提供了持续、安全、稳定的数据管理与信息集成服务，核心业务系统是金融业的关键信息基础设施。云计算、大数据、人工智能、区块链等新一代信息技术的发展，为金融科技创新提供了新的方向。例如，蚂蚁金服将所有业务系统架构在云上，实现了芝麻信用、淘宝、天猫、支付宝等平台的数据及政府公共数据、金融机构数据、合作企业数据的共享，基于区块链技术完成了供应链金融的全链路覆盖。蚂蚁金服成立于 2014 年，估值一度超过万亿元，服务超过 10 亿名用户。

软件驱动金融业务场景发生深刻变革，移动支付改变了人们的线下消费模式，推动了支付方式的变革，加速了"无现金"社会的到来。当前，扫码付款随处可见，人们越来越习惯采用微信、支付宝等"智能终端+二维码"的支付方式，充分享受软件带来的便利性。据统计，在科技创新给人们带来的获得感中，移动支付带来的获得感占比最高，达到 26%。CNNIC 的统计报告显示，截至 2020 年 3 月，我国使用网络支付的用户数量达到 7.68 亿名，与 2018 年年底相比，增加了 1.68 亿名，占网络用户的 85.0%；使用手机网络支付的用户数量达到 7.65 亿名，与 2018 年年底相比，增加了 1.82 亿名，占手机网络用户的 85.3%。目前，微信、支付宝已经实现了在约 50 个国家和地区的合规接入。

1.5.3　软件是推进治理能力现代化的关键支撑

习近平总书记在党的十九届四中全会提出："建立健全运用互联网、大数据、人工智能等技术手段进行行政管理的制度规则。"软件是克服社会治理顽疾的利器，能够通过对基层数据的共享、挖掘和分析，推动主观、定性的数据治理转化为数据驱动的智能决策、精准管理和全面服务，提高社会治理水平。例如，在交通领域，节假日期间，城市交管部门通过加设物联网传感器，实时收集各类交通数据，形成区域内交通热力图，从而更科学地制定疏散、管制方案，有效防范群体踩踏等事件的发生；在公共安全领域，过去主要采用"人海战术"来监控和排查海量视频图像资源，现在则可以利用人脸识别技术，对重点区域的重点人员进行实时识别、定位与预警分析，研判可能存在的异常行为，实现从被动应对到主动预防的转变。在新冠肺炎疫情期间，"健康宝"等小程序成为疫情防控工作的好帮手，为人们的日常出行和企业的复工复产提供了很大的便利。

1.5.4　软件是促进文化繁荣和教育公平的重要手段

文化是一个民族的魂魄，文化认同是民族团结的根脉。推动文化繁荣兴盛，要继承、创新、弘扬优秀传统文化，软件为中华优秀传统文化的创造性转化、创新性发展提供了新方向。在第二届中国国际进口博览会上，我国首次增设了 4000 平方米的非物质文化遗产暨中华老字号展区，运用虚拟现实、增强现实、多感官交互等软件技术，实现了"文化+传播"的有机统一。"数字敦煌"完成了 180 多个洞窟壁画的数字化采集和 120 多个洞窟的全景漫游，使不可移动的壁画越过山川海洋，抵达世界的各角落，使千年石窟"活"了起来。学习强国平台的用户数量已经超过 1.3 亿名，日活跃率高达 40%～60%，已成为最权威的思想库、最完整的核心数据库、最丰富的文化资源库。

移动 App、小程序等软件的新技术和新应用满足了现代生活的快节奏、碎片化需求，微信、微博、今日头条、抖音等新闻客户端和社交软件成为网络用户获取信息的重要渠道，作为一种新的精神文化载体，软件对参与者具有潜移默化的影响。字节跳动于 2012 年成立，旗下的今日头条 App 的日活跃用户数量超过 3 亿名，年收入超过 400 亿元；抖音的日活跃用户数量突破 5 亿名，年收入约为 500 亿元。2020 年 6 月我国平均日活跃用户数量排名前 30 的移动 App 如表 1-5 所示。

表 1-5　2020 年 6 月我国平均日活跃用户数量排名前 30 的移动 App

排名	移动 App	所属行业	平均日活跃用户（万名）
1	微信	即时通信	99576.6
2	QQ	即时通信	79251.6
3	淘宝	综合电商	75727.1
4	支付宝	支付	74365.9
5	爱奇艺视频	综合视频	62591.2
6	抖音	短视频综合平台	58606.7
7	腾讯视频	综合视频	51097.4
8	拼多多	社交电商	49811.4
9	快手	短视频综合平台	47702.2
10	高德地图	地图	47297.8
11	百度地图	地图	45097.4
12	新浪微博	社交网络	43838.8
13	优酷视频	综合视频	39727.1
14	百度	信息流资讯	36987.8
15	搜狗输入法	中文输入法	36179.5
16	今日头条	信息流资讯	35536.1
17	WiFi 万能钥匙	WiFi 管理	32832.6
18	QQ 浏览器	信息流资讯	32749.2
19	腾讯新闻	信息流资讯	30894.3
20	京东	综合电商	29516.8
21	应用宝	应用商店	28909.1
22	腾讯手机管家	安全管理	28537.9
23	酷狗音乐	移动音乐	27824.1
24	QQ 音乐	移动音乐	26300.9

续表

排名	移动 App	所属行业	平均日活跃用户（万名）
25	UC 浏览器	信息流资讯	22150.1
26	钉钉	企业级应用	17967.3
27	全民 K 歌	移动 K 歌	15798.1
28	华为应用市场	应用商店	15172.8
29	西瓜视频	短视频聚合平台	14820.1
30	360 手机卫士	安全管理	13661.0

　　教育公平是社会公平的基础。软件是发展平等、适用性强、开放灵活的教育的重要方式。教育软件通过互联网实现网络课程在全国范围内的共建共享，使偏远地区的学生也能享受到优质的教育资源。在线教育成为教育发展的重要动力，推动了传统教育模式的革新，有力促进了教育公平。数据显示，中国在线教育的市场规模已由 2016 年的 2218 亿元增至 2019 年的 4140 亿元，年均增长率保持在 19.71%。新冠肺炎疫情推动了中国用户对在线教育的需求，在线教育平台积极上线各类网课和直播资源。腾讯课堂的平均日活跃用户数量呈几何级数增长，2020 年第一季度的用户数量达到 750 万名。

第 2 章

全球软件产业的发展态势和趋势

软件产业是数字产业的重要组成,是产业数字化的核心驱动力。在以数字为中心的经济转型过程中,软件的云端化、平台化、服务化趋势明显,软件产品和服务向以人工智能、云计算等通用技术为基础的智能化、生态化、融合化方向发展,用户的选择重心逐渐从产品本身转移到其能获得的应用和服务支持上,软件产业正在不断延展和重塑[3]。全球软件产业已经步入加速创新、快速迭代、群体突破的新时期,"软件定义世界"的进程不断加快。以"软件定义"为特征的多行业融合应用不断推动经济社会各领域的转型升级和创新发展。

2.1 全球软件产业的发展现状

在新一轮科技革命和产业变革的驱动下,全球软件产业的规模不断扩大、结构不断优化,成为拉动全球信息技术(IT)产业发展的关键力量。

2.1.1　软件市场表现亮眼

2016 年以来，在全球经济深度调整的背景下，全球 IT 产业总体保持平稳发展，支出规模不断扩大。软件市场的发展明显优于硬件市场，是 IT 产业扩张的主要动力。

全球 IT 支出规模基本维持增长趋势，增长率先升后降。在经历了 2015 年和 2016年的弱势回调后，全球 IT 支出在 2017 年和 2018 年分别实现了 3.8% 和 5.1% 的快速增长，支出规模从 2016 年的 3.4 万亿美元增至 2018 年的 3.7 万亿美元。2019 年，受世界经济低迷的影响，全球 IT 支出增长率明显下降。国际货币基金组织（IMF）发布的《世界经济展望》指出，2019 年，全球经济增长率为 2.9%，与 2018 年相比，降低了 0.7 个百分点。除了日本及撒哈拉以南非洲等少数国家和地区，大多数国家的经济增长率有下行趋势，IT 产业的发展放缓。高德纳咨询公司（Gartner）指出，2019 年，全球 IT 支出增长率降至 1.0%，降低了 4.1 个百分点。尽管如此，2019 年全球 IT 支出依然有所增加，达到 3.757 万亿美元。受新冠肺炎疫情和随之而来的全球经济衰退的影响，2020 年全球 IT 支出降至 3.456 万亿美元。2016—2020 年全球 IT 支出的变化情况如图 2-1 所示。2016—2020 年全球 IT 细分领域的支出和增长率如表 2-1 所示。

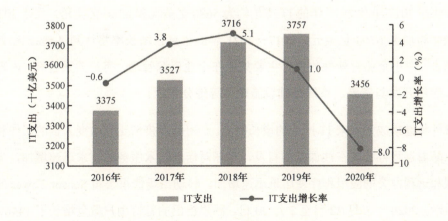

图 2-1　2016—2020 年全球 IT 支出的变化情况

软件市场表现亮眼，是 IT 产业发展的主要动力。2016 年以来，软件产业各细分领域均呈现快速增长态势。第一，数据中心系统在经历爆发式增长后基本趋于饱和。大数据、云计算、物联网、人工智能等新一代信息技术对数据存储、数据交换、数据运算等的需求逐渐增加，大大刺激了全球范围内对服务器、存储和网络技术等数据中心相关设备及服务的需求。2017年，数据中心系统建设开始加速，2018年支出2100亿美元，增长率高达15.7%，2019年，增长率回落至0.7%。第二，随着企业业务向云端迁移，企业的软件支出迅速增加。2016年以来，软件是IT产业所有细分领域中增长最快的领域，是推动全球IT支出增长的关键。全球软件支出由2016年的3330亿美元增至2019年的4580亿美元，约占IT产业支出的12%，增长率达到8.8%。第三，IT服务市场保持平稳增长。2016—2019年，全球IT服务支出由8990亿美元增至10320亿美元，2016—2019年的增长率分别为3.9%、4.3%、6.7%和3.8%。

与IT产业的其他细分领域相比，设备的发展较为疲弱，手机、PC等细分领域的市场逐渐趋于饱和，出货量基本保持稳中有降。2019年第三季度以来，受季节性促销、货币政策放宽及相关技术演进等因素的影响，全球个人计算机、智能手机、液晶电视等主要产品的出货量环比有所回升。但总体来看，2019年的设备支出同比下降了2.2%。

中小企业是全球最大的软件需求主体。国际数据公司（IDC）的统计结果显示，全球最大的软件需求主体是员工规模为100～499人的中小企业。按照这一划分标准，全球中小企业在2017年和2018年的IT支出约为5680亿美元和6200亿美元。预计2021年，这一数字将增至6760亿美元，2017—2021年的年复合增长率将达到4.5%。在具体需求类别上，中小企业对软件的偏好主要集中在企业资源管理、客户关系管理、内容应用软件、应用开发与部署、系统基础设施软件等细分领域。

软件将继续成为未来IT产业的增长亮点。新冠肺炎疫情正在改变人们的工作和生活方式。随着远程办公和在线课堂的普及，全球对信息技术服务的需求迅速增加，支持线上授课和远程办公的应用程序使用量迅速增加。移动市场情报公司Sensor Tower的统计结果显示，2020年1月22日至2月20日，阿里巴巴的钉钉用户数量增长了1446%，企业微信的用户数量增长了572%，字节跳动的办公套件飞书的用户数量增长了6085%。在远程办公等需求的驱动下，公有云服务等软件市场将是未来IT领域的增长亮点。

表 2-1　2016—2020 年全球 IT 细分领域的支出和增长率

细分领域	2016 年		2017 年		2018 年		2019 年		2020 年	
	支出（十亿美元）	增长率（%）	支出（十亿美元）	增长率（%）	支出（十亿美元）	增长率（%）	支出（十亿美元）	增长率（%）	支出（十亿美元）	增长率（%）
数据中心系统	170	-0.6	178	4.4	210	15.7	212	0.7	191	-9.7
软件	333	5.9	355	8.9	419	13.5	458	8.8	426	-6.9
设备	588	-8.9	667	5.7	712	5.9	698	-2.2	590	-15.5
IT 服务	899	3.9	933	4.3	993	6.7	1032	3.8	952	-7.7
通信服务	1384	-1.0	1393	3.8	1380	-0.1	1357	-1.6	1297	-4.5
IT 产业	3375	-0.6	3527	3.8	3716	5.1	3757	1.0	3456	-8.0

2.1.2　服务化、平台化、智能化特征突出

随着国际生产要素的重组和产业的转移，全球软件产业正在经历生产方式的深刻变革，服务化、平台化、智能化加速。

1. 软件服务化使产业转型升级加快

当前，一次性收取软件许可费的商业模式正在发生变化，软件即服务（SaaS）和按需定制软件等新业务模式日益成为主流。软件产品和软件服务的界限逐渐模糊，产品逐渐转变为服务，软件产业的服务业特征越来越明显。用户关注的焦点不再是软件架构及其实现方式，而是如何通过相关服务获取特定功能。因此，用户购买的不再是软件产品，而是企业提供的一系列服务。在此背景下，软件企业从软件产品提供商转变为软件服务提供商，即根据客户需求为其提供软件的部署、维护、升级等服务。软件服务化能够提供更好的性能、更优质的服务、更低的价格，是软件产业发展的必然趋势。软件服务化改变了软件产品的开发、部署、购置和维护模式，推动了软件技术架构、商业模式和企业组织结构的巨大变革，使软件产业进入转型升级期。

平台软件迅速崛起。数字平台逐渐成为软件开发者的技术工具，以及连接相关参与主体的中介，新兴软件的平台化趋势更加明显。在人工智能领域，可以将算法框架平台

视为操作系统，相关平台多采用开源模式打造完善的创新生态。例如，TensorFlow、Caffe 是由美国学者和企业开发的开源平台，主要用于设计、构建和训练人工智能；PaddlePaddle 是由百度开发的深度学习平台，主要用于迅速开发人工智能应用。云平台已成为实现物联网价值的核心环节。物联网有 4 个逻辑层，分别是感知层、网络层、平台层和应用层，云平台属于平台层。物联网云平台的主要作用为收集与处理数据。全球领先的云平台由美国企业主导，包括亚马逊、微软、谷歌等，中国的阿里巴巴也占有一席之地。

2. 智能化趋势突出

Gartner 从 2000 项新兴的信息技术中，筛选出了 29 项最受关注且商业前景最广阔的新技术，并基于此总结出了五大创新技术趋势，包括传感和移动（Sensing and Mobility）、人类能力增强（Augmented Human）、后经典计算和通信（Postclassical Compute and Comms）、数字生态系统（Digital Ecosystems）及高级人工智能和分析（Advanced AI and Analytics）。可以发现，人工智能几乎渗透到所有创新技术趋势中，并将通过为企业提供决策支持、增强员工能力、替代部分劳动力等途径重塑企业行为，推动各行业向智能化、自动化方向发展，并间接推动其他技术的发展。

3. 智能手机日益普及并驱动全球移动应用市场不断扩张

随着移动通信技术的发展，手机等智能终端设备的普及率不断上升。2016 年，全球智能手机的出货量达到 14.71 亿台，之后两年的出货量虽然有所下降，但是总体仍保持较高水平。Counterpoint 的数据显示，2019 年，全球智能手机的总出货量为 14.86 亿台，同比下降了 1%，三星、华为、苹果的出货量位居前三，2019 年全球智能手机出货量排名前 10 的企业如表 2-2 所示。Newzoo 的数据显示，2019 年，全球智能手机的用户达到 32 亿名（同比增长 8.3%），智能手机最普及的地区是北美，其次是西欧、东欧地区，普及率最低的地区是中东和非洲，亚洲市场的潜力巨大。随着智能手机用户持续增多，移动应用市场蓬勃发展。全球移动数据和分析公司 App Annie 的研究报告显示，2019 年，全球应用商店的用户支出达到 1200 亿美元，用户每天花在移动设备上的时间接近 4 小时。2020 年第一季度，受社交隔离政策的影响，远程办公、在线教育、娱乐和游戏类 App 的下载量迅速增加。

表 2-2　2019 年全球智能手机出货量排名前 10 的企业

企业	2019 年排名	2019 年出货量（百万台）	2019 年份额（%）	2018 年排名	2018 年出货量（百万台）	2018 年份额（%）
三星	1	296.5	20	1	291.8	19
华为	2	238.5	16	3	205.3	14
苹果	3	196.2	13	2	206.3	14
小米	4	124.5	8	4	119.0	8
OPPO	5	119.8	8	5	119.0	8
vivo	6	113.7	8	6	102	7
联想	7	39.6	3	8	38.8	3
LG	8	29.2	2	7	40.8	3
REALME	9	25.7	2	10	4.7	0
传音	10	21.5	1	9	18.0	1
其他		280.8	19		359.6	24
合计		1486.1	100		1505.3	100

2.1.3　全球各地区的发展差异显著

近年来，通过全球性的竞争与整合，全球软件产业逐渐形成了以美欧为主导、中国等新兴力量快速崛起的国际分工格局。

1. 亚洲软件外包服务优势突出

美国是软件产业的发源地，也是全球软件产业的绝对领导者。美国企业把控着全球软件产业的核心技术、标准体系、游戏规则及产品市场，在基础软件产品研发和基础研究方面处于全球领先地位。全球软件产业领域核心的操作系统、中间件和数据库几乎都被美国企业垄断。全球顶尖的软件企业大多来自美国，包括微软、谷歌、IBM、甲骨文等。美国商业软件联盟（BSA）发布的《美国软件产业影响报告》显示，2018 年，软件产业对美国 GDP 增加值的贡献为 1.14 万亿美元，创造就业岗位 1050 万个。截至 2019 年 8 月，美国独角兽初创企业数量位居全球第一，共有 191 家，几乎占全球独角兽初创企业数量的 50%，业务主要集中在互联网软件和服务、人工智能、金融及电子商务领域。

欧洲在工业软件领域表现优异、增势强劲。德国、法国、英国等国家凭借较高的软件工程化能力和质量管理水平，在高端工业软件、嵌入式软件等领域局部领先。欧盟实施"欧洲信息技术研究发展战略计划（ESPRIT 计划）"，优先支持建模和仿真软件的发展。德国积极实施工业数字化战略，在工业软件方面致力于打造细分领域的隐形冠军。《通用数据保护条例》（GDPR）是制定标准的关键，但需要对其进行完善。欧洲在建立共同标准和调整行业监管方面相对滞后，在一定程度上制约了该地区从大数据分析、人工智能、云计算和区块链等应用技术创造的市场机遇中获益的能力。全球商业软件联盟（BSA）发布的《欧盟软件产业影响报告》指出，2016 年，软件产业对欧盟 GDP 增加值的贡献约为 1 万亿欧元，创造就业岗位 1270 万个。

在亚洲地区，软件产业的发展潜力巨大。印度和中国的劳动力成本优势大，承揽了全球软件外包市场的较大份额。日本提出"超智能社会 5.0 战略"，重点发展物联网、大数据、人工智能、边缘计算等技术，在方案集成、部分应用及嵌入式软件开发方面具有一定的优势，机床、机器人和汽车是日本世界级品质嵌入式软件的三大载体。中国软件产业近年来取得了很大进步，在部分领域具有了一定的影响力。

2. 软件贸易

从软件贸易来看，发达国家是主要的出口国。软件贸易是数字贸易的主要内容。数字原生贸易完全基于数字技术，既改变了贸易方式，又改变了贸易内容。数字产品的跨境贸易取代或补充了现有商品和线下服务，附加数字服务提高了实物商品或离线服务的价值，改变了贸易内容。2017 年全球通信、计算机及信息服务贸易的分布如图 2-2 所示，发达经济体、发展中经济体和转型经济体的软件出口额占全球软件出口总额的比例分别为 70.43%、27.31% 和 2.26%。从具体地区和国家排名来看，欧盟软件产品的出口额最高，接下来是印度、美国、中国和瑞士。在发展中经济体中，亚洲地区的软件出口额占比最高、增长最快，2017 年，亚洲地区的软件出口额达到 1293 亿美元。相比之下，美洲、非洲的软件出口额差距明显，分别为 86 亿美元和 60 亿美元。从发展速度来看，发展中经济体软件出口的发展速度明显快于发达经济体。2005—2017 年，发展中经济体软件出口的年均增长率（34.5%）约为后者（18.7%）的两倍。欧盟是全球最大的软件需求市场，其次是美国、中国、瑞士和日本。

图 2-2　2017 年全球通信、计算机及信息服务贸易的分布

3. 软件外包

在软件外包方面，新兴市场国家的综合实力快速提高。近年来，全球信息交流日益频繁，社会分工更加细化，对软件和外包服务的需求不断增加。为优化生态环境，以印度、中国为代表的新兴市场国家不断提高对软件和服务外包业务的重视，持续完善基础设施建设、金融财税及人才政策支持，综合实力迅速提高，全球软件外包产业加快向该区域转移。IDC 发布的 2018 年各国软件外包服务综合实力的排名显示，排名前 10 的国家大多数为新兴市场国家。印度位居第一，接下来是中国、马来西亚、印度尼西亚、巴西、越南、菲律宾、泰国、智利和哥伦比亚。在国际外包专业协会（IAOP）于 2018 年公布的"全球外包服务 100 强"中，约有 40 家企业来自中国、印度等新兴市场国家。

4. 新兴软件

在新兴软件领域，全球发展很不平衡。联合国贸易和发展会议发布的《2019 年数字经济报告》显示，美国和中国的区块链技术相关专利占全球总量的 75%，物联网支出占全球总支出的 50%，云计算市场占全球总量的 75%以上，数字经济市值占全球 70 个最大数字平台市值的 90%，而欧洲仅占 4%，非洲和拉丁美洲的份额之和仅为 1%，远远落后于美国和中国。微软、苹果、亚马逊、谷歌、Facebook、腾讯和阿里巴巴是全球七大"超级平台"，市值总额占全球市值总额的 2/3。谷歌、Facebook 等数字平台已成长为"霸主"，在搜索引擎领域，谷歌约占 90%的市场份额；在社交媒体领域，Facebook 约占 70%的市场份额。

2.1.4　产业竞争激烈

软件产业已成为决定国家竞争力的战略性、基础性、先导性产业，各国对软件新技术、新产品、新应用的竞争不断加剧。

1. 各国高度重视软件的价值创造能力，全球范围内的竞争与协作深入展开

人们普遍认为，数字技术可以对企业和行业层面的生产率产生积极影响。然而，在过去的 20 年内，大多数经济合作与发展组织（OECD）成员国的生产率大幅放缓。原因在于，生产率较低的企业未能采用或未能充分利用数字技术，导致该类企业的生产率增长疲软，拖累了总体生产率的增长。随着全局性、前瞻性信息技术的战略地位日益突出，各国对软件等 IT 技术的关注持续增加，努力推进数字化转型。在全球范围内，围绕产业和技术发展的竞争与协作深入展开。一方面，大国对核心技术的争夺日益激烈；另一方面，由于技术加速迭代，软件等 IT 技术研发的外部性显著，政产学研多方协作、区域联合、抱团取暖的态势日益凸显。为创造条件使生产率较低的企业能够提高生产率并与其他企业竞争，各国政府采取了多项行动，包括促进技能升级、消除竞争障碍、降低融资成本、打通贸易壁垒等。

2. 全球主要软件企业加快转型

在 IT 市场需求略显疲软的背景下，全球主要软件企业通过加快转型，实现了较快的发展。在纯粹的软件和编程企业中，微软仍处于领先地位。Statista 的数据显示，2019年，微软的销售收入达到 1182 亿美元，是全球销售收入最多的软件和编程企业。近几年，微软不断加强对云服务、区块链等新兴技术的布局。2019 年，微软成为第一家在非洲建立数据中心的大型云服务商，数据中心位于开普敦和约翰内斯堡。甲骨文和 SAP 的软件销售收入位居全球第二和第三，分别为 396 亿美元和 291 亿美元，与微软的销售收入相差甚远。

3. 科技龙头企业的发展垄断效应依然突出

麻省理工学院的经济学教授 David Autor 认为，顶尖科技企业不再采用低价倾销等掠夺、打击竞争对手的传统手段，而是借助互联网的触角排挤对手，具有超强的盈利能

力。在美国,谷歌与亚马逊等科技龙头企业的股份占标普 500 指数的 40%。普华永道根据全球企业 2019 年 3 月 31 日的股票市值发布"2019 全球市场价值 100 强企业"排行榜,微软超越苹果位居第一,中国的阿里巴巴和腾讯位列全球 10 强。2019 全球市场价值 10 强企业如表 2-3 所示。微软、苹果、亚马逊、Alphabet 等企业的市值均在 5000 亿美元以上,基本相当于全球 GDP 排名 20 位左右的经济体,可谓"富可敌国"。此外,甲骨文、SAP、Adobe、IBM 以 1840 亿美元、1420 亿美元、1300 亿美元、1260 亿美元的市值分别排在第 44 位、第 58 位、第 64 位、第 67 位。在上述企业中,虽然 2019 年的员工收入普遍提高,但整体雇员数量大幅减少,导致收入差距扩大。在全球化背景下,跨国企业的此类行为更会造成全球经济的不平衡。研究表明,近年来,科技龙头企业在全社会总收入中所占份额不断提高,但全社会的工资中位数并未提升,表明劳动收入占比有所下滑。因此,平台垄断对互联网构成威胁,亟须加强对平台企业的反垄断监管。

表 2-3　2019 全球市场价值 10 强企业

排名	企业	总部所在地	领域	股票市值 (亿美元)	2018 年市值 (亿美元)
1	微软	美国	软件与计算机服务	9050	7030
2	苹果	美国	技术硬件和设备	8960	8510
3	亚马逊	美国	消费服务	8750	7010
4	Alphabet	美国	软件与计算机服务	8170	7190
5	伯克希尔·哈撒韦	美国	金融	4940	4920
6	Facebook	美国	软件与计算机服务	4760	4640
7	阿里巴巴	中国	软件与计算机服务	4720	4700
8	腾讯	中国	软件与计算机服务	4380	4960
9	强生	美国	保健	3720	3440
10	埃克森美孚	美国	石油和天然气	3420	3160

4. 来自新兴市场的领军企业兴起使全球软件市场竞争更加激烈

随着全球化的发展,成功的软件企业开始出现在美国和欧洲以外的国家。借助互联网和数字平台,世界各地的开发人员能够在任何地方开展业务和分发产品,全球软件供应商既能与西雅图或硅谷的企业竞争,也能与首尔、上海和其他新兴市场的企业竞争。

2016年，普华永道根据软件企业收入情况，发布了"新兴市场软件企业30强"，其中有2/3的企业位于亚洲。Statista发布了2017—2019年全球领先的13家软件和编程企业的销售收入，如图2-3所示。可以发现，除了微软、甲骨文、SAP等传统强势企业，还出现了上海钢联电子商务等企业，这些企业的销售收入都实现了较快的增长。越来越多来自新兴市场的软件企业崭露头角，他们往往具有深刻了解本土市场、即时满足客户需求、始终秉持创业精神等优势。随着来自新兴市场的领军企业的加入，全球软件市场的竞争更加激烈。

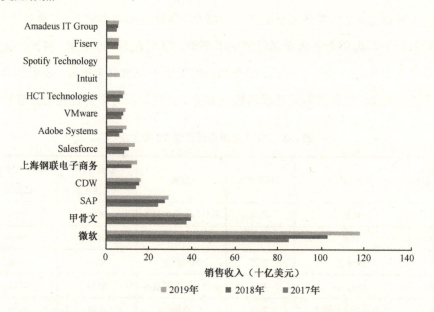

图2-3　2017—2019年全球领先的13家软件和编程企业的销售收入

5. 竞争模式由企业间的竞争转向全产业的生态竞争

随着全球软件产业向服务化、平台化、智能化转变，各参与主体的竞争逐渐从产品竞争转向产业链竞争和产业生态竞争，"未来的竞争是生态的竞争"。相应地，软件企业间的竞争模式逐渐从单一企业的"单打独斗"式竞争，向以聚合生态系统为特征的全产业生态竞争发展，加快硬件与软件、内容与终端、应用与服务的一体化整合速度。在智能终端领域，生态系统的竞争已成为新的竞争焦点，国际龙头企业纷纷加强布局，互联网企业也纷纷踏入该领域。苹果的智能家居平台HomeKit已成为开放性平台。亚马逊和谷歌采用"智能音箱+语音助手"模式，成功打造智能家居生态圈：亚马逊将Alexa

与 Amazon Echo 智能音箱进行融合；谷歌则以 Google Assistant（语音助手）加 Google Home（智能音箱）为核心，搭建智能家居平台，赢得了美国多数家庭的喜爱。软件企业需要不断突破自身的产业链局限，开展更多跨部门、跨行业的分享与合作，不断寻求群体突破。Gartner 发布的"2019 年度新兴技术成熟度曲线"预测，数字生态系统（Digital Ecosystems）将是企业决策者未来应该重点关注的五大技术创新领域之一。传统价值链将进一步分解，数字运营、知识图谱、合成数据、去中心化网络和分布式自治组织等，将成为支撑数字生态系统的核心技术。

2.2　全球软件产业的发展趋势

2.2.1　"软件定义世界"进程加快

软件无处不在，随着软件价值的下沉，"软件定义世界"进程加快，并逐渐成为全球共识。跨界融合是一种发展趋势，互联网逐渐渗透到各行业，激活了各行业对软件市场的巨大需求。

1. 未来的企业都将成为软件企业

目前，软件及信息技术服务业已对全球生产力产生了重大影响，而且从趋势来看，由软件带来的经济变革才刚刚开始。软件市场将持续发展，逐渐渗透到利基市场中，取代部分硬件、替代部分劳动力，使很多企业变成软件企业。一方面，软件和信息技术服务业已经脱离了原有的细分领域，加速向各行业、各领域渗透，促进形成新产业、新业态、新商业模式，引领多领域、多维度、深层次变革，不断拓宽市场的需求边界；另一方面，软件技术加速与各领域深度融合，围绕大数据、云计算、区块链、物联网、虚拟现实等数字技术，涌现出了一系列新的经济增长点。这些新技术很难被纳入传统软件和信息技术服务业的统计范畴，其具有鲜明的多行业技术融合特征，这些技术基于软件而不限于软件。

2. 软件是数字化转型的催化剂

以软件为主导的技术进步正以数字化形式改变着各行各业。如今，数字化转型包罗万象，包括效率提高、成本降低、创新加速，以及与合作方的互动更灵活、生产率更高、客户的体验更好、满意度更高等。普华永道指出，2010 年以来，更早将研发预算投入软件产业的企业，未来的收入增长更快的概率更大。几乎所有金融服务企业都在审视自己的每个业务流程，并了解软件如何能够帮助其实现收入增长和成本降低。高盛集团的首席执行官和摩根大通集团的首席财务官将他们的金融服务企业称为"科技企业"，两者均有相当大比例的员工专注于金融科技领域。花旗集团、富国银行等传统金融企业也顺势推进数字化转型，不断增加对网络安全和数字工具等应用软件和基础设施的投资。制造业领导企业霍尼韦尔的工程师中有一半以上是软件工程师，而 2012 年这一比例还不到 1/4。

事实上，由软件主导的数字化转型能够为所有行业带来发展优势。总部位于瑞士苏黎世的 ABB 是工业机器人和自动化技术的领导者，其首席数字官在 2016 年 10 月对投资银行家的一次演讲中表示，通过改进变电站的服务和软件，输配电市场每年可以节省约 230 亿美元。West Health Institute 的一项研究估计，通过引入电子病历系统，美国卫生系统每年可以节省约 300 亿美元，因为它减少了手动输入信息、不良事件、重复检测及信息延迟等导致的住院时间延长。

3. 跨界融合拓展应用空间

5G、人工智能等技术催生了大量创新应用，不断拓宽跨界融合边界，将彻底改变人们的工作和生活方式。5G 有助于引入快速和低延迟的应用和服务，能够通过提高宽带服务的加载速度和提供低延迟的云服务来提高效率、促进创新，并使依赖于低延迟和高可靠性宽带的物联网服务得到优化。目前，5G 相关试验主要集中在能源、运输和移动性、医疗保健、农业、工业、公共安全、环境、旅游和文化等方面。人工智能已经渗透到各行各业，随着高级人工智能和分析、边缘人工智能、可解释的人工智能、人工智能平台即服务（AI PaaS）等一系列技术的成熟和商业化，人工智能将在更大范围内实现融合发展。

2.2.2　新技术驱动软件生产方式变革

联合国发布的《2019 年全球投资报告》显示，与其他产业相比，软件产业的研发投资更重要，与研发相关的投资项目数量众多，并将持续增加。2010—2018 年，在软件和信息技术服务业企业中，与研发有关的项目占所有项目的 15%，仅次于医药行业，远高于各行业的平均值（6%）。欧盟发布的《2019 年欧盟工业研发投资排名》显示，近年来，以信息通信技术（ICT）等为代表的高科技板块带动了整体工业研发投资的快速增长。2019 年工业研发投资上榜企业的行业分布如图 2-4 所示，由图可知，研发投资排名靠前的企业主要集中在 ICT、医疗健康板块。从各细分领域的表现来看，IFI CLAIM 发布的 2017 年美国专利授权排名显示，计算机和通信技术排在前两位，专利授权数量分别为 48935 件和 33575 件；机器学习和自动驾驶入选了最具创新活力和发展最快的 8 个技术领域。

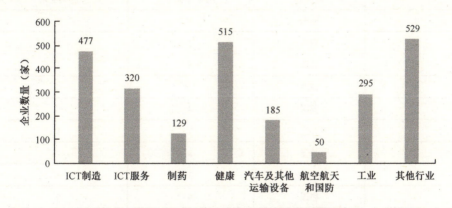

图 2-4　2019 年工业研发投资上榜企业的行业分布

1. 美国仍是全球软件技术创新的领导者

美国国家科学基金会发布的《2020 年美国科学与工程状况》显示，2017 年，美国的研发投资为 5490 亿美元，是研发投资最多的国家。2003—2018 年，软件和信息技术服务业的产出持续增加，从约 6000 亿美元增至 1.25 万亿美元。在美国的所有行业中，创新率最高的是利用 ICT 技术提供相关数字产品和服务的行业。软件企业的表现尤为突出，约 61%的软件企业报告了创新情况。从企业市值（福布斯 2018 年 10 月的统计数据）来看，美国的软件和信息技术服务业企业具有压倒性优势。普华永道发布的《2018

年全球创新 1000 强》报告显示，在软件和互联网领域的上榜企业中，有 61% 来自北美地区；在前 10 强中，美国科技企业有 6 家。

2. 新兴经济体在信息技术领域的创新能力逐步提升

世界知识产权组织发布的"2019 年全球创新指数（GII）"显示，全球创新鸿沟依然存在，排在前 20 名的经济体主要为北美和欧洲地区的高收入经济体；在亚洲国家中，新加坡依然领先；但随着研发投资的不断增加，以中国为代表的中等偏上收入经济体的创新指数排名不断上升。排在"2019 年全球创新指数（GII）"前 20 名的经济体如表 2-4 所示。印度、越南、泰国和菲律宾等亚洲新兴经济体逐渐融入高科技价值链，创新表现高于发展水平预期，信息通信技术离岸外包等活动促使国家创新实力迅速提高。

表 2-4　排在"2019 年全球创新指数（GII）"前 20 名的经济体

2019 年排名	经济体	2018 年排名	排名变化
1	瑞士	1	0
2	瑞典	3	1
3	美国	6	3
4	荷兰	2	−2
5	英国	4	−1
6	芬兰	7	1
7	丹麦	8	1
8	新加坡	5	−3
9	德国	9	0
10	以色列	11	1
11	韩国	12	1
12	爱尔兰	10	−2
13	中国香港	14	1
14	中国内地	17	3
15	日本	13	−2
16	法国	16	0
17	加拿大	18	1
18	卢森堡	15	−3
19	挪威	19	0
20	冰岛	23	3

3. 开源技术改变软件生产方式

在开源模式中，任何人都可以免费获得硬件设计或软件代码，大大提高了软件开发效率，降低了软件的开发难度和技术门槛，促使开源软件成为互联网时代的支撑。Android 以开源操作系统 Linux 为基础进行开发；互联网企业、金融交易机构将 MySQL 作为数据库引擎；开源 Web 服务器 Apache 是最流行的 Web 服务器端软件之一，可与大多数计算机操作系统兼容。RISC-V 是全球知名的开源芯片项目之一，其主要成员包括谷歌、阿里巴巴、华为，以及荷兰芯片制造商 NXP。2015 年以来，RISC-V 的成员共同开发了芯片设计标准，企业和研究人员可以免费使用这些标准，开发自己的处理器。2018 年"中国 RISC-V 产业联盟"成立，该联盟由领先的学术研究机构和私营企业组成，旨在推动中国开源芯片生态系统的发展。目前，谷歌、Facebook、IBM、微软均增加对全球主要开源项目的投资，成为推动全球软件技术创新的主要力量。华为的智能手机除了使用 Android 的开源版本，还推出了自己的开源操作系统"鸿蒙"，并计划与世界各地的软件开发商合作，建立开源软件社区。

4. 全球软件开发者越来越关注开源项目

GitHub 发布的 2019 年年度报告 *The State of the Octoverse* 显示，GitHub 的开发者超过 4000 万人，其中 80%来自美国以外的国家和地区。2019 年，新加入 GitHub 的开发者达到 1000 万人，首次在 GitHub 平台创建 Redo 的开发者数量同比增长 44%，另有 130 万人首次在 GitHub 平台贡献代码。从开源组织来看，2019 年，GitHub 上累计注册了约 300 万个组织账户，它们来自世界各地，代表了企业、非营利组织与开源项目等。其中，GitHub Enterprise Cloud 账户来自 70 多个国家。在 2019 年全球财富 50 强中，有 35 家企业在相关开源社区中贡献代码，表明专有代码在很大程度上依赖于开源社区。

5. 开源代码不断演变

2019 年，GitHub 上最受欢迎的语言是 JavaScript；Python 首次超过 Java，成为 GitHub 上第二受欢迎的语言。数据科学专业人士和爱好者社区的快速发展，使更多人开始使用 Python 及由 Python 提供支持的核心数据科学包，使 Python 的发展加快。随着越来越多关注数据科学的开源社区出现，嵌入"深度学习""自然语言处理"和"机器学习"等主题的存储库也越来越受欢迎。在最受欢迎的带有主题的公共存储库中（基于星星计数[1]），基于 NumPy 构建的存储库占 50%以上，还有许多存储库的构建依赖于 SciPy、Scikit-learn 和 TensorFlow。此外，还可以在 GitHub 上看到来自数据科学领域的非代码类资料，包括学术论文。

6. 低代码和无代码开发平台将推动企业创新

使用传统代码设计应用程序昂贵且耗时，因此出现了低代码和无代码开发平台。低代码和无代码开发平台将传统编码语言转化为可视化代码模块，软件开发的初学者使用拖放工具，即可实现编程功能。因此，企业可以雇用薪酬更低的人才，并根据新的消费趋势更快地扩展应用程序，缩短项目的生命周期并降低项目的复杂程度，使软件部署更快、更容易。在未来，将有更多企业运用低代码和无代码开发平台，具有非传统 IT 或软件开发人员背景的开发人员数量将显著增加。

2.2.3　并购交易稳步发展

在科技进步和资本干预等因素的影响下，并购成为企业应对颠覆性挑战和实现增长的重要手段之一，也成为软件产业发展的重点。近年来，越来越多的企业以获取新能力为目的进行并购。

1. 并购交易驱动全球软件产业稳步发展

在技术融合的趋势下，各国跨行业整合事件和并购事件的数量持续增加。其中，大数据、云计算、移动互联网等新兴领域日益成为软件产业的并购重点。德勤发布的并购活动研究报告表明，技术收购是企业开展并购交易的首要驱动因素。例如，IBM 以 340 亿美元的价格收购了开源解决方案供应商红帽，还进行了多次 50 亿美元以上的重大并购交易。微软以 75 亿美元的价格收购了开源平台 GitHub，后者是托管用户生成代码的

---

1 "星星"对应英文为"star"，类似于微信的点赞功能。每个 GitHub 项目都有一个"star"按钮，点击这个按钮表示喜欢或支持该项目。

最大站点之一，而且很多开源社区都是基于此建立的；Broadcom 以 185 亿美元的价格收购了 CA Technologies，前者是一个老式的 IT 管理和软件解决方案提供商，后者创建了在大型机、分布式计算、虚拟机、云计算环境、移动设备和物联网（IoT）中运行的系统软件和应用软件；SAP 以 80 亿美元的价格收购了 Qualtrics，后者是一个用于收集和分析数据的订阅软件；Salesforce 以 65 亿美元的价格收购了 MuleSoft，后者提供用于连接应用程序、数据和设备的集成软件。2019 年 8 月，Broadcom 以 107 亿美元的价格收购了 Symantec 的安全业务。

2. 全球跨境并购难度增大

最近，欧美国家对跨境并购的审查更加严格。2018 年，美国众议院和参议院先后通过《外国投资风险评估现代化法案》（FIRRMA），大幅改革美国现有的投资审查程序，收紧外国对美投资。2019 年，美国外国投资委员会（CFIUS）推出了一项试行计划，要求外国投资者向 CFIUS 通报对部分"关键技术"的任何规模的投资，包括人工智能、物流、机器人和数据分析技术。2019 年 11 月，《美国人工智能国家安全委员会中期报告》建议美国加大审查 AI 相关硬件、外资投资和人才交流。一些欧洲国家也开始重视技术外流等问题。2019 年 3 月，欧盟理事会通过了《欧盟外资审查框架法案》，这是欧盟推出的首个基于安全和公共秩序对外资进行审查的法案。目前，英国和欧盟成员国中的奥地利、丹麦、德国、法国、意大利、西班牙等国家建立了外资审查机制。2020 年生效的出口管制新规定显示，如果一家美国企业"生产、设计、测试、制造或开发"出口管制清单上的任何技术或联邦政府认定的"关键技术"，则对该企业的外国投资将受到 CFIUS 的审查。

2.2.4　网络安全、数据和隐私保护等风险日益凸显

在软件产业的发展过程中，网络安全、数据和用户隐私保护逐渐成为全球性议题。目前，各国关于个人数据和隐私保护的法案依然处于碎片化状态，全球范围内的监管协调度较低。对数据收集和使用的管理方式将影响公众的信任度，进而影响软件产业的可持续发展。

1. 个人隐私暴露的风险越来越高

当前，全球公认的数据隐私定义或标准尚未形成，个人隐私暴露的风险越来越高。第一，数据集的"匿名化"处理安全性较低。机器学习和其他算法大多依赖开放数据集运行应用程序和训练模型，尽管用于训练的数据集会进行"匿名化"处理，但结果证明该方法并不可靠。第二，使用数据的系统安全性较低。科技企业收集了大量用户数据，但使用和共享数据的系统可能存在一些缺陷，如不加甄别地与第三方开发人员共享数据等。

2. AI 深度应用带来隐私和安全问题

美国布鲁金斯学会指出，需要解决与 AI 部署相关的监管等问题。例如，许多 AI 应用可能因存在算法偏见而对弱势群体造成不同程度的伤害，内容识别机器人的合理使用问题已经引发了全球性争议。那些未被发现和未被处理的潜在偏见，可能会使决策缺乏准确性和公平性，还可能使系统开发人员和用户承担法律责任。

3. 5G 网络扩大了潜在漏洞的规模

企业和个人越来越依赖网络，敏感数据被盗、网络攻击等事件更易发生。5G 网络扩大了潜在漏洞的规模，将增加攻击者利用漏洞的机会，而且，网络的复杂性增大了人们识别恶意网络活动的难度，也使物联网存在许多安全隐患。随着物联网设备数量的爆发式增长，被黑客攻击的可能性变大，黑客不仅能攻击基础设施和能源网络，还能攻击医疗设备。

4. 各国积极制定数据管理法规

加拿大提出了创建数据价值链的基本标准，有助于各组织的数据收集、评级、访问、共享及分析。美国正在制定《数据可移植性法案》，将授予"客户、订阅者或用户"对多种类型数据的可移植性权利。该法案提出，从"共有地"的角度进行数据管理可以广泛、公平地分配资源，而不会使其商品化或私有化。美国国会考虑在联邦法律中建立与欧盟《通用数据保护条例》类似的数据保护法，制定更全面的聚焦个人数据保护的法律制度。

5. 政府及国际机构不断协调跨境数据流动治理

由于各国在数字贸易政策方面存在分歧，短期内世界贸易组织（WTO）电子商务谈判难以达成一致。因此，越来越多的双边和多边协议开始更明确地处理跨境数据流动治理问题。例如，《全面与进步跨太平洋伙伴关系协定》中的电子商务条款保护数据流动、源代码等，设定了新全球数字贸易规则的最高标准；在此基础上，《美墨加协议》禁止将关税和其他歧视性措施应用于以电子方式分发的数字产品（电子书、视频、音乐、软件、游戏等），要求科技企业开放源代码，并增加了对窃取商业秘密的新刑事处罚；2019 年 2 月，《日欧经济合作协定》生效，协定个人数据可以在欧洲经济区和日本之间自由传输，为欧洲和日本携手共建全球数据流动和数据保护规则奠定了基础；2019 年 9 月，日本与美国签署《日美数字贸易协定》，强调要维护数据的自由流通。尽管出现了上述协议，WTO 依然可以在优化数据驱动型经济的监管条件方面发挥重要作用。在保护数据的同时保持开放有两种方法：一是横向处理贸易协定中的跨境数据流动问题，而不是以离散服务或离散交易的方式进行处理；二是确立能够平衡数据自由流动和跨境数据传输引起的非经济问题的工作机制。理想的做法是协同目前各经济体正在进行的各项改革，确保形成协调一致的跨境数据流动与保护制度。

2.3　全球软件产业重点领域的发展态势

2.3.1　基础软件领域

基础软件主要包括操作系统、数据库、中间件、办公软件等，是软件和信息技术服务业的核心，是新一代信息技术产业的关键。

1. 传统基础软件格局固化且创新缓慢

当前，全球操作系统的垄断性极强。StatCounter 的监测数据显示，2020 年 5 月，Windows 系统的市场份额占全球的 77.04%；作为 Windows 系统的竞争者，OS X 系统的市场份额不到 19%，Linux 仅占 1.68%。谷歌的 Android 系统和苹果的 iOS 系统基本垄断了整个市场，2020 年 5 月的全球操作系统市场份额如表 2-5 所示。在垄断局势下，全球基础软件领域的创新动力不足。2018 年 3 月，微软对研发团队进行重组，Windows 系统的研发团队被拆解。2014 年以来，苹果的桌面操作系统几乎没有更新；移动操作系统的重大创新也较少。

表 2-5　2020 年 5 月的全球操作系统市场份额

序号	桌面操作系统		移动操作系统		总体	
	操作系统	市场份额	操作系统	市场份额	操作系统	市场份额
1	Windows	77.04%	Android	72.60%	Android	37.81%
2	OS X	18.38%	iOS	26.72%	Windows	35.83%
3	Linux	1.68%	Tizen	0.21%	iOS	15.28%
4	Chrome OS	1.06%	Kai OS	0.20%	OS X	8.54%
5			Windows	0.03%	Linux	0.79%

2. 全球中间件市场稳步增长

IBM、甲骨文和微软是中间件市场发展的主要力量。近年来，随着企业数字化转型的加快，企业对应用基础设施和中间件（AIM）的需求不断增加，要求也逐渐提高，推动中间件产品加快创新，催生了一批中间件供应商。2017 年，全球 AIM 市场的销售收入为 285 亿美元，同比增长率达到 12.1%。其中，甲骨文、IBM 等传统优势企业在 AIM 领域的销售收入比较稳定，增长率基本维持在 10% 以下，供给的产品主要为用于内部部署的许可型应用集成套件。相比之下，iPaaS（集成平台即服务）等新兴领域的收入增长迅速。2017 年，iPaaS 销售收入首次超过 10 亿美元，同比增长率超过 70%。

3. 开源数据库广受欢迎

在数字经济时代，数据已成为关键生产要素，软件开发更离不开数据库的支持。随着开源技术及共享理念的发展，优秀的开源数据库越来越多。目前，MySQL 是全球最受欢迎的免费开源数据库。2018 年，MySQL 8.0 发布，运行速度明显提升，且功能得到了改进，支持 NoSQL 文档存储和 JSON。还有很多非常优秀的开源数据库，如 Oracle、微软 SQL Server、MariaDB、PostgreSQL、Hadoop 等。随着深度神经网络在机器学习中的应用,数据分析具有了传统高性能计算工作负载的计算特性。鉴于许多领域的科学家和大数据用户不具备处理复杂新兴硬件的专业知识,美国网络和信息技术研发小组委员会建议构建一个公共库,能够使非专业人士的使用更加容易,并将这些设备的编程问题留给专家。

4. 走向云端是办公软件发展的必然趋势

近几年,云计算迅速普及,越来越多的企业将相关业务部署在云端,办公软件系统也逐渐向云端迁移。微软推出的 M365 就是面向云服务的云办公套件,包含传统的 Office 应用程序及企业级电子邮件、公共网站、Web 会议等多个组件,能够促进企业实现高效协同。在新冠肺炎疫情期间,M365 的用户数量迅速增加,为需要线上办公的用户提供了多种可能,为企业提供了高效的运行和管理方案。可以将云端建设和 M365 等应用软件看作一个生态系统,走向"云端"是办公软件发展的必然趋势。

2.3.2　工业软件领域

工业软件是新一轮工业革命的关键。企业通过并购、合作等手段强化制造全流程的软件支撑能力,并推进软件云化、平台化、服务化。Gartner 的数据显示,2019 年,全球工业软件产品收入继续增长,总额超过 4000 亿美元。

1. 打通跨界融合壁垒

知名工业企业积极抢占前沿技术支点,借助并购来扩张业务。例如,2018 年以来,美国参数技术公司收购增强现实(AR)初创企业 Waypoint Labs、创成式设计公司 Frustum、CAD 厂商 Onshape,达索系统收购 ERP 厂商 IQMS、流体相变计算软件商 COSMOlogic、健康护理软件公司 Medidata。2019 年 9 月,"西门子 PLM 软件"部门更名为"西门子数字工业软件 DISW",业务涉及 MOM(制造运营管理)软件、物联网 IoT 分析和 App 等。

2. 工业软件开始走向云端

达索系统、Salesforce 等企业的软件由传统工业软件向 SaaS 转变，发布了完全网页版的三维设计应用 CATIA xDesign、基于公有云的 CRM（客户关系管理）系统等新产品。工业软件走向云端推动了软件订阅制模式在全球的普及，在达索系统的年度营收中，软件年租收入占 70%～80%，Autodesk 的 CAD（计算机辅助设计）软件、美国参数技术公司的 CREO 软件（CAD 设计软件包）的销售业务方式均由一次性许可模式转变为订阅模式。

3. 强强联合缔结产业互利同盟

随着工业企业数字化转型的深入，工业软件龙头企业开始联合多个领域的行业领导者，构建强大的合作伙伴生态系统，希望能在快速增长的工业数字化转型市场中持续强化掌控力。达索系统和 ABB 于 2019 年 2 月宣布建立广泛的全球合作伙伴关系，以融合 ABB Ability 数字化解决方案和达索系统 3D EXPERIENCE 平台的优势；罗克韦尔自动化公司在 2019 年举办的第 28 届自动化博览会上宣布微软、美国参数技术公司、ANSYS、EPLAN 加入其数字合作伙伴计划；咨询与实施服务商 IBM、埃森哲、德勤、凯捷及印度的 Infosys、HCL 等公司也将与工业软件产品提供商维持长期战略合作。

2.3.3　IT 服务领域

IT 服务是软件产业的重要组成，包括集成电路设计、信息系统集成和物联网技术服务、运行维护服务、信息处理和存储支持服务、信息技术咨询服务、数字内容服务和其他信息技术服务等。IT 服务中的 AI、机器学习和自动化技术已得到了广泛应用。

1. 全球 IT 服务融合发展加快

近年来，全球 IT 服务融合发展加快，规模不断扩张。2019 年，全球 IT 服务支出突破 1 万亿美元，同比增长 3.8%。2016—2020 年全球 IT 服务支出如图 2-5 所示。信息技术是数字经济发展的重点，它主要通过两个渠道为经济增长提供支持：一是尖端技术研发；二是为其他行业提供新技术。IT 服务为渴望提高效率并在产业价值链中产生乘数效应的下游企业提供创新技术。其中，数据处理、网络出版和其他信息服务是生产性服务业中增长最快的领域。全球非 IT 服务数字技术的迅速普及和商业化在激发其自身生产力增长的同时，也会带动 IT 服务的发展并推动就业。美国布鲁金斯学会的研究表明，2006—2016 年，IT 服务是专业服务行业就业增长的主要动力，表明 IT 服务与其他行业的经济活动实现了进一步整合，体现了 IT 服务在为其他行业提供服务方面的突出作用。

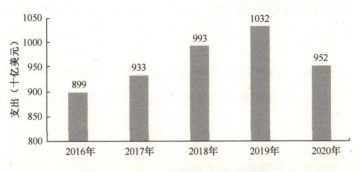

图 2-5　2016—2020 年全球 IT 服务支出

2. 金融、医疗保健是 IT 服务应用的重要领域

近年来，金融 IT 市场迅速发展壮大，金融信息化释放了对 IT 服务的巨大需求，推动了信息系统集成服务及数据备份等安全保障服务的快速发展。McKinsey 的数据显示，近 80% 的金融机构与金融科技企业合作，2018 年，全球风险资本在金融科技领域的投资达到 308 亿美元（2011 年为 18 亿美元）。AI 技术的快速应用可能会对信贷行为产生巨大影响。AI 技术能够提高信贷效率，识别出可获得信贷的信用良好的用户；也可能存在算法歧视，增加部分用户获得信贷的难度。

在移动互联网和大数据等新技术的驱动下，医疗信息化发展迅速。一些信息技术服务平台企业积极打造纵向一体化的健康管理中心，帮助用户及医院监测分析健康与疾患情况。全球应对新冠肺炎疫情的经验表明，远程医疗在控制疾病传播、确保获得医疗专业知识方面具有很高的价值。在没有疫情的情况下，远程医疗也应该成为常用的医疗手段。可以预测，远程医疗等在线服务的发展，将进一步激活对 IT 服务的需求。

3. IT 服务使小型企业加速融入数字生态系统

随着 IT 服务的快速发展，小型企业可以通过各种平台高效地获取尖端技术，为其谋求创新、商业合作和重要知识转移提供支持。随着尖端数字技术（如基于云的服务）的成熟，这些优势将更加明显。云计算、大数据和客户信息系统等工具的出现，破除了小型企业采用尖端技术的诸多障碍，使其得以融入数字生态系统。小型企业对新兴技术领域进行投资，能够使他们更好地了解市场需求，提高盈利能力。

2.3.4　嵌入式软件领域

嵌入式软件包括嵌入在硬件设备中的系统软件和应用软件。嵌入式软件是物联网、工业 4.0 的重要基础，已经渗透到集成电路、通信、云计算等领域，近年来一直保持快速发展。

1. 嵌入式软件市场趋于隐形化和泛在化

全球化使世界逐渐向"无边界"发展，人与人、物与物、人与物的互联障碍变得越来越小，嵌入式软件迎来了发展的黄金时期。在新技术的驱动下，嵌入式软件市场趋于隐形化和泛在化。一方面，几乎所有的嵌入式软件都不再单独计价甚至直接免费，成为"软硬件一体化"系统的重要组成部分，随系统一同出售；另一方面，随着各类产品的网络化和智能化，嵌入式软件市场涉及的领域越来越广泛，包括智能家居、可穿戴设备、智慧交通等，嵌入式软件几乎无处不在。

2. 新技术拓展智能终端产品的多维应用和发展空间

十几年前，智能手机的出现使"智能终端"这一概念进入全球消费者的视野中。2007年，苹果发布第一代 iPhone；2008 年，首部 Android 智能手机 HTC G1 面世。在人工智能、语音识别、语义理解、图像处理等新技术的推动下，智能终端逐渐向人性化、智能化和微型化发展。继可视化图形用户界面之后，语音交互成为智能终端在人机交互方面的又一大进步。该技术通过模拟人类对话，大大提高了智能终端与人类的沟通效率。人脸识别技术在智能终端领域具有突出优势，自 2012 年深度学习取得突破性进展以来，研究人员已经开发出了在人脸识别、物体识别等方面媲美甚至超过人类表现的 AI 系统。目前，人脸识别已广泛应用于移动支付、身份验证等方面，有效提高了终端消费与服务的安全性。此外，增强现实（AR）和虚拟现实（VR）技术已经较为成熟且价格合理，将进一步改变人与数字世界的交互方式，为用户带来前所未有的真实感、沉浸感和体验感。在 7nm EUV 半导体工艺的支持下，智能终端内存芯片的性能将进一步提高，功耗将不断降低。

3. 全球智能终端应用场景日益丰富

在一段较长的时间内，全球智能终端市场将保持加速发展。第一，视听设备、可穿戴设备等新型设备不断涌现，包括智能音箱、智能机器人、智能手表、智能眼镜等。第二，全球汽车电子市场前景较好。汽车 AI 主控芯片逐渐成为全球汽车电子发展的核心，多家企业竞逐主导权。对于自动驾驶汽车而言，激光雷达等传感器就是它的眼睛，AI 主控芯片则组成了它的大脑。目前，一辆高端汽车所搭载的代码数量超过 1 亿行，远远超过飞机、手机及互联网软件的代码数量。未来，自动驾驶汽车搭载的代码数量将呈指数级增长。第三，医疗电子等细分领域的发展速度不断加快。远程医疗、远程诊断和远程监测等数字化医疗解决方案不仅能实现与患者的密切联系，还能实现分散管理（患者无须随时到医院就诊）。从每次都需要医生进行个体诊疗转变为通过可穿戴设备等互联医疗器械进行连续监控，可以提高诊断的准确率，并提供预防性医疗保健方法。

2.3.5　信息安全软件领域

随着互联网和信息技术的快速发展和向经济社会各领域的渗透，信息安全问题越来越突出，全球信息安全软件市场需求不断增加。

1. 全球网络安全威胁呈高发态势

传统网络安全威胁持续演进，并不断衍生出新的网络安全威胁。第一，网络窃密行为频发。2018 年，欧盟 61% 的企业遭受了网络攻击，高于 2017 年的 45%。其中，网络窃取商业秘密是各国企业和机构面临的主要网络威胁之一。第二，针对工业领域的网络攻击保持高发态势。卡巴斯基 ICS-CERT 的监测数据显示，全球每月约有 20% 的工业计算机遭受网络攻击，2019 年全球遭受网络攻击的工业主机比例如图 2-6 所示。非洲、亚洲等欠发达地区的工业控制系统遭受攻击的比例远高于欧洲、北美和澳大利亚等相对发达的地区。第三，各国关键信息基础设施频遭攻击。Ponemon Institute 于 2019 年 4 月 8 日发布的报告显示，90% 的关键基础设施提供商表示，他们的信息技术环境在过去两年内遭受了网络攻击。在能源领域，电网已成为主要的网络攻击目标。虽然网络安全事件对电网等公共基础设施的破坏相对有限，但这类攻击可能在社会上产生连锁反应，影响经济的正常运行。第四，勒索软件对工业企业的影响扩大。2017 年 5 月，WannaCry 在消费互联网领域的暴发曾严重影响政务、交通、医疗等公共领域，也"误伤"了能源、化工等工业领域。近年来，NotPetya、Ryuk、LockerGoga、SamSam 等勒索软件及变种病毒直接针对能源、电力、制造业等工业领域，且影响范围不仅限于工业企业管理网络及信息系统，还扩大到了生产控制系统中。

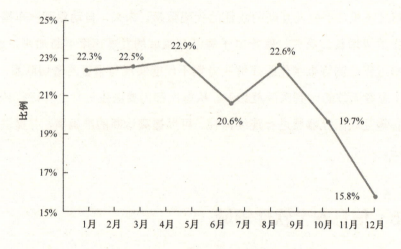

图 2-6　2019 年全球遭受网络攻击的工业主机比例

2. 全球信息安全市场规模连续 10 年持续扩大

Gartner 的数据显示，2011—2019 年，全球信息安全市场总收入呈上升趋势，如图 2-7 所示。2019 年，全球信息安全市场的总收入为 1241.2 亿美元，北美、西欧、亚太地区基本承包了信息安全市场，这 3 个地区的市场份额达到 90% 以上，以美国、加拿大为主的北美地区的市场份额达到 40% 以上。为应对各种复杂的恶意网络威胁，提高安全水平，全球各行业将加大对安全解决方案的投资，使全球信息安全市场维持快速增长。互联网数据中心（IDC）预测，2022 年，全球安全解决方案支出将超过 1300 亿美元，年复合增长率（2018—2022 年）将超过 9%。

3. 全球信息安全市场投融资活跃

2012 年以来，全球信息安全市场的融资事件数量和融资金额逐年增加。2018 年，该领域的融资事件达到 408 起，同比增长 25.15%；融资金额达到 62 亿美元，同比增长 21.93%。2019 年 1 月到 11 月，融资事件达到 398 起，融资金额超过 70 亿美元，2012—2019 年全球信息安全市场融资情况如图 2-8 所示。2018 年发生融资事件数量最多的领域是风险管理与合规，占全部融资事件的 13%；第二是身份管理与访问控制，占 12%；第三是安全运营、应急响应、互联网危险领域，以及基础设施安全领域，这两个领域的融资事件占比均为 10%；第四是移动安全领域，该领域的融资事件最少，仅占 1%。

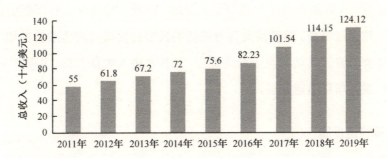

图 2-7　2011—2019 年全球信息安全市场总收入

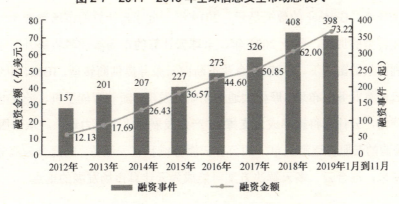

图 2-8　2012—2019 年全球信息安全市场融资情况

2.4 全球软件产业新兴领域的发展态势

新兴信息技术与各领域融合逐渐成为软件产业的发展趋势，能够激发出经济社会数字化转型的巨大潜力。

2.4.1 云计算领域

随着云计算、大数据和人工智能的交叉创新，以及与传统行业的深度融合，云计算的服务化特征越来越明显。随着消费者对灵活的按需付费模式的需求的激增，以及大型信息技术服务公司将云工具与企业系统整合，云技术进入大众市场，并基于云平台的综合解决方案和服务项目迅速发展。

1. 云计算快速发展

在全球 IT 基础设施中，云计算所占比例超过 50%，云计算代替传统数据中心成为新的市场主导者。Gartner 的数据显示，2019 年，全球云计算的市场渗透率为 11.3%；随着数字化转型的加快，预计 2021 年，全球云计算的市场渗透率将提升至 15.3%。在需求和盈利前景的影响下，传统 IT 企业不断向云服务提供商转型，IBM、甲骨文、SAP 等加大对云计算业务的布局。摩根大通集团研究发现，随着智能手机、平板电脑的增长潜力不断降低，云计算将接棒成为支撑 IT 产业发展的"中坚力量"。从云服务结构来看，企业采购的云服务逐渐从单一的公有云服务或私有云服务，向混合云服务、多云服务转变。未来，混合云、多云解决方案可能成为云计算市场发展的重点。

2. 云计算独角兽企业快速成长

Bessemer Venture Partners 研究发现，2000 年以来，全球云计算产业实现了指数级增长。其中，公有云和私有云均呈现快速发展态势。在公有云领域，2007 年，NetSuite

成功上市，促进了云技术被市场广泛接受。2007 年以后，公有云独角兽企业加速发展，2010 年，全球公有云独角兽企业已有 12 家。2020 年，公有云独角兽企业超过 54 家，截至 2020 年 2 月，前五大公有云企业的总市值约为 6160 亿美元。其中，比较知名的公有云服务商有 Salesforce、PayPal、Shopify、Adobe 和 ServiceNow 等。在私有云领域，首家独角兽企业出现的时间相对较晚，2010 年，仅有 LinkedIn 一家私有云企业的估值达到 10 亿美元；2020 年，全球私有云独角兽企业超过 86 家，包括 HashiCorp、UiPath、Snowflake、Strike、Toast、Procore 等。

3. 部分算力从云端迁移到边缘

与完全基于云的传统模型相比，5G 模型需要更加去中心化的计算和组网方式，以推动边缘计算从概念验证阶段向早期部署阶段发展。2018 年，全球边缘计算市场规模为 17 亿美元，预计 2025 年将增至 166 亿美元，成为软件产业增长最快的细分领域之一。然而，边缘计算本身的存储能力有限，需要最大限度地发挥其全部计算能力。未来，边缘计算将与集中和分散数据处理结合，为企业提供私有云和公有云之外的第 3 种选择。企业可以通过利用每种体系的优点，实现混合云计算和边缘计算解决方案，以优化其网络，提高效率和可伸缩性。

2.4.2　大数据领域

近年来，随着互联网用户规模的扩大，用户产生的数据量迅速增加。在云计算、物联网、人工智能等技术的驱动下，全球数据量进入无限扩展阶段，数据成为经济的无形基础设施和互动中枢。在此背景下，大数据技术及应用逐渐走进各行各业。

1. 全球大数据市场蓬勃发展并驱动跨界融合

随着数据量的迅速增加，数据价值逐渐显现。对数据访问的需求促使各参与主体加大投资，不断开发对数据进行采集、存储及分析的软件。大数据技术为处理庞大的数据量提供了很好的选择，驱动了产业的跨界融合发展。例如，金融技术平台使用大数据驱动的信用评级系统，能够实时监控债务人，覆盖范围更广；全球有 50% 以上的企业通过大数据技术改善其业务模式。IDC 的数据显示，2019 年，大数据与商业分析解决方案的全球市场规模达到 1896.6 亿美元，预计 2023 年将达到 3126.7 亿美元，2019—2023 年的复合增长率达到 13.1%。其中，综合解决方案、计算分析、数据存储及大数据相关应用等比较受欢迎。未来，随着云基础设施应对的流量日益增加，以及公共卫生专业人士努力利用大数据技术抗击疫情，大数据技术将加速发展。在这一过程中，受技术日益成熟及融合发展加快推进的影响，将有更多大数据应用场景落地，使大数据软件和专业服务的规模扩大，硬件所占比例将逐渐减小。

2. 数据分析和商业智能工具逐渐成为大数据发展的主力

在全球数据分析领域，闭源软件的市场份额不断收缩，开源大数据持续向商业化发展。Apache 基金会开发的 Hadoop 技术（分布式系统基础架构）发展迅速，促进专业服务和系统集成业务的发展，推动其持续向开源发展、向云端迁移。与此同时，随着大数据走进各行业，各行业的大数据分析需求不断增加。在该细分领域，大数据技术提供商以预打包的形式，满足特定行业及企业的数据分析需求，不断开拓新市场。在这样的背景下，以数据分析和处理为主的高级数据服务成为驱动大数据市场扩张的重要力量。此外，基于社交网络的社交大数据分析是大数据领域的潜在经济增长点。

3. 大数据技术与高性能计算、机器学习加快融合

传统的高性能计算和大数据技术在计算科学领域独立发展，但越来越多的研究人员开始利用机器学习进行高性能计算的建模和仿真及大数据分析。基于科学的模型越来越依赖嵌入式机器学习模型，使用该模型不仅可以从大量的数据输出中得到结果，还可以指导计算。基于科学的模型与数据驱动模型结合，可以揭示复杂现象。另外，随着实时数据分析需求的不断增加，人们需要用一种更统一的方式来对数据进行模拟和分析，需要融合硬件（包括计算、网络和存储）、操作管理方式和软件。这种方式虽然会带来许多技术和组织方面的挑战，但是可以提高科学研究、国家安全、医疗保健和工业方面的能力，深度拓展应用空间，提供更大的可能性。

4. 数据获取和保护越来越重要

个人和非个人数据的获取已成为经济增长的关键。它使新技术，尤其是人工智能的研究和创新成为可能，并为许多已经成熟的应用奠定了基础。为了充分利用大数据的优势，必须有大量的数据可用。然而，到目前为止，数据经济倾向于向集中化发展：大型企业积累了规模更大、结构更好的数据集，并拥有更多用于部署这些数据集以开发新技术和业务模型的资源。目前，全球超大规模数据中心主要由亚马逊、微软、谷歌、IBM、Facebook 等科技龙头企业使用和运营。对于中小企业来说，获取数据十分困难。为了应对这一挑战，一些国家已开放公共机构大数据集的下载。《通用数据保护条例》（GDPR）提高了欧洲公民控制个人数据访问权限的能力。但在实践中，确保大量数据的完全透明仍然是一项挑战。

2.4.3　人工智能领域

人工智能是引领新一轮科技革命、产业变革和社会变革的战略性技术，对经济发展、社会进步、国际政治经济格局的变化等具有深远的影响。

1. 人工智能技术已在多个领域落地

目前，AI 技术已应用于工业机器人、机器视觉智能产品、机器学习等领域，应用场景越来越丰富。行业通用的对话式 AI、专业服务中的内容审核等应用逐渐成熟。此外，还有一大批 AI 应用正在推广，具有巨大的潜力，如可用于实现制造业的质量检测、产品分拣、供应链优化，以及医疗领域的智能导诊、辅助临床诊断决策等。尽管如此，由于缺乏相关数据，AI 技术在应对新冠肺炎疫情中发挥的作用有限。但是，AI 技术在预测细节方面具有很大优势，如加拿大 BlueDot 公司按照邮政编码对相应地区的病毒传播模式进行建模，检测每个邮政编码所对应的地区的病毒暴发程度，使政府能够相对精确地分配资金、医疗物资和医务人员。

2. 全球人工智能产业规模迅速扩大

据统计，2019 年，全球人工智能产业规模超过 700 亿美元。从行业来看，人工智能在零售业中的应用最为广泛，2019 年，该行业针对人工智能解决方案的投资金额达到 59 亿美元。银行业是人工智能的第二大应用行业，2019 年，相关企业投资金额达到 56 亿美元，主要用于自动化威胁情报和预防系统、欺诈分析和调查系统等。从地区来看，2019 年，全球人工智能市场约有 2/3 分布在美国；西欧是第二大需求市场，在该地区，除了银行业、零售业，离散制造业也是人工智能的需求主体。Gartner 预测，2022 年，人工智能驱动的商业价值将达到 3.9 万亿美元，相关细分领域将进一步重组。其中，决策支持或增强（如深度神经网络 DNN）所占比例将由 2018 年的 39%提升至 2022 年的 44%，决策自动化系统所占比例将由 2%提升至 16%，虚拟助理所占比例将大幅下降，由 46%降至 26%，智能产品所占比例也将由 18%降至 14%。

3. 计算机视觉为多个行业带来新的发展机遇

计算机视觉利用了一种深度学习算法，使神经网络能够解读图像并获取上下文含义。计算机视觉逐渐兴起并将持续发展。计算机视觉的应用十分多样，几乎可以整合到所有行业中，如医疗、零售和运输等。它可以用来分析医疗报告和图像、提供更准确的诊断结果、跟踪客户的移动和购买行为、为自动驾驶汽车提供指引等。未来，人工智能和深度学习的进步将进一步拓宽计算机视觉的应用边界，使常规过程更加自动化、更快、更简单和更精确。

4. 自动机器学习带来机器学习的新一轮创新

机器学习在各行业迅速普及，成为技术创新的重要技术之一。要建立成功的数据模型，使机器学习在任何领域都能提供可操作的见解，需要大量技术知识和人才，但许多企业都雇不起这些人。谷歌、IBM 和亚马逊等企业能够理解这一痛点，试图发起机器学习的新一轮创新——自动机器学习（AutoML）。自动机器学习是一个算法选择、超参数调整和建模评估的过程，能够优化数据模型，而且几乎不需要人工干预。它通过自动化的重复过程提高了生产力，并且允许用户部署复杂的数据模型，而不需要雇用昂贵的人才。未来，更多的企业将利用自动机器学习平台部署持续优化的动态模型，并扩展用户的能力，使其超出传统的数据科学家角色。该技术可以用于所有级别的企业。

2.4.4　物联网领域

物联网对于推动第四次工业革命的发展具有重要作用。近年来，物联网应用层出不穷，物联网终端已渗透到智能交通、智慧医疗、智慧电网、智慧农业等领域。

1. 全球物联网终端数量呈指数级增长

GSMA 的统计结果显示，截至 2019 年，全球物联网终端数量达到 110 亿台。其中，消费物联网和工业物联网终端数量分别为 60 亿台和 50 亿台。2020 年，全球物联网终端数量达到 130 亿台，工业物联网终端数量（70 亿台）首次超过消费物联网终端数量。此后，工业物联网终端数量将继续增加，预计 2025 年将达到 140 亿台，同期消费物联网终端数量将维持在 110 亿台左右，2018—2025 年全球物联网终端数量年均增长率将达到 21%。2018—2025 年全球物联网终端数量及增长率如图 2-9 所示。

图 2-9　2018—2025 年全球物联网终端数量及增长率

2. 全球物联网市场的发展空间巨大

近年来，物联网应用的覆盖范围不断扩大，智慧城市建设成为其重要推动力。IoT Analytics 的数据显示，在 2018 年公布的全球 1600 个物联网建设项目中，智慧城市项目最多，约占 23%；第二是工业物联网，约占 17%；车联网、智慧建筑、智慧能源等项目也具有一定的数量。当前，物联网应用主要以企业驱动的应用为主。国际市场研究公司 MarketsandMarkets 发布的报告显示，2019 年，全球物联网市场规模约为 1500 亿美元，预计 2021 年将增至 2430 亿美元。

3. 物联网终端安全性能亟待提高

近年来，在全球范围内，由物联网终端安全事故引发的安全事件频繁发生。Symantec 的一份研究报告显示，2018 年，物联网设备平均每月受到 5200 次攻击。一些不法分子利用物联网终端的漏洞，进行主动攻击、恶意控制、窃取数据、篡改数据等，对通信网络的正常运行、应用服务的正常运转造成严重影响。在物联网与各垂直行业加快整合的背景下，物联网终端安全事故也将直接影响各垂直行业应用的正常运转，物联网终端的安全性能将成为制约该领域发展的关键因素。

2.4.5 区块链领域

区块链技术广泛应用于金融、贸易、供应链等领域，逐渐形成基于应用项目的生态系统。

1. 区块链与其他新兴技术整合释放巨大潜力

5G 网络的高速、低延迟和高容量特性使其能够扩大物联网设备的使用范围，这些设备可以将区块链作为基础层，充分利用其安全性、分散性、不变性和共识性优势，智慧城市、自动驾驶汽车、智能家居和其他传感器驱动的增强技术将会实现。此外，5G 将通过增加节点、实现分散化及缩短块时间，来提高区块链的可伸缩性，进一步支持物联网的发展。区块链技术提供了稳定的数据基础设施，不仅可以降低管理 AI 的潜在风险，还可以在未来的数字经济中更公平地分配 AI 带来的收益。例如，在 AI 驾驶汽车和预测天气的过程中，区块链可以明确并加强机器与算法之间的联系，使其能够更坚强地面对黑客等外部威胁。

2. 全球政策制定者密切关注区块链应用

德国政府率先发布区块链战略，承诺支持区块链技术的广泛应用，并展示了大量可靠用例和潜在项目。欧盟科学中心的报告显示，2014 年以来，全球对区块链初创企业的投资迅速增加。2014 年，全球在该领域的投资金额为 4500 万欧元，2017 年增至 39

亿欧元，2018 年几乎增加了一倍，达到 74 亿欧元。在贸易中应用区块链技术，可以减少贸易时间和成本、提高各贸易节点的效率。许多企业都将区块链技术部署在供应链中。例如，北美最大的货架供应品牌海鲜公司 Bumble Bee Foods 与德国科技公司 SAP 合作推出了一个可用于海鲜溯源的区块链平台。未来，受区块链影响最大的 6 种应用可能为加密货币、共享数据服务、智能合约应用、分散市场、真实性跟踪和数字身份应用。

3. 科技龙头企业加快布局并引领区块链发展方向

全球科技企业逐渐认识到区块链技术的颠覆性潜力，多家全球领先的信息技术企业、互联网企业纷纷加入区块链市场。2015 年，在 "Azure BaaS" 计划的支持下，微软将区块链技术引入 Azure，使用 Azure 云服务的客户可以迅速创建私有、公有或混合的区块链环境。该方法解决了跨界应用区块链的诸多难题，受到众多区块链参与者的欢迎。谷歌则较为谨慎。总体来看，谷歌在布局区块链的过程中倾向于与其他企业合作，其团队仅属于云计算部门，更注重使用区块链维护自己在云计算领域的地位。IBM 集中拓展企业级区块链商用场景。2015 年，IBM 联合 29 名成员，创立 Hyperledger 开源项目，为各行业提供区块链应用解决方案。在这一过程中，IBM 逐渐取得了制定区块链行业标准的主导权。随后，IBM 逐渐将区块链应用拓展至医疗、金融、食品安全及全球贸易供应链等领域。

4. 中央银行数字货币（CBDC）是区块链和分布式分类账技术的潜在应用

央行可以发行零售 CBDC（点对点支付和从消费者到商家的支付）或供商业银行结算使用的 "批发" CBDC。未来，我们可能会看到不同形式的 CBDC，在它们的影响下，会产生一些在当前主导体系之外运作的替代体系或双边国际支付体系，可能会使国际支付流程和货币体系更加多样化，产生脱离美元和其他主要货币并脱离现有机构的货币体系。在这种情况下，国家和金融行为体在国际领域的支付方面可以拥有更大的独立性和自主权。美国《哈佛商业评论》指出，如果能在全球范围内形成良好的监管环境，那么稳定币有望成为支付手段，从而加速区块链技术的应用，并有可能破除其进入电子商务市场的壁垒。

第 3 章

国外推进软件产业发展的政策举措

　　美国、欧洲、日本、韩国、印度高度重视软件的价值和软件产业的战略地位，长期支持软件产业的发展，在全球软件竞争格局中形成了独特的竞争优势。总体来看，软件大国将产业政策视为推动软件产业发展的重要手段，不断完善政策支持体系、优化产业发展环境。从产业政策的发展趋势来看，在市场失灵时更好地发挥政府的作用，加大对软件产业在资金、企业研发、基础科学研究、人才培养与引进、中小企业和初创企业发展，以及抵制外资收购国内高科技企业、知识产权保护等方面的支持力度，已经成为各国调整产业政策的共识和重要举措。

3.1　美国的软件产业处于领先地位

　　美国拥有 IBM、微软、谷歌、甲骨文等全球顶尖的软件企业，掌握着软件产业的主导权，处在软件产业价值链的高端。近年来，美国实施了"联邦信息技术现代化计划"，将软件作为发展的关键，优先升级关键软件系统、维护信息系统安全，以把控核心技术和标准、保持在信息通信领域的绝对优势。在人工智能、云计算等国家战略中都体现了美国对软件产业的战略部署。

1. 通过立法将研发税收抵免永久化

美国向来重视研发投资对创新驱动的作用，通过税收杠杆激励企业增加研发投资，研发税收抵免是撬动企业持续创新的支点。20 世纪 80 年代以来，美国《经济复兴法案》《税收改革法案》等不断完善研发投资抵免制度。《2015 年保护美国人免于高税法》更是将研发税收抵免永久化，通过减税的方式刺激创新。受一系列政策的影响，企业创新积极性大幅提高，逐渐增加研发投资。企业申报的研发税收抵免返还额也从 1990 年的 15.5 亿美元增至 2013 年的 113 亿美元，增加了约 6.3 倍。

2. 增加投资

美国注重投资培养 STEM 人才，2018 年 12 月，制定"北极星计划"，要求各机构在其 2020 年财政预算中优先考虑 STEM 教育和培训。2018 年，美国国防部启动"电子复兴五年计划"，计划在 5 年内斥资 15 亿美元扶持入围项目，工业设计软件受益较大。全球电子设计软件 EDA 三巨头中的 Cadence 获得了 2410 万美元的资助，Synopsys 获得了 610 万美元的资助。

3. 借助风险投资提供资金支持

美国的许多软件龙头企业靠风险投资起家。PitchBook 的数据显示，软件产业连续多年成为风险投资市场最青睐的产业，软件企业的融资金额约为风险投资市场总投资金额的一半。2018 年，软件产业的风险投资金额达到历史新高（468 亿美元），同比增长了 54%；交易数量（超过 3700 笔）遥遥领先，远高于制药和生物技术产业的风险投资交易数量（720 笔）。软件企业的创业板上市条件比较宽松，特别适合软件和信息技术服务业企业等成长潜力较大的高科技企业。

4. 高度重视 STEM 人才培养

美国向来重视基础科学研究。2018 年 12 月，白宫发布新的 STEM（科学、技术、工程、数学）教育五年计划"北极星计划"，在国家层面上加强对基础研究人才的重视，强调通过与学校、企业、科研机构等的合作，让所有美国人能够终生接受 STEM 教育，以确保其在全球高科技领域的人才竞争优势。"北极星计划"支持学校推出更有意义和更具启发性的课程，鼓励学生多参加实习、学徒项目及科学博览会、机器人俱乐部、发明挑战赛、游戏工作坊等。

5. 完善知识产权保护制度

知识产权保护是鼓励创新的重要手段。美国一直重视知识产权保护，在美国商会全球知识产权中心（GIPC）的知识产权指数排名中，美国连续 6 年位居第一。1976 年，美国修改《版权法》，对《版权法》的范围进行了调整，拓展了"文字作品"的范畴，对计算机软件的版权进行保护。1981 年，美国最高法院宣布软件专利合法，进一步加强了对软件知识产权的保护。在保护软件知识产权的同时，美国还加大对盗版软件的打击力度。1997 年，美国实施《反电子盗窃法》，认定在线复制非授权软件等数字化文件属于违法行为，违者将处以 5 年以下监禁和 25 万美元的罚款。

6. 通过政府采购支持国产软件

1933 年，美国颁布了《购买美国产品法》，要求联邦政府采购包括软件产品在内的本国产品，同时，政府采购向中小企业倾斜。2003 年，政府采购已经达到美国国内软件市场份额的 20%，支持了一批软件企业的生存与发展，尤其是带动了一大批中小软件企业的快速发展。2019 年，美国修订了《购买美国产品法》，提高了"美国制造"的门槛，以进一步保护和支持美国国内产品市场。美国还经常以"国家安全"为由禁止使用国外软件产品。2017 年，美国国家安全局称，卡巴斯基杀毒软件可能会被用来监听，会对美国的基础设施构成安全威胁。随后，特朗普签署法令禁止美国联邦机构使用卡巴斯基实验室的产品。

7. 限制外资收购美国科技企业

近年来，美国严格审查对美国科技企业的并购行为。受此影响，中国 2017 年收购美国科技企业的规模下跌 87%。2018 年 10 月，美国出台了对外国投资关键科技行业的监管新规，要求外国投资者在投资美国半导体、电信及国防等 27 项关键技术时，必须经过美国外国投资委员会（CFIUS）的安全审查，避免具有战略动机的外来投资威胁美国的技术领先优势和国家安全。

3.2　欧洲通过工业数字化提高软件产业的竞争力

软件产业已成为欧洲最重要的产业之一。近年来，在工业 4.0、先进制造和工业互联网等新工业革命理念的引领下，欧洲各国积极实施工业数字化战略，不断提高软件产业的竞争力。

1. 为中小企业和初创企业提供金融支持

德国出台了《中小企业未来行动计划》，设立 ERP 风险基金、高科技初创企业基金，为软件等领域的高科技初创企业提供政策和资金支持；为风险投资者提供免税就业补助金（相当于初创企业投资金额的 20%）；对政府补贴部分免征所得税并退还资本利得税，激励天使投资人对软件等高科技领域的初创企业进行投资。鼓励中小企业坚持"窄门"理念，专攻细分领域、专一产品，将单一产品做到极致，打造细分领域的"隐形冠军"。2019 年，德国拥有全球近一半的隐形冠军企业。

法国通过国家投资银行，加大对中小企业的贷款支持力度，尤其支持生产控制软件的研发；优先考虑中型企业（雇员为 250～5000 人）的贷款申请，支持其在软件等高科技领域进行创新和投资。

英国政府联合多家大型银行，为出口型中小企业提供融资支持，由政府部门承担 80%的风险。

爱尔兰企业署通过投资服务理事会，采用合伙制方式与私人机构、企业和风险投资者建立"专项高科技产业风险资本基金"，支持本土中小企业。

2. 为软件等领域的高科技企业提供税收优惠

增加税收减免是欧洲各国激励软件等领域的高科技企业进行创新的重要举措。德国为软件企业提供 3 年的税收豁免，为中小企业及处于亏损阶段的初创企业提供研发税收减免。

法国对创立不足 8 年的创新型中小企业实行"三免两减半"政策，部分企业可免除 7 年的职业税和固定资产税。

爱尔兰一直是全球企业所得税税率最低的国家之一，承诺 2025 年以前将企业所得税保持在 12.5%，软件企业的税率为 10%，创新型企业的税率为 6.25%。

3. 鼓励软件等领域的高科技企业提高研发强度

2017 年，德国联邦经济部发布《创新政策重点》，提出 2025 年研发强度达到 3.5%、企业创新比例达到 50%，推动了企业的数字化转型，使其保持在关键领域的技术领先。

法国将研发税收抵免永久化，初创企业可以在当年享受返还的抵免额，允许无法立即获得返还额的企业向金融机构申请以研发税收抵免为担保的贷款。

英国为了鼓励技术创新，于 2017 年发布《产业战略：建设适应未来的英国》，提出 2027 年研发强度达到 2.4%，将研发税收抵扣率提升至 12%。

爱尔兰成立科学基金会（SFI），促进、支持软件等领域的高科技企业在爱尔兰开展具有世界级水平的研发工作。2019 年，爱尔兰启动了由 SFI 支持、爱尔兰软件研究中心（Lero）牵头的无人驾驶汽车项目，资金总额达到 420 万欧元。

4. 重视基础科学研究和职业人才培养

欧洲软件大国向来重视基础科学研究和职业人才培养。

德国工业软件的强大在于其扎实的基础教育和职业教育，德国《数字化战略 2025》要求在 MINT（数学、信息学、自然科学、工程学科）领域加强高校的学科建设；重视职业教育，采用校企联合培养的"双轨制"职业教育模式，要求未接受过高等教育的员工参加"学徒制"培训，掌握职业技能。

英国注重高等教育和技术教育的有效衔接，在高标准建设技术教育体系方面，更加强调学术与技术教育体系的对接和转换。

爱尔兰的"2018 年教育行动计划"将编程纳入小学课程，将计算机科学列为高中毕业考试科目，并在高等教育中加入最新的编程语言课程。同时，要求学生在本科期间具有一年的企业实习经验。爱尔兰重视职业培训，坚持需求导向，培养市场急需的初级和中级技术人才。

5. 支持和保护龙头企业

2019 年 2 月，德国经济和能源部发布《国家工业战略 2030》，提出要为企业提供更廉价的能源和更有竞争力的税收制度，放宽反垄断和企业并购监管政策，允许形成"全国冠军"甚至"欧洲冠军"企业。2019 年 3 月，欧盟首次统一外资审查规范，成员国可以以国家安全的名义抵制外资收购国内高科技企业。

3.3　印度着力打造"全球软件产品中心"

在经济全球化的背景下，印度软件和信息技术服务业以雄厚的产业基础融入全球生产与创新网络，推动产业持续升级，参与国际竞争与利润分配，并顺应数字技术的发展趋势，依托数字化转型，加快构建创业生态系统，重塑经济发展模式。

1. 由软件外包向产品研发调整

2019 年 2 月，印度出台《国家软件产品政策》，计划将印度打造成"全球软件产品中心"，提出要在知识产权的推动下促进创建可持续的印度软件产业，把印度建设成全球软件产业的领导者，使印度的软件产品在全球的市场份额增长 10 倍，打造 1 万家软件创业企业，培养 100 万名 IT 专业人员，创造 350 万个就业岗位，发展壮大 20 个软件产品细分领域。该政策以补齐软件产业的短板为出发点，从打造软件产品业务生态、推动产业协同创新、开发人力资源、发展国内市场等方面出发，部署了多项措施。该政策服务于"印度制造"和"数字印度"战略，表明印度将数字经济视为软件产业转型的机遇，重点发展软件产品，推动产品自主研发，巩固并提升其在全球市场中的地位，体现了印度从"世界外包工厂"向"全球软件产品中心"转型的决心。

2. 出台加快产业发展的财税政策

印度政府一直将积极的财税和金融政策视为推动软件产业发展的重要政策工具。

1991 年，印度软件产业实现了"零赋税"，包括零关税、零流通税和零服务税，进口设备可免关税且加速折旧，在国内采购中间产品的软件企业可免国内地方税，在 10 万人以下城镇中设立的软件企业可免收入税和销售税。此外，印度还针对多个软件园和出口园区制定优惠政策，创造了有利于软件产业发展的金融和制度环境。

在《国家软件产品政策》中，印度计划投资 1000 亿卢比成立软件产品发展基金（SPDF），为初创企业提供资金支持。同时，印度政府将投资 500 千万卢比启动软件产品研究与创新计划，支持高等院校和研究机构的软件产品研究工作，以解决产学研链条中的脱节问题。另外，印度还将为 500 家技术企业提供技术和财政支持，创建 20 个特定领域的软件产品集群。这些财税政策将为软件企业提供有力的资金支持。

3. 营造良好的创新创业生态环境

印度政府于 2016 年正式启动"创业印度"计划，以鼓励国内企业创新并为初创企业提供良好的生态环境。初创企业启动资金迅速增加，Inc42 数据实验室的印度科技创业基金年度报告指出，2017 年，印度初创企业完成了 885 笔交易，获得了 135 亿美元的投资；2018 年，有 637 家初创企业成立，在 743 笔交易中获得了超过 110 亿美元的投资。与 2017 年相比，虽然 2018 年的交易数量和投资金额减少，但印度出现了有史以来最多的独角兽企业，并主要集中在数字科技领域。例如，线上支付解决方案提供商 BillDesk 在以 Visa 为首的融资中筹集了 2.5 亿美元，该轮融资的估值为 15 亿～20 亿美元。目前，BillDesk 正在为其支付服务和忠诚度管理开发新的生产线，以不断向其他地区扩张。截至 2018 年 11 月，BillDesk 称其每年要处理的支付订单总额接近 500 亿美元。商务云软件开发公司 Freshworks 于 2017 年在澳大利亚悉尼和印度孟买开设了数据中心，且于 2018 年发布了 5 款新产品，成为"估值 15 亿美元（2018 年 7 月的数据）的独角兽企业"，并称其获得了 1 亿美元的平均会计收益率。借鉴中国天猫的零售模式，印度最大的移动支付和商务平台 Paytm 商城于 2017 年 2 月从母公司 Paytm 分离出来，并作为独立实体开始运营，同时运营的还有消费者购物应用程序，截至 2018 年 4 月，该公司已覆盖了印度 700 多个城镇的 1.9 万名用户，还筹集了来自软银和阿里巴巴的 4.45 亿美元资金。此外，零售 POS 解决方案提供商 Pine Labs、线上保险平台 PolicyBazaar、外卖 O2O 平台 Swiggy、B2B 电商 Udaan 等初创企业的发展势头也十分迅猛。印度初创企业的扩张和盈利增长态势带动了数字经济的快速增长，展现了繁荣发展的印度创业生态系统。

印度简化营业执照、安全和环境审批流程，放宽外资准入限制。FDI Markets 的数据显示，印度 2014—2015 财年和 2015—2016 财年的 FDI 增长率分别为 27% 和 29%，连续两年成为全球最大的外商直接投资国。世界银行发布的《2020 年营商环境报告》显示，印度营商环境排名从 2013 年的全球第 142 名上升至 2019 年的第 63 名；同时，印度连续 3 年入围营商环境改善最大的 10 个经济体。印度也是我国产业链外迁的主要承接地之一，其劳动力资源丰富，且劳动力成本、企业税负等均低于我国[1]。印度政府于 2016 年正式启动"创业印度"计划，鼓励国内创新并为初创企业提供良好的生态环境。2018 年，有 637 家企业成立，743 笔交易获得的投资超过 110 亿美元，出现了很多独角兽企业。初创企业较强的扩张和盈利增长态势带动了数字经济的快速增长。

4. 重构以知识产权创造为核心的商业模式

持续创新是技术发展的关键支撑，也是软件生态系统的核心。知识产权创造是印度企业重构新商业模式的必要条件，与国际技术保持同步的高水平创新可以显著增加收入和提高出口额。增强新兴技术领域的知识产权创造能够增加就业和创业机会。

2016 年，印度出台了《国家知识产权政策》，营造了鼓励创新的良好环境，专利申请数量迅速增加。2015—2018 年，印度的企业在美国提交了 4600 多件专利，其中计算机、通信等方向的技术专利份额从 2015 年的 51.0% 增加到 2018 年的 64.8%，并且有 40% 的技术专利已获得了授权。在计算机技术专利中，数据处理和软件开发测试方向的专利处于主导地位。人工智能、网络安全、物联网和云计算等新兴技术占 2018 年技术专利的 50% 以上。2015—2018 年，人工智能方面的专利有 300 多件，其中机器学习专利超过 70%。

印度《国家软件产品政策》规划了在知识产权推动下的软件产品可持续发展目标，计划 2025 年，全球软件产品市场份额将增长 10 倍。美国商会全球创新政策中心（GIPC）

---

1 Trading Economics 的数据显示，2018 年，我国制造业的平均月薪为 6007 元，是印度的 5.8 倍。世界银行的数据显示，2018 年，印度制造业的总税率为 52.1%，我国则高达 64.9%。

发布的第八版《国际知识产权指数报告》指出，印度的知识产权环境大幅改善，得分较上一版提高了约7%（2019年排在第36名）。

5. 培养高端人才并推动产业转型升级

大数据、人工智能等加速迭代，全球对高端软件技术和产品的争夺越来越激烈。在全球产品开发加快、移动互联网迅速崛起的冲击下，以低端劳动力套利模式为核心的印度软件产业的转型策略推进步伐未能完全适应变化的商业环境，暴露了技术产品研发领域的短板。大量软件从业者仅具备基本的 IT 技能，导致印度企业在高端软件开发领域缺乏竞争力。印度外包产业模式遭遇寒流，产值大幅下降，员工大批失业。从产值来看，2016 年，印度软件外包产业总产值同比下降 10%；从就业来看，2017 年，印度 IT 产业裁员 5.6 万人，IT 企业校园招聘减少了 50%以上，塔塔咨询服务公司（TCS）和 Infosys 公司的员工数量首次减少。因此，印度急需新兴技术领域的高端人才，在智力资本的驱动下推动基于外包模式的软件产业整体升级。

印度《国家软件产品政策》将人才需求量化，实施"未来技能计划"，为新兴技术领域的 300 万名 IT 专业人才提供技能培训，创建由拥有知识产权驱动软件产品所需能力的 100 万名专业人才和 1 万名软件产业领导者组成的人才库，启动面向 10 万名学生的"人才加速器"计划，为软件产品的发展提供强有力的智力资本支撑。

6. 支持国产软件的推广和应用

印度《国家软件产品政策》强调，需根据《2017 年政府采购〈印度制造有限采购〉令》，优先将国产软件产品纳入政府采购范围，安全、军事、国防等政府部门必须采用国产软件。

3.4 日本致力于打造新一代软件工程

日本在科技领域一直处于世界领先水平，科技强国已经成为日本的名片。2013 年以来，日本政府每年发布《科学技术创新综合战略》，以推动科技创新，并使科技创新成为推动日本经济复兴的引擎。《科学技术创新综合战略 2019》提出了一系列加快落实"超智能社会 5.0 战略"的举措，以推动人工智能、生物技术和量子技术等关键技术的发展。2018 年 12 月，日本科学技术振兴机构（JST）下属研究开发战略中心（CRDS）发布了人工智能战略提案，指出将通过实施新一代人工智能软件工程，增加研发投资，重点突破"人工智能软件工程体系化"和"基础研究中的关键技术"，确保人工智能应用软件的安全性和可靠性，进一步提高日本在国际软件市场中的竞争力。另外，还有一些长期的发展战略和计划在推动日本软件产业的发展方面发挥了重要作用。

1. 在金融支持方面

日本通过设立不同类型的政策性金融机构，为中小企业提供政策和资金支持。其中，商工组合中央金库、国民生活金融公库和中小企业金融公库，对中小企业发放的贷款金额约占其全部贷款金额的 10%。同时，通过建立中小企业两级信用担保机制，分散中小企业的信贷风险；成立"风险投资企业开发银行"，为软件等领域的高科技风险企业提供低息贷款。

2. 在研发税收抵免方面

日本为中小企业制定了倾斜性的税收优惠政策。《加强中小企业技术基础税制》规定，中小企业的研发税收抵免比例为 12%；大型企业可享受占全部研发支出 8%～10% 的抵免；若研发费用大幅增加或超过销售额的 10%，则可以享受额外的抵免，软件等领域的高科技企业更容易享受税收优惠。

3. 在研发支持方面

日本《科学技术创新综合战略 2017》将"扩大科技创新领域官民共同投资"作为新的重点任务进行布局，设立"科技创新官民投资扩大推进费"，以政府研发投资带动民间研发投资，实现研发经费占 GDP 比重达到 4% 的目标（私营企业占 3%）。另外，日本政府还通过补贴、委托费、投资等方式对软件等领域的高科技企业的技术研发提供支持。2016 年，日本研发经费占 GDP 比重达到世界第一，研发预算中的"基础研究"占 57%。

4. 在加强基础科学研究方面

日本政府一直十分重视基础研究，2010 年后更是将强化基础研究作为科技领域的长期发展战略，逐渐形成了研究人员兴趣驱动型、政府战略驱动型、产业需求驱动型"三位一体"的基础研究系统推进模式。人工智能战略提案强调要自上而下地开展加速问题解决的基础研究，解决重要的技术挑战。《科学技术创新综合战略 2017》将基础研究定位为"创新源泉"，从民间企业积极开展符合产业发展需要的基础研究的角度，呼吁官民共同对基础研究进行投资，促进基础研究的发展。经过长期的发展，日本从"科技模仿立国"走向"科技创新立国"，基础研究投资占总研究投资的 12%左右。《科学技术创新综合战略 2018》强调要加速发展 IT 及理工科教育，强化高校相关学科的人才培养。日本的 STEM 教育采用分阶段培养模式，其中，小学阶段侧重于培养研究型人才，增加学生对 STEM 相关学科的兴趣，高中阶段则实施精英教育，设置专项基金，重点培养特殊人才。2017 年，日本研发人员中的工科类人才占比最高，达到 68.9%。

5. 在政产学研用协作方面

日本非常重视政产学研用协作，建立了一整套有利于科技成果转化和技术提高的科研体制，政府侧重于应用研究，企业侧重于开发研究，高校侧重于基础研究。近年来，日本充分发挥政府的引导作用，促进和加强政产学研用协作，形成了以企业为中心，高校和政府协同配合的科技创新体制。日本还成立了新技术事业集团，充分发挥其在政产学研用协作中的桥梁作用，进一步推动软件等领域的高科技成果的转化。以科技厅设置的"流动人员制度"为依据建立"流动科研体制"，由技术开发事业集团组织，采用定期合同制，探索具有创新性的种子课题，吸引政府、企业、高校及国外优秀科研人员的参与。引入日本版的"弗劳恩霍夫"模式（指在政府资助下，以企业形式运作、政产学研用协作开展公益性应用研究的运营方式），鼓励高校积极争取民间研究资金的支持。建立信息交流网络，加强高校与企业的联系，促进科技成果的转化和应用。例如，日本科技情报中心建立了全国科技数据库，其内容包括科研人员的基本情况、正在研究的课题、国外高科技成果的最新资料等信息。

6. 在保护国内高科技企业方面

近年来，日本也开始限制外资收购国内高科技企业，防止技术外流。2019 年 5 月，日本修改《外汇与外贸法》中基于国家安全考虑限制外资收购日本企业的条款，并于 8 月 1 日起新增 20 个限制投资行业，包括委托开发软件、嵌入式软件、封装软件等细分领域，限制外国投资者收购软件等领域的高科技企业，防止关键技术泄露。

3.5　韩国意图成为软件强国

韩国于 2010 年出台《软件强国跃进战略》，意图成为软件强国，重点培育嵌入式软件，积极开拓软件新市场。2013 年，韩国将软件产业作为"创造经济"战略的五大重点任务之一，出台《软件革新战略》，将嵌入式软件研发作为发展的重点。

1. 在财税支持方面

2015 年，韩国出台了《制造业创新 3.0 战略行动方案》，加强对软件等领域的财税支持，截至 2017 年，共投资 1 万亿韩元研发大数据、物联网等 8 项核心智能制造技术。对软件等领域的中小企业实施"两免五减半"政策。《技术开发促进法》规定，在中小企业创办的前 5 年减半征收所得税，之后 2 年减免 30%。

2. 在金融支持方面

韩国中央和地方分别设立信用担保基金，为中小企业融资提供担保，降低金融风险，为软件等领域的风险投资消除后顾之忧。OECD 发布的《2018 年全球中小企业研究报告》显示，2007—2016 年，韩国中小企业融资迟付率明显优于成员国的平均水平和多数发达国家的水平；另外，近几年韩国中小企业的破产率持续降低，明显优于多数 OECD 成员国。

3. 在研发支持方面

韩国高度重视企业的研发投资，研发投资强度一直处于全球领先地位。2014 年，韩国实施"示范型软件科研推进规划"，3 年内将软件科研预算提高一倍，占国家整体科研预算的 6%。与此同时，支持企业参与开源软件的研发，补贴相关企业 25% 的项目经费，并免除技术转化后需返还给政府的 10%项目支援经费。2016 年，韩国研发经费总额为 793.5 亿美元；2017 年，研发经费占 GDP 比重达到 4.55%，居世界首位。

4. 在人才培养和引进方面

2015 年，韩国推出"软件中心大型推进计划"，通过建设 20 所"软件中心高校"，培养 5500 名软件人才，在课程内容方面侧重于产业实务；出台"软件中心社会人才培养推进计划"，将软件作为中小学必修课，并建设"软件特色高中"。2012 年，启动"海外高级科研人员人才库"计划，侧重于引进基础科研人才。2008 年，修订《国籍法》，允许海外高级人才持有双重国籍，推动了韩国的高科技人才引进。OECD 的数据显示，2009 年后，韩国的永久移民人数迅速增加。

5. 在知识产权保护方面

韩国出台了《知识产权基本法》，实施了《知识产权强国实现战略》，成立了总统直接领导的国家知识产权委员会，对《知识产权强国实现战略》进行全面谋划并推动战略的实施。《知识产权基本法》的出台，促进了专利的转化，该法要求 2017 年技术转让和商业化预算占国家研发预算的比例达到 5%。近年来，韩国逐渐完善软件知识产权法律保护体系，开展知识产权行业自律，建立软件知识产权纠纷解决机制。韩国依据《计算机软件保护法》，设立计算机软件审议调解委员会，该委员会的主要职能为审议计算机软件著作权及与软件相关的事项，处理相关纠纷。2015 年，韩国中小企业厅设置技术纠纷调解委员会，成立了中小企业技术保护中心，对中小企业以知识产权实现创新发展给予大力支持，制定中小企业的技术及知识产权保护举措，承担包括知识产权在内的技术资料托管，通过托管帮助中小企业进行专利权质押融资和技术交易。

6. 在限制外资并购方面

2019 年 1 月，韩国出台《根除产业技术泄露对策》，规定外资收购具有 AI、新材料等核心技术的韩国企业必须经过审查，防止核心技术外泄。与欧美侧重于国家安全审查不同，韩国将外资安全审查的对象明确限定为"核心技术"，侧重产业层面的技术保护，包括人工智能等 64 项关键技术。

3.6　以色列被称为"沙漠中的硅谷"

以色列的高科技创新能力突出，在很多领域仅次于美国，在网络安全、数据加密和多媒体技术等方面的优势明显，被称为"沙漠中的硅谷"。以色列人口仅占全世界人口的 0.1%，但却在网络安全领域吸引了全世界 20% 的私人投资。

1. 通过税收优惠鼓励企业增加研发投资

以色列通过税收优惠鼓励企业增加研发投资，提高科技创新能力。投资方案符合《投资促进法》的企业获批的固定资产投资将获得 20% 的财政补助。另外，《投资促进法》还规定了"优先级企业""特殊优先级企业""优先级科技企业"可享受 5%～16% 的企业所得税优惠税率。其中，"优先级科技企业"享受的税率优惠主要在无形资产交易方面，需要满足"年度研发强度不低于 7% 或研发费用高于 7500 万谢克尔"的条件，可以比"优先级企业""特殊优先级企业"享受更多的税收优惠。

2. 支持企业创新

以色列实施"首席科学家办公室项目计划"，进入该计划的企业可以从初创阶段开始获得培育和扶持，包括得到研发费用总额的 20%～50% 的补助，重点扶持领域的企业还能额外获得 10%～25% 的补助。研发活动较多的企业在开始盈利的 7 年内，可以享受 10% 的企业所得税，而且可以根据实际情况适当延长减税期。

3. 注重精英人才的选拔和培养

以色列向来重视对高层次人才的培养，很多高校都设有少年班。例如，特拉维夫的高校设有"阿尔法班"和"少年高校班"，专门对智力超常的学生进行基础科学的强化培训。2008 年，以色列启动了"未来科学家"计划，依托 7 所研究型高校，每年招收 600 名智力超常的学生，对其进行基础知识和跨学科思维训练，目标是 2018 年将 80% 的学生培养成科学家、工程师和高级研究员；2023 年，实现 30% 的学生可以自主创立高新科技企业的目标。与此同时，以色列非常重视优秀青少年人才的选拔。希伯来高校与以色列国防部国防科技局合办"特比昂班"，每年选拔 50 名高中生（智商在 145 以上），在 2～3 年的时间内主攻物理、数学和计算机等基础学科，毕业后需要到军队服役 6 年并继续深造。因此，很多青少年后来成为部队的高级将领或商界精英，如全球顶级网络安全软件企业 Check Point 的联合创始人 Marius Nacht 就是"特比昂班"培养的精英。

4. 加强基础科学研究

以色列通过政产学研协作的方式，在基础科学研究方面强化交流合作。以色列国家网络局与国内顶尖高校合作，5 年投资 6000 万美元建立了 5 个网络安全中心，持续巩固以色列在网络安全领域的全球领先地位。许多国内企业主动与学术研究机构合作，加强网络安全方面的基础科学研究。以色列国家网络局和经济产业部启动资助项目，在项目周期内每年投资 5 亿美元，重点支持颠覆性技术的开发合作，加速推动网络安全科技成果的转化。

第 4 章

国内推进软件产业发展的政策举措

　　我国一直高度重视软件产业的发展，将软件产业视为经济社会发展的基础性、战略性、先导性产业。在产业政策顶层设计方面，2000 年 6 月，国务院印发《鼓励软件产业和集成电路产业发展的若干政策》（国发〔2000〕18 号），从投融资政策、税收政策、产业技术政策、出口政策等方面支持软件产业发展，鼓励软件企业充分利用国际和国内资源，努力开拓市场。2011 年，国务院印发《进一步鼓励软件产业和集成电路产业发展的若干政策》（国发〔2011〕4 号），强调继续在财税、投融资、研究开发、进出口、人才、知识产权及市场方面对软件产业给予鼓励和支持。国发〔2011〕4 号文件的支持范围进一步扩大，确定了新的扶持政策，为软件产业的持续快速发展奠定了基础。

　　近年来，尤其是党的十八大以来，我国更加重视软件产业的发展，相继发布了一系列规划和政策，在财税、金融、研发、人才培养、知识产权保护等方面加大对软件等高科技产业的支持力度，为我国软件产业的高质量发展营造了良好环境。在国家强有力的政策支持下，我国软件产业快速发展，产业规模持续扩大，软件出口平稳增长，产业结构与布局不断调整，成为拉动信息技术产业增长的重要力量，并在促进数字经济的发展方面发挥了积极作用。

4.1 财税支持

1. 针对高科技企业的税收优惠

符合税收优惠条件的软件企业可以依法享受高新技术企业税收优惠（包括企业所得税率 15%、研发费用加计扣除 75%、亏损弥补年限延长至 10 年、固定资产加速折旧及一次性扣除等）、初创科技型企业税收优惠、小微企业普惠性税收减免政策、现代服务业进项税加计抵减等一系列税收优惠政策。另外，在增值税和企业所得税两个主要税种上，还设定了专门的税收优惠政策，以鼓励和支持软件产业的发展。

2. 增值税即征即退

根据《中华人民共和国企业所得税法》及其实施条例和国发〔2011〕4 号文件的精神，为进一步推动科技创新和产业结构升级，促进信息技术产业的高质量发展，我国境内新办的集成电路设计企业和符合条件的软件企业经认定后，可以享受增值税即征即退政策。同时，软件企业取得的即征即退增值税款，由企业专项用于软件产品研发和扩大再生产并单独进行核算，可以作为不征税收入。

3. 软件企业所得税"两免三减半"优惠政策

2019 年 5 月，财政部发布《关于集成电路设计和软件产业企业所得税政策的公告》，规定依法成立且符合条件的集成电路设计企业和软件企业，在 2018 年 12 月 31 日前自获利年度起计算优惠期，第一年至第二年免征企业所得税，第三年至第五年按照 25% 的法定税率减半征收企业所得税，期满为止。2019 年 5 月，国务院常务会议决定延续软件企业所得税"两免三减半"优惠政策。近年来，相关部门持续推进并着力落实集成电路设计企业和软件企业所得税优惠政策。2018 年，软件企业享受优惠政策已退税额占应交税额的 18%，与 2017 年相比，提高了 4.9 个百分点。

4.2　金融支持

1. 优化高科技企业融资环境

党的十八大以来，党中央、国务院高度重视促进科技与金融融合发展工作。党的十八届三中全会强调要"改善科技型中小企业融资条件"。国务院发布的《十三五国家科技创新规划》提出，"健全支持科技创新创业的金融体系，深化促进科技和金融结合试点"。

2. 建立软件产业风险投资机制

国发〔2000〕18 号文件指出，投融资政策包括建立软件产业风险投资机制，鼓励对软件产业的风险投资。由国家扶持，成立风险投资公司，设立风险投资基金。初期国家可安排部分种子资金，同时通过社会定向募股和吸收国内外风险投资基金等方式筹措资金。十八届三中全会，中央再次强调要"完善风险投资机制，创新商业模式，促进科技成果资本化、产业化"，为软件等高科技产业的发展提供了良好的创新环境。

3. 引导社会资本积极进入

近年来，国家逐步鼓励和引导社会资本进入软件等高科技行业，进一步拓宽了资金渠道。国发〔2000〕18 号文件指出，通过现有的创业投资引导基金等资金和政策渠道，引导社会资本设立创业投资基金，支持中小软件企业和集成电路企业创业。有条件的地方政府可按照国家有关规定设立主要支持软件企业和集成电路企业发展的股权投资基金或创业投资基金，引导社会资金投资软件产业和集成电路产业。

4. 拓宽科技型中小企业融资渠道

2011 年 2 月，我国正式启动了科技和金融结合试点工作，为科技成果转化、科技型中小企业发展和培育新兴产业提供了支撑。众筹、P2P 网贷、第三方支付等互联网金融为全民支持科技创新和科技型中小企业的发展提供了新型通道。

在股权融资方面，近年来，多层次资本市场体系迅速布局，天使投资基金、创业投资基金、股权投资基金等快速发展，科技型中小企业的股权融资环境得到了突破性改善，各种类型的股权融资渠道几乎全部开通。

在债券融资方面，中央层面的政策侧重于通过贴息、风险补偿、支持担保业发展等方式支持商业银行等机构增加对科技型中小企业的服务，降低对科技型中小企业服务的门槛。

在资金信贷方面，国务院、中国人民银行和中国银监会等监管机构先后出台了多个文件以鼓励商业银行支持科技型中小企业的发展，商业银行除了为科技型中小企业提供流动性资金贷款，还可以提供固定资产投资贷款、研究开发费用贷款。

在质押融资方面，可以用固定资产抵押，也可以根据科技型中小企业"轻资本、重无形资产"的特征，允许科技型中小企业使用其所拥有的知识产权进行质押融资，以提高科技型中小企业获得银行贷款的灵活性和便利性。

5. 为科技型中小企业提供金融服务

在科技金融服务平台方面，各级政府通过支持产业园区服务机构、孵化器、生产力促进中心及各类众创空间建设，加强了金融机构与科技型中小企业的联系，有利于科技型中小企业获得更多的金融服务。

4.3 研发支持

1. 加强对关键技术和关键产品的研发支持

国发〔2000〕18 号文件指出，支持开发重大共性软件和基础软件。国家科技经费重点支持具有基础性、战略性、前瞻性和重大关键共性软件技术的研究与开发，主要包括操作系统、大型数据库管理系统、网络平台、开发平台、信息安全等基础软件和共性软件。加强国内外研发合作，支持国内企业、科研院所、高等院校与外国企业联合设立研究与开发中心。国发〔2011〕4 号文件指出，在基础软件、高性能计算和通用计算平台、集成电路工艺研发、关键材料、关键应用软件和芯片设计等领域，推动国家重点实验室、国家工程实验室、国家工程中心和企业技术中心建设，有关部门要优先安排研发项目。鼓励软件企业和集成电路企业建立产学研用结合的产业技术创新战略联盟，促进产业链协同发展。

2. 大力发展科技类社会组织

近年来，中央高度重视科技类社会组织的发展，引导科技类社会组织在国家创新体系中发挥积极作用。党的十八届三中全会明确把科技类社会组织列为重点培育和优先发展对象。《深化科技体制改革实施方案》要求"制定鼓励社会化新型研发机构发展的意见，探索非营利性运行模式"。2019 年，科技部印发《关于促进新型研发机构发展的指导意见》的通知，鼓励设立科技类民办非企业单位（社会服务机构）性质的新型研发机构；鼓励地方通过中央引导地方科技发展专项资金，支持新型研发机构建设运行；鼓励国家科技成果转化引导基金，支持新型研发机构转移转化利用财政资金等形成的科技成果。2020 年的《政府工作报告》中，首次提出"发展社会研发机构"，进一步激发了社会创新发展活力，推动了经济的高质量发展。

3. 完善研发激励政策

2015 年，财政部、国家税务总局、科技部发布《完善研究开发费用税前加计扣除政策的通知》，放宽了享受该优惠政策的研发活动和费用范围，提高了政策的普惠性。政府部门对企业科技活动的资金支持是我国研发激励体系的重要组成部分。例如，我国的 863 计划、973 计划、火炬计划、国家自然科学基金项目、科技型中小企业技术创新基金项目（通过无偿拨款、贴息和资本金投资等方式扶持科技型中小企业的技术创新活动）等，对企业的研发创新具有重要的推动作用。从 R&D（研发资金支持）支出规模来看，20 世纪 90 年代以来，我国的研发支出逐渐增加，研发投资强度（即 R&D 支出占当年 GDP 比重）也在不断增加。2019 年，全社会研发投资达到 2.17 万亿元，研发投资强度为 2.19%，科技进步贡献率为 59.5%。世界知识产权组织（WIPO）的评估显示，我国创新指数位居世界第 14 位。

4. 建立政府引导基金

通过建立政府引导基金来撬动民间企业投资高科技产业，已经成为我国支持软件等高科技产业发展的主要措施。2018 年，国家发展和改革委员会与中国建设银行共同发起设立 3000 亿元国家级战略性新兴产业发展基金，并通过设立子基金等方式进一步吸引社会资金，推动软件等新一代信息技术产业的创新发展。可以看出，近年来，政府逐渐推进引导基金建设，放大财政资金的杠杆效应，优化地方产业结构，促进科技类中小企业发展。在中央政策的引领下，地方政府也开始出资设立引导资金，支持软件产业的发展。例如，江苏省级财政资金出资设立江苏省软件和信息技术服务业创业投资引导基金，首期规模为 1 亿元，按照项目选择市场化、资金使用公共化、提供服务专业化的原则运作。

4.4 人才培养

1. 加强基础研究与教育

近年来，关键技术面临"卡脖子"的局面，影响了软件等高科技产业的发展，甚至影响国家安全，国家开始意识到加强基础科学研究对国家发展的战略意义。2018 年，国务院印发《关于全面加强基础科学研究的若干意见》，要求坚持从教育抓起，潜心加强基础科学研究，对数学、物理等重点基础学科给予更多倾斜。加强企业国家重点实验室建设，支持企业与高校、科研院所等共建研发机构和联合实验室，加强面向行业共性问题的应用基础研究。此外，为促进我国 STEM 教育发展，《中国 STEM 教育 2029 创新行动计划》于 2018 年开始实施，希望借助更多社会力量协同开展中国的 STEM 教育，使 STEM 教育惠及全体学生尤其是特殊群体，更好地培养学生的创新精神和实践能力。

2. 出台有关教育支持的税收优惠政策

国家和地方政府对示范性软件学院、示范性软件职业技术学院在建设用地、贷款和税收方面给予必要的扶持，其中对相关建设用地按现行政策免征耕地占用税，学校承受土地使用权、房屋所有权按现行政策免征契税。经认定的软件企业中人员培训费用可按实际发生额在企业所得税税前列支。

3. 完善多层次软件人才培养体系

国发〔2000〕18 号文件强调，要发挥国内教育资源的优势，在现有高等院校、中等专科学校中扩大软件专业招生规模，多层次培养软件人才。国发〔2011〕4 号文件要求，各级人民政府可对有突出贡献的软件和集成电路高级人才给予重奖。

（1）加强高层次人才培养，尽快扩大硕士、博士、博士后等高级软件人才的培养规模，鼓励有条件的高等院校设立软件学院。同时，对高层次人才给予物质奖励。

（2）加强复合型人才培养，鼓励和支持理工科院校的非计算机专业设置软件应用课程，培养复合型人才；加强软件工程和微电子专业建设，紧密结合产业发展需求及时调整课程设置、教学计划和教学方式，努力培养国际化复合型人才。

（3）加强软件职业教育，鼓励成人教育和业余教育加强软件专业教学，积极支持企业、科研院所和社会力量开展各种软件技术培训，加强在职员工的知识更新与再教育。

（4）实施人才计划，深化国家科技计划改革，将原来分散的 100 项科技计划整合为新的 5 类计划，成立基地与人才专项，继续推进"千人计划""万人计划""创新人才推进计划"等重大人才工程实施。截至 2018 年，累计培养支持 4000 余名国内高层次人才，创新人才推进计划共确定入选科学家工作室首席科学家 6 名、中青年科技创新领军人才 1395 名、科技创新创业人才 936 名、重点领域创新团队 323 个、创新人才培养示范基地 156 个。

4. 加强软件人才引进

国发〔2000〕18 号文件指出，对国家有关部门批准建立的产业基地（园区）、高校软件学院和微电子学院引进的软件、集成电路人才，优先安排本人及其配偶、未成年子女在所在地落户。按照引进海外高层次人才的有关要求，加快软件海外高层次人才的引进。截至 2018 年，我国共分 14 批累计引进海外高层次人才约 8000 人，其中发达国家的科学院院士超过 50 人。近年来，我国科技人才国际化政策进一步完善，人才引进政策更加开放、对外交流与合作更加便捷、引进人才的服务保障工作更加完善。科技部的数据显示，截至 2018 年年底，在中国境内工作的外国人已达数十万人，2018 年 1 月 1 日，外国人才签证制度正式启动实施。

4.5　知识产权保护

1. 不断加强相关法律法规建设

近年来，我国全面加强知识产权保护，为软件等高科技产业的创新发展"保驾护航"。20 世纪 90 年代以来，我国逐渐完善软件知识产权法律保护体系，在《中华人民共和国著作权法》《计算机软件保护条例》《中华人民共和国专利法》《中华人民共和国商标法》《中华人民共和国反不正当竞争法》《中华人民共和国反垄断法》《关于禁止侵犯商业秘密行为的若干规定》等法律法规中，对软件知识产权保护的相关内容进行了完善，实现了对软件著作权、专利发明权、商标权和商业秘密等的全面保护。同时，《中华人民共和国海关法》和《中华人民共和国合同法》，也保护并规范了软件产品的进出口、开发和贸易行为。

2. 完善软件知识产权保护相关制度

国发〔2000〕18 号文件指出，国务院著作权行政管理部门要规范和加强软件著作权登记制度，鼓励软件著作权登记，并依据国家法律对已经登记的软件予以重点保护。为了保护中外著作权人的合法权益，任何单位在其计算机系统中不得使用未经授权许可的软件产品。国家版权局牵头发布了《关于政府部门应带头使用正版软件的通知》《关于贯彻落实〈振兴软件产业行动纲要（2002 年至 2005 年）〉打击盗版软件工作安排的实施方案》《关于开展打击软件盗版专项治理行动的通知》，从打击盗版与软件保护入手全面整顿各类软件市场，加强对软件预装领域和互联网软件传播行为的监管，在政府部门推广使用正版软件。

3. 持续开展软件正版化推行与保护工作

国发〔2000〕18 号文件指出，加大打击走私和盗版软件的力度，严厉查处组织制作、生产、销售盗版软件的活动。国发〔2011〕4 号文件要求，进一步推进软件正版化工作，探索建立长效机制。近 20 年，我国高度重视软件版权保护，将正版化作为专项工作来推进。2001 年，国务院办公厅开始对国务院系统使用正版软件工作进行全面部署，随后从中央机关、地方政府到全国各企事业单位，全面推进软件正版化工作，取得了显著成效。截至 2017 年年底，全国累计推进 37667 家企业实现软件正版化。

第 5 章

我国软件产业发展的总体成效

改革开放以来，我国软件产业从无到有、从小到大，实现了持续快速发展。特别是党的十八大以来，我国软件产业的发展取得了显著成效，在经济增长中发挥了重要的引领作用，增长率连续多年保持在 30% 左右，位居各产业之首。"十三五"期间，我国软件产业总体保持平稳较快发展，产业规模进一步扩大，盈利能力稳步提升，行业就业形势保持稳定，生态链不断完善，产业服务化、平台化、融合发展态势更加明显，为制造强国和网络强国建设提供了重要支撑，有利于促进经济的高质量发展。

5.1 软件产业快速发展

2019 年，我国软件和信息技术服务业整体呈现平稳向好的发展态势，全国软件和信息技术服务业规上企业数量超过 4 万家，软件业务收入保持两位数增长，盈利能力持续提高。

1. 软件业务收入增长较快

2019 年，全国软件业务收入达到 71768 亿元，同比增长 15.4%，与 2015 年相比，增长了 67%。"十三五"期间，软件业务收入年均增长率达到 13% 以上，占信息产业的比重超过 30%。2015—2019 年我国软件业务收入及增长率如图 5-1 所示。

图 5-1　2015—2019 年我国软件业务收入及增长率

2. 软件产业效益稳步提升

2019 年，我国软件和信息技术服务业利润总额为 9362 亿元，同比增长 9.9%，与 2015 年相比，增长了 62.4%；人均创造业务收入 106.61 万元，同比增长 8.7%，与 2015 年相比，增长了 42.9%。2015—2019 年我国软件产业人均创收情况如图 5-2 所示。

图 5-2　2015—2019 年我国软件产业人均创收情况

5.2 产业结构持续优化

2019 年，软件产品、IT 服务、信息安全产品和服务、嵌入式软件的业务收入之比为 28:59:2:11，比率与近些年的数据基本一致，软件产业呈现出技术驱动特征鲜明、云化转型加速的趋势。2015—2019 年我国软件产业业务结构如图 5-3 所示。

图 5-3 2015—2019 年我国软件产业业务结构

1. 软件产品

2019 年，软件产品的收入为 20067 亿元，同比增长 12.5%，占全行业收入的 28.0%，与 2015 年的 31.9% 相比有所下降。其中，软件与制造业的深度融合发展已成为我国的主攻方向，工业技术软件化能力不断提高，国产工业软件产品在部分国内细分市场已具有较高的占有率，全年收入为 1720 亿元，同比增长 14.6%，对制造业、农业、金融、能源、物流等传统产业的优化升级具有重要作用。同时，工业互联网正在成为新一轮工业革命和产业变革的焦点，其能够促进工业资源集聚优化与高效配置、提升工业数据分析与建模效能、强化和升级工业软件能力、创造新的市场需求。随着软件产业融合创新向深层次发展，我国操作系统等基础软件、面向重点行业的工业研发设计与生产控制软件的发展进入创新优化的关键时期，具有自主知识产权的国产软件产品的市场空间将越来越广阔。

2. IT 服务

得益于云计算、大数据及人工智能技术的快速落地和应用，IT 服务的发展不断加快，2019 年的收入为 42574 亿元，增长率高出全行业平均水平 3 个百分点，同比增长 18.4%，占全行业收入的 59.3%，与 2015 年相比，提高了 8 个百分点。其中，新兴产业蓬勃发展，电子商务平台技术服务体系逐渐完善，全年收入达到 7905 亿元，同比增长 28.1%；云服务、大数据等拉动了产业发展，相关技术逐渐成熟和落地，并成为软件企业创新发展和业务应用的主流方向，全年收入为 3460 亿元，同比增长 17.6%，已成为新的经济增长点。IDC 发布的《全球半年度大数据支出指南，2018H2》曾预测，2019 年大数据相关服务支出和软件收益的占比分别为 32.2% 和 22.6%，2019—2023 年，硬件规模占比逐年降低，软件规模占比逐年增加，服务相关收益占比基本不变，三者的比例将趋向于各占 1/3。

3. 信息安全产品和服务

近年来，在国家政策法规、数字经济、威胁态势等多方的驱动下，信息安全的基础保障作用日益凸显，整体市场规模持续扩大，云计算、大数据、物联网等新应用的大量部署促进了主动安全防御体系建设，态势感知、威胁情报、云安全等产品进一步促进了软件市场的快速发展，信息安全领域投融资事件数量和金额均大幅增加。2019 年，产品和服务收入达到 1308 亿元，同比增长 12.4%。随着中国网络安全投资在整体 IT 投资中所占比例日益增加，面向商业层面的网络安全和数据安全愈发重要，安全可感、可视、可维护成为客户的具体需求，中国网络安全市场具有极大的发展潜力和发展空间。IDC 曾预测，2020 年，安全软件和安全服务支出比例分别达到 18.4% 和 22.5%。其中，身份和数字信任软件中的单点登录（Single Sign On）、身份验证（Authentication）及端点安全软件中的安全套件（Security Suites）的支出总和占中国整体安全软件市场总支出的 40% 以上。

4. 嵌入式软件

嵌入式软件多年来已发展成为硬件产品和制造装备数字化升级、多个领域实现智能化增值的关键软件，广泛应用于消费电子与数字家庭、网络通信、金融电子、交通电子、医疗电子和工业装备电子等领域，2019 年的收入为 7820 亿元，同比增长 7.8%，占全行业收入的 10.9%。随着云计算、物联网和人工智能等数字驱动核心技术的快速普及，嵌入式软件将迎来基于现场移动智能设备和智能网联汽车应用需求的大规模增长。

5.3　软件出口起伏较大

软件出口是我国软件产业融入全球产业价值链和培育国际竞争新优势的重要依托，目前，我国软件出口已具备了一定的产业基础，在某些领域形成了优势，涌现了一批有实力的软件出口企业，数字经济的全面提速对软件出口具有明显的拉动作用[4]。然而，随着 2018 年以来我国贸易增长压力的增大，国际复杂贸易形势对市场产生了较大的影响，2019 年，全国软件和信息技术服务业的出口额为 505.3 亿美元，同比下降 1.1%，与 2015 年相比，增长了 2.1%。2015—2019 年我国软件和信息技术服务业的出口情况如图 5-4 所示。

1. 我国软件服务外包实力持续提高

从业务构成来看，"十三五"期间，信息技术服务外包出口执行额在软件出口总额中所占比例逐年增加。商务部的数据显示，这一比重从 2015 年的 94.88%增至 2018 年的 97.34%；2019 年，我国信息技术服务外包出口执行额为 2894.3 亿元，同比增长 9%。从信息技术服务外包出口结构来看，随着专业服务能力的不断提高，我国软件和信息技术服务业在国际上的地位逐渐提高。2019 年，主要领域的信息技术研发服务外包出口执行额为 2327.8 亿元，占信息技术外包出口执行额的 80.4%。以电子商务平台服务、互联网营销推广服务等为代表的高端生产性软件服务外包出口额大幅增长，同比增长37.1%和 53.2%。新一代信息技术开发应用服务发展迅速，离岸云计算服务 2019 年 1 月到 9 月同比增长 195%。Gartner 的数据显示，阿里云在亚太地区的市场份额达到 28%。基于全球对云服务的强劲需求，中国公共云服务商将持续推动全球云服务市场规模的增长。

图 5-4　2015—2019 年我国软件和信息技术服务业的出口情况

2. "一带一路"沿线国家成为我国软件出口的潜在市场

我国软件企业坚持推进跨国经营，传统的出口和外包服务市场分化，对欧洲国家的出口规模逐渐扩大，对美国和日本的出口规模出现较大收缩。随着我国对"一带一路"国际市场多元化布局的加速和相关国家基础设施互联互通建设的推进，2019 年，我国对"一带一路"相关国家和地区的出口规模明显扩大，国际化经营将成为国内软件企业实现业务增长的新动力。工业和信息化部的报告显示，2019 年，中国软件业务收入前百家企业在软件技术、标准和人才等方面的"一带一路"合作不断加强，出口市场逐渐向新兴领域扩展，对东南亚等国的软件出口规模持续扩大，对非洲的软件出口保持较快增长，对南美洲的软件出口刚刚起步，我国的国际化经营能力不断提升。

3. 企业和区域出口分布越来越集中

随着海外客户对接包企业技术水平、服务能力、行业经验、供给规模的要求逐渐提高，与中小企业相比，行业内大型企业的发展前景较为广阔。大型企业可以通过在异地建立开发基地来提高交付能力，在国内外证券市场进行融资可以更好地服务于异地客户和开拓异地市场，进一步扩大企业规模和提高企业竞争力。由于中小企业的规模和品牌影响力较小、技术成熟度较低，服务能力难以满足客户持续增加的订单要求，在人民币增值、人力成本增加等因素的影响下，中小企业的经营压力较大。因此，信息技术服务外包越来越集中，2019 年，全国承接离岸相关信息技术服务外包的 30 多家企业的出口执行额约占全国出口执行额的 20%。2018 年，我国东部、西部、东北和中部地区的出口执行额分别占全国出口执行额的 88.21%、4.89%、3.50% 和 3.32%。出口执行额在 10 亿美元以上的省市有 8 个，为江苏省、浙江省、广东省、上海市、山东省、北京市、辽宁省和四川省。

4. 国家数字服务出口基地助力数字贸易发展

为把握数字经济发展的重大机遇，加快数字服务出口的发展，2020 年年初，商务部会同中央网信办、工业和信息化部联合认定了中关村软件园、中国（南京）软件谷等 12 个数字服务出口基础良好、有较强竞争力和影响力的园区为首批国家数字服务出口基地。通过将基地打造成我国发展数字贸易的重要载体和数字服务出口的集聚区，来获得更多外部支持，产生更大的集聚效应，更好地培育对外贸易新业态、新模式，构筑国际竞争新优势，推动我国软件服务贸易持续、快速、高质量发展。

5.4 产业发展质量明显提高

1. 自主创新能力明显提高

中国版权保护中心计算机软件著作权登记信息统计结果显示，2019 年，全国共登记 148.4448 万件计算机软件著作权，同比增长 34.36%。我国目前已经形成了具有全球影响力的软件产品及解决方案，桌面操作系统、自主移动智能终端操作系统、分布式架构及开发工具等方面的关键技术已接近国际领先水平。在操作系统、数据库、工业软件等关键领域，我国不断提高基于开源 Linux 内核的自主操作系统软硬件适配性能、扩大其应用范围，打破了美欧企业对数据库技术的垄断，掌握了自主流数据库技术与库内人工智能技术，主导了《SQL9075 2018 流数据库》国际标准的制定；自主研发的 PolarDB 云原生数据库当选世界互联网大会领先科技成果，能够满足大规模业务场景的云需求；在工业设计、仿真等基础算法方面也取得了阶段性成果。

2. 融合支撑作用日益凸显

目前，我国工业企业数字化研发工具的普及率达到 66%，航空航天、汽车、轨道交通、机械等重点行业的数字化研发工具的普及率则超过了 85%，工业企业关键工序的数控化率达到 48%。工业软件的基础能力不断提高，工业技术的软件化趋势明显，线上和线下的工业 App 数量突破了 10 万个，培育出了 50 多个具有行业、区域影响力的工业互联网平台，初步形成了新兴的业务生态，为制造业的技术进步、模式创新、产业变革提供了重要的技术支撑。此外，国内应用软件企业在高精度导航定位系统、复杂电网调动和控制系统、物流仓储管理系统、轻量化平台等方面也形成了全球领先的行业应用解决方案。

3. 新动能培育成效显著

我国软件产品和服务相互渗透融合，逐渐向一体化软件平台演变；产业模式则从传统的"以产品为中心"向"以服务为中心"转变，"平台+生态"成为产业的主流模式。互联网服务综合竞争力大幅提高，大数据、云计算、人工智能开发环境与开发框架及可视化建模工具等新业态、新模式逐渐丰富，新兴领域涌现了一大批高成长性企业，云平台、智能语音、人工智能、开发框架等众多产品的开发速度赶超发达国家，部分云计算指标达到国际先进水平，大数据专利公开量占全球大数据专利公开量的 40%，产业新动能不断提高。在开源软件领域，近年来，我国企业对全球开源软件技术创新的贡献不断增加，涌现了许多大数据、人工智能等方面的创新技术及产品，与开源项目相关的开发者大会、应用创新竞赛、专业培训等持续发展，良性互动的发展模式逐渐形成。

第 6 章

我国软件产业重点领域的发展情况

我国软件产业主要通过应用拉动创新，底层基础技术能力有待提高，需要加大在操作系统、数据库、软件开发测试工具、研发设计软件等领域的创新力度。在行业应用软件、平台软件、新兴软件等领域形成了独特的发展优势，国内厂商的竞争力较强、技术较强、市场占有率较大。当前，面对复杂多变的国际形势，我们既要"补齐短板"，又要"拓展长板"，更要"布局未来"，加快推动我国软件产业的高质量发展。

6.1 基础软件的发展情况

基础软件是操纵系统有效运转、为上层应用软件提供运行支撑的软件，其上游需要更多、更广泛的硬件支持，下游需要适配更丰富的应用程序。多软件和多硬件的兼容能力代表了基础软件的生态水平[5]。一方面，基础软件与硬件的高效协同交互共同形成了具备计算能力的基础执行环境，如在冯·诺依曼体系结构的单个计算机中，操作系统会将所存储的程序映射为 CPU 指令执行动作，以管理和协调内存、硬盘、执行部件、网络等计算机资源。另一方面，基础软件支持并管控应用程序的开发和运行，如中间件通过将网络消息映射为分布式应用程序模型的基本构造单元，实现对分布计算系统的控制；浏览器具有加载、执行和管控所运行的内容和插件的能力。

以基础软件和其上游的硬件为核心的生态建设是软件和信息技术服务业发展的基础动力。作为软件产业的核心部分，基础软件一直是各国技术竞争的焦点。处于垄断地位的美欧大型基础软件企业已形成以操作系统、数据库、中间件、办公套件、软件研发测试工具等为核心的完整产业链。基础软件的竞争格局如表 6-1 所示。

表 6-1　基础软件的竞争格局

细分领域	国外主要厂商	国内主要厂商
操作系统	微软、谷歌、苹果、IBM、黑莓、Wind River 等	中标、深之度、麒麟、中科方德、中兴新支点、华为等
数据库	甲骨文、IBM、微软、SAP 等	南大通用、武汉达梦、人大金仓、山东瀚高、爱可生、神州通用等
中间件	IBM、甲骨文、微软等	东方通、金蝶、中创、宝兰德、普元信息、汇金科技等
办公软件	微软、Adobe 等	金山、福昕、永中、数维网科、中标等
软件研发测试工具	MathWorks、微软、IBM、苹果、惠普、Borland 等	中航工业计算所、国家软件工程中心、凯乐等

1. 操作系统领域

Windows、Android、iOS、Mac OS、Unix、Linux、VxWorks、Wind River 等美欧操作系统基本垄断了桌面、服务器、移动智能终端等。

国内桌面操作系统厂商主要有中标、麒麟、中科方德、深之度等，产品以 Linux 开源内核为基础，可与 x86 等主流计算架构兼容，支持龙芯、申威等国产 CPU，也适配阿里云、腾讯云、华为云等国内云平台。但是，国内操作系统专利大部分布局在服务层和应用层，内核层的核心技术依然掌握在红帽、Ubuntu Kylin、Debian、Fedora、CentOS 等国外厂商的手中。

国内移动操作系统大多基于 Android 进行二次开发，而 Android 的核心价值在于谷歌自研的 Dalvik 虚拟机和应用程序框架层及其建立的完整应用生态。但是，2019 年华为自研方舟编译器和鸿蒙操作系统的诞生，打破了西方国家对我国基础软件核心技术的长期垄断。其中，方舟能够使系统操作流畅度提高 24%、系统响应速度提高 44%、第三方应用操作流畅度提高 60%；鸿蒙采用全新的微内核设计，拥有更强的安全特性和毫秒级或亚毫秒级的低时延。

2. 数据库领域

全球数据库领域的前 5 名长期被 Oracle、MySQL、Microsoft SQL Server、PostgreSQL 和 MongoDB 占据。我国半数数据库厂商基于开源数据库系统 PostgreSQL 进行开发，南大通用、武汉达梦、人大金仓、神州通用等厂商的数据库产品已经应用于教育、电力、金融、农业等领域。2019 年以来，我国数据库产业持续突破，中兴的分布式数据库 GoldenDB 已取得核心专利超过 100 件，获得 2019 年 Gartner OPDBMS 魔力四象限推荐，并在中信银行核心业务系统中代替了国际数据库，这也是本土数据库产品首次在大型股份制银行承载核心业务；阿里巴巴自主研发的分布式数据库 OceanBase 在 2019 年数据库领域的"世界杯"TPC-C 上力压 Oracle 夺得了冠军，其创造的 OLTP 世界纪录达到了 Oracle 的最好成绩的两倍以上。

3. 中间件领域

全球主流中间件厂商 IBM、甲骨文、Salesforce、微软和亚马逊均来自美国。国内厂商大多基于 Oracle JDK 开源项目进行开发，东方通、中创、金蝶、宝兰德等企业不断扩张，已经在电信、金融等领域得到了应用。

4. 办公软件领域

以微软 Office 为主的流式文档和以 Adobe PDF 为主的版式文档占据了全球办公软件市场。国产办公软件中的金山 WPS 和福昕 Foxit Reader 优势明显，金山 WPS 拥有 GUI 绘制库、基础控件库等底层支撑和文字处理、电子表格、演示文稿等核心模块专利技术。2019 年，WPS 系列产品的国内市场份额达到 42%，平均月活跃用户数量超过 3 亿名，在政府单位和国资委直属企业的市场占有率超过 2/3。WPS 移动 App 在国内市场中的市场份额超过 90%，在各移动应用商店、中国 App Store 办公软件排行中超过微软 Office 移动 App，处于领先地位。金山 WPS 系列产品支持 46 种语言，为 220 多个国家和地区提供服务，海外月活跃用户数量突破 1.12 亿名，WPS 移动 App 在全球 Google

Play 办公应用排行中位居前列。福昕 Foxit Reader 的全球直接用户数量突破 5.6 亿名，企业客户数量达到 10 万名以上，遍及 200 多个国家和地区，位居全球 PDF 类产品市占率的第二名。福昕 2019 年的营收达到 3.69 亿元，净利润为 7413 万元。

5. 软件研发测试工具领域

数据分析和算法研究基本被 Matlab、Maple、Mathematica 软件垄断，目前尚无功能类似的国产软件；工程软件开发环境基本被微软的开发工具包系列产品 Microsoft Visual Studio、IBM 的跨平台开源集成开发环境 Eclipse、苹果的集成开发环境 Xcode 垄断，国内企业仅在部分领域有自研产品，如天脉嵌入式软件集成开发环境（市场占有率不足 0.1%）；工程软件测试主要由惠普、IBM、Borland 等企业主导，我国的 CoBOT 工具和 Visual Unit 工具分别在软件静态分析、单元测试领域有一定的应用，市场占有率不足 0.1%。

6.2　工业软件的发展情况

开发高端工业软件的核心与基础是对业务流程、工艺流程的深刻理解和对底层算法的熟练掌握，目前，先进的研发设计、生产控制、运营管理等软件产品和技术均来自工业体系完善的发达国家，西门子、SAP 在多个领域处于主导地位，IBM、达索系统和 Salesforce 等在细分领域具有一定的优势。这些企业与设备厂商形成联盟，基本垄断了高端工业软件市场。

随着新一轮工业革命使"以机械为核心的工业"向"以软件为核心的工业"转变，发达国家已将发展高端工业软件作为提高国家核心竞争力的基本手段，西门子、达索系统等工业软件企业加快转型，持续进行生态扩张。我国工业软件的发展潜力逐渐受到市场的认可，但由于长期承受自身发展困境和国外主流软件冲击的双重压力，总体仍处于价值链中低端，面临工业基础薄弱、投资严重不足、竞争壁垒过高和技术封锁加剧等困境，亟须寻求突破路径、积极把握制造业转型升级需求催生的新机遇、提升国产工业软件产业的供给能力。工业软件的竞争格局如表 6-2 所示。

表 6-2　工业软件的竞争格局

细分领域	国外主要厂商	国内主要厂商
研发设计软件	Synopsys、西门子、达索系统、Autodesk、ANSYS、MSC 等	中望、数码大方、华大九天、芯禾科技、广立威、浩辰等
生产控制软件	西门子、ABB、霍尼韦尔、通用、Rockwell、施耐德等	南瑞、数码大方、宝信、和利时、浙江中控、三维力控等
运营管理软件	甲骨文、SAP、微软、IBM、Salesforce 等	用友、金蝶、浪潮、汉得、石化盈科、宝信等

1. 研发设计软件领域

美欧企业基于深厚的工业积累，在 CAD、CAE、PLM、EDA 等高端工业软件市场中处于垄断地位。在我国市场中排在前 4 名的企业均为美欧企业，分别是美国的 Synopsys（37.8%）、德国的西门子（16.0%）、法国的达索系统（14.5%）和英国的 Vero（7.4%），市场占比超过 75%。我国 EDA 市场的 95%被 Synopsys、Cadence、西门子、ANSYS 等外资企业把控，国产 EDA 软件缺乏原生的先进技术，以点工具为主，只有华大九天有模拟和混合信号全流程的 IC 设计工具，但仅能提供部分解决方案。在国内的 CAx 厂商中只有中望掌握 3D CAD 几何内核算法等核心技术，中望分别于 2018 年 12 月、2019年 10 月完成 8000 万元和 1.4 亿元的融资。

2. 生产控制软件领域

西门子在我国市场中一直处于主导地位，但在部分细分市场中，国内工业软件的占有率较高，如 MES（制造执行系统）市场的 60%以上被国内厂商占有；在 DCS（集散控制系统）市场中，以浙江中控、和利时为代表的国内厂商处于领先地位。南瑞、宝信和石化盈科等国内厂商在电力、钢铁冶金和石化行业深耕多年，具有一定的市场影响力。在国内市场中，排在前 5 名的企业为西门子（22.50%）、南瑞（17.6%）、ABB（10.8%）、霍尼韦尔（6.5%）、宝信（6.4%）。

3. 运营管理软件领域

国内厂商的市场占有率较高，传统 ERP 领域的竞争较大，大部分厂商通过发布云产品提高竞争力，CRM 厂商销售易于 2019 年 9 月宣布完成了来自腾讯的 1.2 亿美元 E轮融资，将更好地为企业用户提供全链条的数字化解决方案。在国内市场中，排在前 5

名的企业为用友（11.7%）、微软（9.7%）、汉得（8.7%）、金蝶（8.6%）、SAP（7.4%）。

随着我国制造业转型升级的加快，对各行业解决方案的专业性和定制化要求不断提高。国内工业软件企业可以充分发挥对本土行业理解较深的优势，将沉淀深厚的行业知识与客户需求融合，发展出一批根植于细分领域的专业工业软件技术。从全球趋势来看，工业软件进入云化发展阶段，进一步演进为封装了大量工业技术原理和制造工艺的"工业软件+服务"整体解决方案。依托我国云计算、5G、人工智能等新兴产业的发展优势，积极布局工业互联网，使其能够支撑制造资源的泛在连接、弹性供给、高效配置，提供行业应用工业云 PaaS 服务，对拓展工业软件中小企业客户及促进制造业转型升级具有重要意义。

6.3　安全软件的发展情况

终端安全、身份和数字认证、AIRO 等软件的提供商与硬件产品提供商、服务提供商及安全系统集成商共同构成了信息安全生态链，该生态链涉及传统安全、大数据安全、云安全、移动安全、工控和物联网安全等领域，并随着信息技术的发展逐渐贯穿企业研发、生产、流通、服务等全过程。在新的物联网环境下，全球网络安全企业、互联网企业、传统制造企业等协同合作，加快建设新一代网络安全体系，实现网络空间与物理空间的自动化、智能化响应。

2018 年，全球安全软件市场规模为 330.1 亿美元；我国信息安全产品收入为 1698 亿元，同比增长 14.8%，占总收入的 8.8%。从全球竞争格局来看，美国、以色列、英国、加拿大等国的厂商的影响力较大，我国有 9 家厂商入围全球网络安全厂商 500 强，最高排名为第 104 名。在国内市场中，因为重点领域要求采用国密算法等，所以国内厂商的市场占有率超过 50%，尤其在身份和数字认证软件领域具有较高的占有率。安全软件的竞争格局如表 6-3 所示。

表 6-3　安全软件的竞争格局

细分领域	国外主要厂商	国内主要厂商
终端安全软件	卡巴斯基、Symantec、Avira、McAfee、Trend Micro 等	奇安信、亚信安全、360、安天、瑞星、金山等
身份和数字认证软件	SailPoint、Oracle、IBM、One Identity、Saviynt 等	吉大正元、亚信安全、数字认证、上海格尔软件等
AIRO（安全分析、情报、响应和编排）软件	IBM、McAfee、Symantec、Palo Alto Networks、Netskope、FireEye、RSA NetWitness 等	绿盟科技、启明星辰、安恒信息、亚信安全、安天、华为、上海观安、恒安嘉新等

1. 终端安全软件领域

Symantec、Sophos、Trend Micro 是全球终端安全软件领域的领导者。国内厂商主要有奇安信、亚信安全等，其在病毒库、恶意特征库、威胁情报库等方面的技术已达到国际领先水平。IDC 的数据显示，2019 年，在我国终端安全软件领域，市场份额排在前 3 名的厂商为奇安信（23.5%）、亚信安全（11.5%）、McAfee（5.9%）。

2. 身份和数字认证软件领域

SailPoint、Oracle、IBM、One Identity 是全球身份和数字认证软件领域的领导者。国内市场则以国内厂商为主。IDC 的数据显示，2019 年，在国内市场中，市场份额排在前 3 名的厂商为亚信安全（16%）、数字认证（10.5%）、吉大正元（8.9%）。

3. AIRO（安全分析、情报、响应和编排）软件领域

我国加速推进建设"国家—省市—企业"三级网络安全管理平台，态势感知、监测预警等能力不断提高，国内的安全产品已具有了一定的竞争力。IDC 的数据显示，2019 年，在国内市场中，市场份额排在前 3 名的厂商为绿盟科技（13.1%）、启明星辰（11.5%）、IBM（6.2%）。

6.4 行业应用软件的发展情况

我国国民经济和社会各领域的数字化、网络化、智能化程度不断提高，为行业应用软件的发展创造了条件。庞大的市场规模、多样的应用场景和复杂的应用需求培育了大量的优秀行业应用软件企业及面向行业需求定制的行业应用软件系统[6]。我国银行、保险、医疗、政务、电力、教育、应急管理、酒店管理等领域的国产信息化系统和行业应用软件占比均达到 75% 以上，OA 等软件的国产化率超过 80%，财务系统软件的国产化率则高达 90%。国内企业在复杂电网调度与控制系统、高精度卫星导航定位系统、仓储管理系统等领域已取得重大突破，并形成了全球领先的解决方案。

1. 复杂电网调度与控制系统领域

我国的"复杂电网自律—协同自动电压控制关键技术、系统研制与工程应用"项目获授权专利 108 件，达到了国际领先水平，大规模应用于我国的电网中，闭环控制了全国水、火发电机组容量的 81%、220kV 以上变电站数量的 88%，以及集中并网风、光发电机组容量的 56%，构建了几乎覆盖全境的体系庞大复杂、控制主体众多的分级分布式广域电压控制系统。该系统出口至美国最大的电网 PJM，用于控制美国东部 13 个州的电力输送，是我国先进电网控制系统出口美国的首例。我国电力系统接地相关参数计算和诊断等技术获授权专利 28 件、软件著作权 14 件，制定的 21 项国际、国家和行业标准在国内和国外得到了广泛应用。项目成果应用于全国 1700 多个电力工程（如青藏铁路和奥运场馆等）的接地设计、降阻和检测及 20 多个国家的防雷接地工程中，带来了巨大的经济效益和社会效益。

2. 高精度卫星导航定位系统领域

北斗卫星导航系统是为全球用户提供全天时、全天候服务的重要时空基础设施，能够通过多频信号组合等方式提高服务精度，并创新融合了导航和通信功能，能提供定位导航授时、星基增强、地基增强、精密单点定位、短报文通信和国际搜救等服务。北斗系统广泛应用于交通运输、农林渔业、公共安全等领域。截至 2019 年 12 月，国内有超过 650 万辆营运车辆、4 万辆邮政和快递车辆、36 个中心城市的 8 万辆公交车、3230 座内河导航设施、2960 座海上导航设施应用北斗卫星导航系统。截至 2020 年 6 月，基于北斗卫星导航系统的农机自动驾驶系统超过 2 万台（套），节省了 50%的用工成本；基于北斗卫星导航系统的农机作业监管平台为 10 万多台（套）农机设备提供服务，极大地提高了作业管理效率。在公共安全方面，构建了部、省、市（县）三级北斗公安应用体系框架，全国 40 多万部北斗警用终端联入警用位置服务平台；通过北斗警用授时，统一了公安信息网时间基准。北斗系统在亚太经济合作组织会议、G20 峰会等重大活动的安保中均发挥了重要作用。

3. 仓储管理系统领域

目前，我国基本实现了仓储物流企业的仓储管理系统覆盖，仓储管理系统在其他企业中的渗透率为 20%左右。与曼哈顿、Infor 等国外仓储管理系统供应商相比，国内仓储管理系统供应商更能根据企业的个性化需求和特征为其提供产品和服务，竞争优势不断增加，富勒、唯智、科箭等供应商已形成了集成仓储和运输、仓储一体化及物流供应链系统研发等解决方案。

6.5 平台软件的发展情况

1. 云计算领域

云计算领域主要涉及六大生态链参与者：云设备提供商、云系统构建商、云应用开发商、云服务运营商、云服务部署和交付商、云服务销售商和最终用户。基础设施即服务（IaaS）、平台即服务（PaaS）、软件即服务（SaaS）是主导生态建设的 3 种关键模式。当前，国际领先的云计算厂商几乎都具有 PaaS 能力，其通过管理和调配多样化底层 IaaS 资源及打通上层 SaaS 应用，提高各项应用的协作效率，联合产业链上下游企业打造开放云生态，如 AWS 产品线覆盖弹性计算、存储与迁移服务、开发工具、数据库和数据分析产品、人工智能产品、物联网产品等，逐渐形成了弹性好、可用性高的公有云平台。

2020 年 4 月，Gartner 发布的云计算市场追踪数据显示，全球云计算 IaaS 市场份额快速增长，同比增长 37.3%，市场规模达到 445 亿美元。在全球范围内，AWS、Azure、阿里云 AliCloud 组成的"3A 格局"稳固，但 AWS 受到了 Azure 和阿里云的挤压。阿里云的市场份额从 2018 年的 7.7% 增至 2019 年的 9.1%，排在第 3 名，谷歌排在第 4 名。在亚太地区，云计算市场规模同比增长 50%，阿里云排在第 1 名，市场份额从 2018 年的 26.1% 增至 2019 年的 28.2%，接近 AWS 与 Azure 的和。2018—2019 年全球及亚太地区的云计算市场份额的变化情况如表 6-4 所示。

表 6-4　2018—2019 年全球及亚太地区的云计算市场份额的变化情况

序号	全球				亚太地区			
	2018 年		2019 年		2018 年		2019 年	
	厂商	份额	厂商	份额	厂商	份额	厂商	份额
1	亚马逊	47.9%	亚马逊	45.0%	阿里云	26.1%	阿里云	28.2%
2	微软	15.6%	微软	17.9%	亚马逊	18.2%	亚马逊	17.5%
3	阿里云	7.7%	阿里云	9.1%	微软	10.7%	微软	11.8%
4	谷歌	4.1%	谷歌	5.3%	其他	45.1%	其他	42.5%
5	其他	24.7%	其他	23.7%				

Canalys 的数据显示，2019 年，中国云计算市场的增长率为 63.7%，规模超过 107 亿美元。2019 年第四季度，阿里云、腾讯云、百度云的市场份额之和占比高达 73%，华为云也挤入了国内公有云第一阵营。

作为全球领先的云服务提供商，阿里云依托庞大的国内市场，建立了全球最丰富的产品和服务矩阵，产品线包含存储与分发服务、弹性计算服务、数据存储及计算服务、大数据服务、应用服务、安全与管理服务等。阿里云为全球客户部署了 200 多个飞天数据中心，通过底层统一的飞天操作系统提供混合云体验，它的可用性、可靠性、吞吐量等均达到国际先进水平，能够支持全球规模最大的电子商务业务。凭借强大的云计算能力，阿里云实现了云、管、边、端全链路布局，构建了强大的生态系统，以"云边端+AI"赋能全行业变革。

2. 大数据领域

基础支撑层是大数据产业的核心，除了网络、存储和计算等硬件基础设施，还包括资源管理平台及各类与数据采集、预处理、分析和展示有关的方法和工具；融合应用层包含与政务、工业、农业、金融、交通和电信等领域密切相关的应用软件和整体解决方案；数据服务层围绕各类应用和市场需求，提供辅助性服务，包括数据交易、数据资产管理、数据采集与加工、数据安全等。在全球大数据产业链中，微软、IBM、亚马逊、Cloudera、Apache Hadoop、Hortonworks、Teradata 等基础设施供应商提供数据库、数据管理平台、数据分发技术、云基础框架等产品和服务；SAP、Teradata、谷歌、Mastercard、阿里巴巴、腾讯、百度等数据基础供应商掌握着海量数据资源；Splunk、拓尔思、Matlab、SAS、Visual.ly、Zoomdata、MapR 等分析技术提供商拥有强大的搜索、分析、运算、可视化工具；DoubleClick、融 360、RelateIQ、Lenddo 等业务应用提供商专注于解决行业痛点，是实现大数据商业化的关键。

IDC 和 Seagate 的报告预测，我国产生的数据量将从 2018 年的 7.6ZB 增至 2025 年的 48.6ZB，随着相关技术的突破和大数据产品的落地，我国大数据市场产值不断增加，2020 年超过 10000 亿元。其中，大数据软件市场的增长态势最为明显，2016—2017 年的增长率达到 37.50%。机器学习、数据分析算法等技术的成熟应用与融合，使更多大数据场景落地；对并发访问量、存储容量、响应速度等的较高要求，促使软件产品不断优化、功能不断贴近需求、性能不断提高。预计 2020—2021 年，大数据软件市场规模的增长率将维持在 20%左右。

3. 移动 App 与轻量化应用平台领域

支付宝、淘宝、微信、滴滴、美团、今日头条、抖音等移动 App 的优势明显。App Annie 发布的 2019 年全球热门移动 App 下载量和中国热门移动 App 下载量和收入的前 10 名分别如表 6-5 和表 6-6 所示。在北美地区移动 App 周活跃率排行中，滴滴为旅游出行类的第 2 名，抖音为视频类的第 3 名，UC 浏览器、微信进入了通信类的前 10 名。

表 6-5　2019 年全球热门移动 App 下载量的前 10 名

序号	移动 App	企业	总部所在地	领域
1	Facebook Messenger	Facebook	美国	社交网络
2	Facebook	Facebook	美国	社交网络
3	WhatsApp Messenger	Facebook	美国	社交网络
4	抖音	字节跳动	中国	短视频综合平台
5	Instagram	Facebook	美国	社交网络
6	茄子快传	众联极享	中国	跨平台近场传输
7	Likee	欢聚时代	中国	短视频综合平台
8	Snapchat	Snap	美国	照片分享
9	Netfix	Netfix	美国	在线视频
10	Spotify	Spotify	瑞典	流媒体音乐

表 6-6　2019 年中国热门移动 App 下载量和收入的前 10 名

下载量排行			收入排行		
序号	移动 App	母公司	序号	移动 App	母公司
1	QQ	腾讯	1	腾讯视频	腾讯
2	淘宝	阿里巴巴	2	爱奇艺视频	百度
3	微信	腾讯	3	快手	快手
4	爱奇艺视频	百度	4	优酷视频	阿里巴巴
5	腾讯视频	腾讯	5	QQ	腾讯
6	支付宝	蚂蚁金服	6	陌陌	陌陌
7	优酷视频	阿里巴巴	7	QQ 音乐	腾讯
8	百度	百度	8	喜马拉雅 FM	喜马拉雅
9	美团	三快在线	9	QQ 阅读	腾讯
10	QQ 音乐	腾讯	10	全民 K 歌	腾讯

互联网应用加速向轻量化移动 App 演进，诞生了小程序、快应用等即时性产品。超级 App 根据各自的流量特点和内容优势布局小程序，开启平台化升级，提升流量的二次分发效能。腾讯小程序以微信 X5 blink 内核为基础，依托微信形成封闭流量体系，在严格控制生态规范性和统一性的基础上不断优化各项服务，甚至与微软、谷歌、Game Closure 等海外企业合作，日活跃用户数量超过 3 亿名，交易额超过 8000 亿元；支付宝小程序是蚂蚁金服商业生态的重要配套技术，在多种阿里巴巴系列产品中运行，迅速提高了流量的复合利用率和成交转化率；百度通过搜索入口和信息流入口打造智能小程

序开源联盟；为了与小程序争夺应用分发市场和用户流量入口，小米、华为、OPPO、vivo 等主流移动设备厂商联合发布快应用标准，将快应用框架深度集成到各厂商的移动操作系统中，在操作系统层面形成用户需求与应用服务的无缝对接。目前，快应用已覆盖超过 10 亿部移动设备。

6.6　新兴软件的发展情况

1. 人工智能领域

美国在人工智能领域处于领先地位，拥有数量最多、应用最广的开发框架，其中，谷歌的 TensorFlow 的市场占有率超过 50%。我国企业也纷纷布局开发框架，推出了多款具有国际竞争力的产品。百度于 2016 年 9 月发布了国内首个完全自研的通用型开发框架飞桨（PaddlePaddle）；华为自研的 MindSpore 深度学习计算框架与华为昇腾芯片配合，以满足全场景业务需求。除了国内龙头企业，新兴的独角兽企业（如旷视科技、商汤科技等）也蓄势推出自己的专用开发框架，侧重人脸识别、图像处理等领域。我国的深度学习算法等核心基础技术持续突破，2016 年，在深度学习标志性竞赛 ImageNet 中，我国首次包揽了全部大项冠军。我国的计算机视觉、智能语音语义处理、广告推荐计算等应用处于国际领先地位，百度、第四范式、旷视科技、科大讯飞等厂商的产品已得到广泛应用，其中，讯飞输入法的语音识别准确率已经达到了 98%。《2019 胡润全球独角兽榜》显示，在上榜的 40 家人工智能独角兽企业中，有 15 家中国企业。

2. 区块链领域

在区块链领域，美国和中国的竞争力较强。从市场规模来看，美欧中呈三足鼎立之势。火币研究院等发布的《全球区块链产业发展全景（2019—2020 年度）》显示，2019 年，全球区块链支出约 29 亿美元，排名为美国（39%）、西欧（24.4%）、中国（11.2%）、亚太地区（8.1%）、中东欧（5.2%）。从投资力度来看，美国的优势明显。2019 年 11 月，IDC 发布的《全球半年度区块链支出指南》显示，2019 年，全球区块链支出达到 29 亿美元，美国约占 39%，排在后面的是西欧、中国、亚太地区（不含中国和日本）

和中东欧。在区块链专利申请方面，中国处于绝对的领先地位。全球知识产权产业科技媒体 IPRdaily 与 incoPat 创新指数研究中心联合发布的"2019 年全球区块链企业发明专利排行榜（TOP100）"显示，前 100 名企业主要来自 10 个国家和地区，来自中国的企业占 63%，来自美国的企业占 19%，来自日本的企业占 7%。阿里巴巴以 1005 项专利位居第一，中国平安以 464 项专利位居第二，Nchain 以 314 项专利位居第三。在我国的专利中，与交易系统相关的专利最多，达到 34%；底层架构（包括数据库、算法、通信协议等）专利占 30%，位居第二；数据安全专利占 27%，位居第三。此外，在核心企业数量方面，北京区块链技术应用协会、社会科学文献出版社、北京中科金财科技股份有限公司发布的《区块链蓝皮书：中国区块链发展报告（2019）》指出，全国的区块链企业约为 28000 家，主要位于北京、上海、广州、深圳等地。

3. 5G 领域

我国在 5G 标准、专利和产业方面具有一定的竞争优势，未来可转化为在增强宽带、海量连接、低延时、高可靠场景中的发展先机，有助于我国信息技术的发展。在技术标准方面，我国倡导的 5G 概念、应用场景和技术指标已纳入 ITU 的 5G 定义。在 2020 年新版国际标准包含的 50 项标准立项中，我国有 21 项，处于领先地位，欧洲和美国分别有 14 项和 9 项。在专利方面，华为、中兴、OPPO、中国电信科学技术研究院这 4 家企业拥有全球 36% 的 5G 标准必要专利，华为位居第一，占 15%。在 5G 设备性能、产品组合完整性、标准贡献等方面，华为已经超过了爱立信、诺基亚等竞争对手，全球已发布的 5G 商用网络约有 2/3 由华为部署。另外，基于软件定义网络、网络功能虚拟化等关键技术的 5G 核心网快速发展，我国在 5G 核心网解决方案、OTA 射频数据分析软件等方面具有很大优势，华为 5G 核心网解决方案在 2018 世界移动大会上荣获"最佳网络软件突破奖"。

第 7 章

我国软件生态的构建情况

习近平总书记指出："在全球信息领域，创新链、产业链、价值链整合能力越来越成为决定成败的关键。"目前，国家之间的贸易摩擦、战略博弈逐渐向科技聚焦，我国软件产业将持续面临外部断供风险，单一产品的突破与创新难以满足当前的产业发展需求，保障我国软件产业安全及推动软件产业向价值链中高端迈进更需要构建与壮大产业生态。随着以 5G、人工智能、区块链为代表的新一轮科技革命的不断深入，软件技术应用场景不断丰富、技术体系复杂度不断提高，全球软件产业的竞争已由单一产品的竞争转向生态系统的竞争，企业竞争力更多体现在对核心技术、生态伙伴、供应链和产业链的掌控能力上[7]。在这样的形势下，我们应进一步发挥新型举国体制的制度优势和庞大的国内市场优势，坚持"创新驱动、面向全球"，着力打造具有中国特色的软件生态。

7.1　全球三大典型软件生态系统

在高度动态的产业生态体系内，国际科技龙头企业通过并购、联盟、开放平台、技术服务等方式，在各层面建设和完善生态布局。目前，软件产业已形成了以苹果为代表的封闭式生态系统、以谷歌为代表的开放式生态系统和以微软为代表的半封闭式生态系统，如表 7-1 所示。

表 7-1　苹果、谷歌、微软生态系统

	苹果	谷歌	微软
应用层	设备业务：iPhone、iPad、iPod、Mac、Apple Watch、Apple TV 等。 服务业务：App Store、iTunes、iBooks、Apple Music 等。 行业应用：MobileFirst for iOS、Mobility Partner Program 等	设备业务：Pixel、Chromebook、Google Home 等。 服务业务：Google Maps、Gmail、Chrome、Google Voice、YouTube、Google+ 等。 行业应用：Dialogflow、Data Studio 等	设备业务：计算机、手机、Surface 等。 搜索广告：Bing 搜索等。 行业应用（零售、制造、医疗、金融、教育等）
中间层	云平台：iCloud 部分平台等。 人工智能：Siri，机器学习框架 Core ML、Create ML 等	云计算：Google Cloud Services、Google Drive 等。 人工智能：Google AI、TensorFlow 等	服务器产品与服务：Windows Server、Microsoft SQL Server、Visual Studio、System Center 及相关的 CAL、Microsoft Azure 等。 企业服务：Premier Support Services 和 Microsoft Consulting Services 等
基础层	系统软件：iOS、Mac OS、TV OS、Watch OS 等。 芯片：A 系列处理器	系统软件：Android、Chromium 等。 芯片：ARM、MIPS、x86	系统软件：Windows、Office 等。 芯片：Intel、ARM

1. 苹果构建了整合软硬件与服务的封闭式生态系统

苹果一直奉行闭源策略，构建了从芯片、终端到应用服务的垂直一体化封闭式生态系统。苹果以 iOS 系统、Mac OS 系统、A 系列处理器和终端设备为核心打造高效供应链，进行品牌和销售渠道管理，使苹果的产品具有领先优势，获得了巨大的用户忠诚度与回流度，形成了稳定的生态系统。

苹果的 iTunes、App Store、Apple Music、AppleCare、Apple Pay 等服务性产品是构建苹果整体生态系统的关键，基于产品生态的服务性收入正成为苹果业绩增长和重新定义企业业态的新引擎。从 2018 财年第三财季开始，Apple Music、App Store、iCloud

等的营收增长较为稳定，保持每个财季的营收在 100 亿美元以上，且开发者通过 App Store 取得的收益也突破了 1000 亿美元。

2. 谷歌构建了突出产业聚合效应的开放式生态系统

谷歌一向是开源文化的倡导者和社区引领者，已累计开源 2000 多个项目，在改善技术的同时保持了谷歌在生态链中的核心地位。虽然搜索引擎、YouTube、Gmail 等的广告业务营收占谷歌收入的 83%以上，但谷歌在推进开源生态链向服务链与制造链一体化方向发展的过程中，也培养了新的业绩增长引擎。

在谷歌的生态系统构建过程中，利用强约束的基础软件开源项目打造官方标准是其建设和掌控开源生态系统的基本方式。谷歌最著名的系统软件开源项目 Android 已在移动操作系统市场中处于主导地位并形成垄断，其基于 Android 操作系统建立了一个集合了芯片制造商、终端生产商和移动运营商的联盟，联盟成员可获得 Google Mobile Service（GMS）移动套件使用权，能够在第一时间进行 Android 系统更新，但需通过谷歌的系列认证，并签署系列协议，承诺共同维护 Android 的稳定与统一。谷歌一直试图推动互联网资源的整合与标准化，以巩固其在互联网领域的主导地位，如通过掌握 Widevine 数字版权管理（DRM）插件的授权来控制基于 Chromium 内核浏览器的视频播放功能。

3. 微软构建了依托固有市场优势的半封闭式生态系统

基础软件产品使微软形成了封闭式生态，在此基础上，微软全力发展"云+人工智能"的开放生态。微软的生态逐渐从封闭走向开放，商业模式从传统的 Licence 授权向软件订阅转变，生态系统的发展核心也开始从 Windows 操作系统向 Azure 云计算转变。微软的用户有终端用户、开发者、IT 管理人员 3 类，全球生态伙伴达到数十万家。

基础软件的规模化生态是微软转型的基础，强大的基础软件及其形成的规模效应是微软转型的重要支撑。微软以 Windows 为基础成功经营了一个价值网络，将开发者、客户、OEM、系统集成商协调起来，通过持续投资特定领域来构建辐射全球的信息产业体系，覆盖桌面应用、服务器应用等领域。目前，微软每月为超过 7 亿台活跃 Windows 10 设备及上面的约 3500 万个应用程序、1.75 亿个应用程序版本、1600 万个硬件或驱动程序提供高质量的服务。微软的另一传统业务支柱 Office 办公软件也长期处于统治地位，客户黏性高。

苹果、谷歌和微软等科技龙头企业顺应产业趋势和客户需求，在传统业务营收增长放缓的情况下，推进单一产品优势向产业体系优势转化，谋求转型以实现业务和营收的稳定增长。在新业务的布局中，人工智能、云计算成为科技龙头企业竞争的焦点。但科技龙头企业的差异化核心能力使它们的侧重点不尽相同。苹果在其封闭式生态的基础上推出了独家互联网付费服务，开放人工智能平台和计算能力，并坚持机器学习本地化以保证用户数据的安全，但其云基础设施建设相对落后，iCloud 云存储服务仍依赖于亚马逊、谷歌、微软的云计算平台；谷歌构建了庞大的开源技术生态系统和独立人工智能生态系统，将强大的数据处理和机器学习功能与云平台绑定，将人工智能作为谷歌云业务发展的核心驱动力；微软侧重打造云计算全产业链服务能力，将多样化人工智能产品整合到云平台上，利用多年的基础软件用户为云服务引流，深耕大型和中型企业市场。

7.2　全球软件生态的主要构建模式

当前，全球软件产业格局仍以美欧企业为主导，其对软件生态在维持垄断优势和探索前沿技术方面的价值早已具有高度认知[1]。由于企业的生态开放性、掌控主体、发展基础存在差异，目前已形成了多种成熟的软件生态模式。欧美企业在以原生性关键技术为基础、通过多元化发展战略实现资源吸引、基于精细商业模式形成隐蔽性生态壁垒、借助软硬件协同效应进行支持等方面积累了丰富的软件生态构建经验。

7.2.1　受控于软件龙头企业的开源生态模式

软件龙头企业对开源软件的生态价值有深刻认识，其通过推出相关开源产品和技术吸引上下游各类资源形成完整的生态链，并借助技术和运营方面的隐形限制，掌控整个生态，进而扩大科技垄断规模。例如，谷歌通过 Android、Chromium、TensorFlow 等开源产品在移动操作系统、浏览器、人工智能等领域获得了巨大的市场占有率，形成了由其主导的稳固开源生态，并在相关领域形成了垄断优势；微软以 Visual Studio Code、.Net、ChakraCore 等开源开发工具为基础，在上游软件开发领域构建了以其为主导的开源生态。

在龙头企业构建以其为主导的开源生态的过程中，准确对接特定的市场需求是开源生态崛起的关键。TensorFlow 深度学习框架使谷歌在人工智能开发领域构建了主导性的开源生态，有很大原因在于其满足了市场对人工智能开发标准化及效率提升的需求。Android 系统在发展初期抓住了当时市场上众多企业对苹果封闭的 iOS 系统可能威胁其生存的恐惧心理，短期内吸引了众多企业加入 Android 开源生态。同时，企业依靠代码托管平台对其主导的开源生态进行维护和推广，使其具有更大的管理成本优势。谷歌通过掌控技术发展方向和附属闭源软件来维持其对所构建的开源生态系统的控制。

7.2.2　依托基金会进行管理的开源生态模式

有些开源生态是基于非营利性组织或个人研发的某项开源技术构建的，由专门的非营利性基金会运营和推广。例如，Linux 基金会管理的 Linux 开源生态、Apache 基金会管理的 Hadoop 开源生态、OpenStack 基金会管理的云计算开源生态等。

对于基金会管理的开源生态模式而言，拥有高价值的开源技术是其成功的基础，对多元化的高度重视是其长期保持竞争力与发展活力的关键[8]。国际开源基金会并非慈善组织，其由部分群体掌控，包括技术创始人、龙头企业、行业组织等。

7.2.3　根植上游基础性技术的闭源生态模式

企业基于对产业链上游的软件开发测试工具、操作系统、数据库等基础软件的掌控，以及较高的技术壁垒和下游产品对其较强的依赖，构建起以上游基础软件为核心的闭源生态模式，包括基础软件领域的以 Windows 操作系统、Oracle 数据库为核心的闭源生态，软件开发领域的以 Visual Studio Enterprise 和 Xcode 为核心的闭源生态，数据分析和算法研究领域的以 Matlab、Maple、Mathematica 为核心的闭源生态等。

　　企业在基于上游基础性技术构建闭源生态模式的过程中，大多凭借技术的绝对先进性完成市场抢占。Windows 3.x 系列操作系统在 20 世纪 90 年代问世之初便具有代差式技术领先优势，Matlab 基于其在数值计算和数据图示化方面的技术，处于领先地位，一经推出即迅速垄断数值计算市场。同时，企业也会通过发展优势产品、技术捆绑、并购、垄断市场智慧资源等方式持续稳固生态模式。

7.2.4　整合软硬件一体化的协同生态模式

　　软硬件具有高度适配性，软件可以借助硬件的应用市场迅速发展，成熟的软硬件匹配方案也可以为软件提供强大的支持，形成一种软硬件相互支撑的协同生态模式。例如，苹果整合其自身的硬件设备和操作系统构建了 iOS、Mac OS 生态，微软和谷歌分别通过与英特尔和 ARM 建立的"Wintel""Android-ARM"联盟打造了 Windows 和 Android 生态等。

　　整合软硬件一体化的协同生态模式有两种方法，一种是基于软硬件在技术层面的高匹配性形成稳固的"软硬件联盟"，保持软件生态的稳定；另一种是企业通过整合自身的软硬件业务，掌握市场上顶级的软硬件技术，直接调配软硬件资源以支撑软件生态的构建。两种方法并无绝对优劣之分，各自有其适应环境，对两种方法的选择取决于技术特征、市场态势、企业实力和产业环境等。

7.3　国际主流软件生态的发展路径及演进规律

　　当前，国际上具有统治力的主流软件生态主要为以微软、苹果、谷歌等大型企业为核心的企业级生态，以及以 Linux、Apache、OpenStack 等开源基金会和 GitHub、GitLab、SourceForge、BitBucket 等代码托管平台为代表的社区级生态。深入挖掘与分析国际主流软件生态的发展路径及演进规律，有助于最大限度地释放全球已有经验对中国特色软件生态建设的支撑作用。国际主流软件生态的发展路径及演进规律如图 7-1 所示。

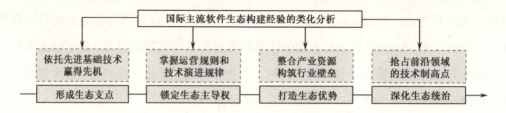

图 7-1　国际主流软件生态的发展路径及演进规律

7.3.1　形成生态支点

当前，全球以大型企业或开源基金会为主导的国际主流软件生态均依托具备较高原创性和较低可替代性的高价值基础性技术体系构建和发展而成。

微软于 20 世纪 90 年代初推出的 Windows 3.x 系列桌面操作系统凭借较高的流畅度、稳定性和可扩展性优势迅速抢占市场，并逐步形成以 Windows 桌面操作系统为支点的 PC 端软件生态。Windows 3.x 系列操作系统包含的"资源管理器""虚拟设备驱动"等技术凭借其跨时代的先进性沿用至今。目前，微软每月为超过 7 亿台的活跃 Windows 10 设备提供服务，运行在 Windows 操作系统上的应用程序约为 3500 万个，支持的硬件或驱动程序、应用程序版本分别达到 1600 万个和 1.75 亿个。

苹果依靠流畅度高的 iOS 系统和运算力强的 A 系列处理器架构快速垄断移动操作系统市场，逐渐形成以 iOS 移动操作系统和 A 系列处理器架构为支点的移动操作系统生态。基于 iOS 系统和 A 系列处理器的先进性，苹果已拥有近 20 亿名终端用户、2 亿名开发人员及 5 亿名 App Store 周活跃用户。

谷歌凭借技术领先的 PageRank 专利算法和 AdWords 广告工具确立了在搜索引擎领域的垄断地位，并逐渐形成以 Google 搜索引擎为支点的互联网软件生态。以 Android 移动操作系统为基础，迅速在智能手机、平板电脑、智能电视等移动智能终端市场占据主导地位并与苹果分庭抗礼，逐步构建起以 Android 移动操作系统为支点的移动操作系统生态。

Linux、Apache、OpenStack 开源基金会分别依托 Linux Kernel、Apache Server、Nova 和 Swift 等高价值原创技术，为打造后续开源生态奠定了强大的技术基础。Linux 基金会除了拥有 Linux Kernel 技术，还管理 OpenPower、RISC-V 开源芯片指令集等面向未来的先进基础。Apache 基金会共管理约 1.9 亿行开源代码，代码价值超过 200 亿美元，拥有能够对产业产生重大影响的顶级项目约 330 个[9]。OpenStack 基金会在云计算领域的开源技术凭借其兼容性和快速部署能力，得到 50%以上的世界 500 强企业的认可和采用，75%以上的已采用企业计划未来继续使用[10]。

7.3.2　锁定生态主导权

1. 核心企业通过掌控技术发展方向和附属闭源软件控制生态

虽然微软、谷歌等对 Visual Studio Code 开发工具、Android 操作系统、Chromium 浏览器内核、TensorFlow 深度学习框架等进行了开源，并在全球范围内形成了强大的开源生态系统，但其依然牢牢掌控着产品的技术发展和版本迭代方向，对生态系统具有绝对的控制力。此外，开源的 Android 操作系统如果没有得到谷歌对非开源 Google Mobile Service（GMS）移动套件的使用授权，则会失去大量使用价值，尤其在欧美市场中，甚至可能无法满足用户对基本功能的需求；基于 Chromium 开源浏览器内核开发的各类浏览器如果没有得到谷歌对非开源 Widevine 数字版权管理（DRM）插件的使用授权，则无法播放多媒体资源，将极大地限制浏览器产品的市场生存空间。谷歌基于这种生存依赖性，通过对 GMS 和 Widevine 非开源产品的掌控，保持对 Android 开源生态和 Chromium 开源生态的主导权和话语权。

2. 基金会基于严格的入群机制和原有的稳定势力格局垄断开源生态治理权

开源基金会实际由部分群体掌控，基金会的董事会、技术委员会、项目管理委员会、技术创始人及其团队等从顶层掌控技术的发展路径、标准及基金会的运营[1]。例如，Linux 创始人 Linus Torvalds 及其团队拥有对 Linux 技术发展路径、版本更迭的最终决策权；Linux 董事会负责基金会的日常运营及 Linux 生态的规范、保护等；Apache 董事会和项目管理委员会分别管理基金会的运营和具体项目的技术决策。在严格的入群机制下，外部人员很难进入董事会、技术委员会、项目管理委员会等基金会的核心管理层。Linux 和 Apache 的董事会成员均从其内部会员中选举产生，会员级别越高越有可能进入董事会和技术委员会，但对高级别会员的加入有苛刻的技术贡献要求且需要其付出巨大的资金成本，Linux 白金会员的年会费高达 50 万美元，另外，基金会原有势力的决策对高级会员的加入也有重要影响[11]。Apache 各项目管理委员会的主席由董事会直接任命。即使个别外部人员进入核心管理层，也会受原有权力格局的限制，无法真正掌握话语权。Linux 基金会下属的 Open Network Automation Platform（ONAP）项目虽然由华为、中国移动和 AT&T 初创，且华为和中国移动都是 ONAP 项目的白金会员并对技术做出了主要贡献，但在实际过程中，由于数量占优的美国厂商在基金会和 ONAP 项目内部已形成了稳定的利益集合体，涉及项目运营和技术发展的决策依然被美国厂商把控。

3. 利用有偿服务和无偿服务协同的产品策略掌握生态话语权

GitHub、SourceForge、BitBucket 等开源代码托管平台既提供有偿和无偿的代码存储服务，又提供协同开发服务，并利用有偿和无偿服务间的互补实现生态的持续发展和对生态话语权的掌握。GitHub、SourceForge、BitBucket 等开源代码托管平台利用无偿代码存储和协同开发服务吸引行业资源，为平台生态提供持续发展的内生动力，还通过有偿服务在代码存储和协同开发方面提供更丰富和更强大的功能，从而垄断高端市场，掌握生态话语权并直接盈利。通过提供有偿和无偿代码库服务，GitHub 平台 2018 年的收入超过 2 亿美元，并以 75 亿美元的高价被微软收购。红帽开发的核心产品 Red Hat Enterprise Linux 需要付费订阅才能直接使用，但也公开 Red Hat Enterprise Linux 的全部源码，源码虽然不能直接安装和使用，但经开源社区重新编译后，在市场上推出了如 CentOS、WhiteBox、Dao 等可无偿使用的版本。这些版本在市场上吸引了大量用户，为生态的形成和垄断创造了条件，付费订阅的 Red Hat Enterprise Linux 的稳定性更高、更新更快、支持的服务更完善，红帽通过需要付费订阅的 Red Hat Enterprise Linux 掌控高端市场，并从代码源头控制免费产品的技术发展和版本迭代方向，从而掌握主导权并直接盈利。2018 年，红帽的收入超过 30 亿美元，并于 2019 年以 340 亿美元的高价被

IBM 收购。

7.3.3　打造生态优势

1. 捆绑或针对性适配优势产品和技术

Oracle 以其数据库软件为核心，通过捆绑提供了一系列先进的开发工具、操作系统、应用软件、虚拟技术等产品，形成了一整套系统性解决方案。Windows 操作系统从 1987 年推出的 2.0 系列开始捆绑 Office 办公、多媒体播放等应用软件。这种产品或技术的捆绑为 Oracle 数据库生态、Windows 操作系统生态构筑了极高的替代壁垒。

2. 通过构建"软硬件联盟"和整合软硬件资源形成系统化生态壁垒

在微软与英特尔建立的"Wintel"联盟、谷歌与 ARM 建立的"Android-ARM"联盟中，Windows 和 Android 操作系统主要针对 x86 和 ARM 架构芯片进行设计，具有极高的技术适配性，使得 Windows 和 Android 生态的形成和稳定得到来自 x86 和 ARM 芯片市场的巨大保障。在 Oracle 与 IBM 组成的数据库领域的联盟中，Oracle 数据库与 IBM 服务器的成熟配套方案构筑了极高的准入壁垒，保障了 Oracle 数据库生态的稳定。

在直接整合软硬件资源方面，西门子、IBM、达索系统等基于其软硬件一体化能力，通过设备和设施直接绑定软件、免费普及配套软件产品等，在工业软件领域构建起强大的生态，并在研发设计和生产控制等高端环节形成垄断。IBM 基于自身的 Power 芯片和红帽云计算软件在市场上的高度适配性，通过对 Power 芯片指令集开源来支持红帽云计算软件的推广和生态稳定；谷歌依靠其强大的 TPU 芯片打造系统性人工智能开发支持服务，有效支持 TensorFlow 深度学习框架在市场上形成垄断；苹果依托其在芯片（A 系列 SoC）、整机（iPhone、MacBook 等）、操作系统（iOS、Mac OS）等软硬件环节的技术优势，打造硬件与软件高度适配且排他的封闭产品体系，支撑其以 iOS、Mac OS 操作系统为核心的软件生态体系。

3. 依靠先发优势并购商业对手

作为数据库领域起步较早的企业，Oracle 凭借资本实力收购了 BEA、SUN、ACME 等竞争对手，不仅加强了产品体系的完整性，也扫除了生态系统的潜在竞争对手。微软斥资 1400 万美元收购 Forethought，将其关键产品 PowerPoint 加入 Office 套件，以强化微软在演示软件中的主导地位，并消除市场中的潜在威胁。

4. 借助全球统一的认证考试将人才绑定在生态圈中

认证考试本质上是对开发人员评价标准的设定，可以将从业人员笼络到技术体系中，以确保生态系统对人力资源的垄断。微软、甲骨文等企业均在全球范围内开展了基于自身产品体系的认证考试，当对立产品和技术出现时，可以有效限制对立产品的智慧资源供应，强化生态系统的稳定性。

5. 高度重视多元化发展战略以广泛吸纳研发资源

Linux、Apache 开源基金会均包含不同技术领域的众多项目，Apache 基金会甚至不排斥相似项目同时立项，这为基金会吸引更丰富的研发力量和项目资源提供了有力支撑。与开源基金会相比，GitHub、SourceForge、BitBucket 等代码托管平台的准入门槛更低，代码托管平台并不参与开源项目的具体技术事项，基本不干扰和影响项目技术的发展，这使得平台能够不断集聚全球开源项目，维持生态系统的运转并保持更新活力。

7.3.4 深化生态统治

1. 紧跟人工智能、云计算等新兴技术的发展趋势以孕育新生态

谷歌的生态发展战略开始由"移动优先"向"人工智能优先"发展。人工智能技术已贯穿谷歌的 Android、Gmail、Google Assistant、Google Maps 等产品，并融汇到其全套互联网服务中。数十亿的谷歌用户直接转化为人工智能消费市场用户，在产品应用过程中获取的用户数据又可以用来满足其深度学习训练需求。深度学习框架 TensorFlow 已被下载超过 4000 万次，并被部署在数百万台设备上。在推进 TensorFlow 工程化和产业化的过程中，谷歌不断加强其与谷歌大脑、TPU、云计算等业务的联系，基于 TensorFlow 生态链服务多个大规模计算领域的超级深度神经网络。

苹果加快布局专注于本地设备的人工智能生态发展战略。基于高度统一的生态环境，苹果在全球近 20 亿的终端设备上实施本地人工智能发展计划。例如，推出多国语言实时翻译、精准预测、智能推荐等升级版 Siri 功能，并为第三方应用提供支持 Siri 的开发工具 SiriKit；发布针对本地人工智能应用的机器学习框架 Core ML 和 Create ML；苹果为了打造更广泛的本地人工智能应用场景，收购以色列 RealFace、德国 SensoMotoric 等多家人工智能初创企业，涵盖半导体制造、机器学习、语音识别、面部识别、表情追踪等领域。

微软正积极转型推进以智能云为核心的生态发展战略。在错失移动操作系统生态的主导权后，微软开始围绕"云服务+人工智能"积极构建新生态。采取差异化竞争策略，针对 ToB 端大型企业的需求推出"混合云"和"智能云"完整解决方案，成为全球唯一覆盖三大云服务模式的厂商，形成从 IaaS（虚拟机、存储、网络）到 PaaS（AAD、SQL、媒体、VS Online）再到 SaaS（Office 365、机器学习）的全产业链布局，并收购 GibHub 以拓展其云服务市场。当前，部署微软 Azure 的区域已超过 54 个，其使用者涵盖 95%的世界 500 强企业。微软的人工智能战略对云、系统平台、技术服务等进行全栈式布局，提供基础算力、完善的开发运行管理环境及成熟的人工智能算法。目前，Office 365、Dynamics 365、LinkedIn 等产品均已融入微软的人工智能技术，Office 365 以超过 100 种语言为全球 180 多个国家提供服务，70%以上的世界 500 强企业使用 Dynamics 365 商业平台。

2. 积极布局数字经济发展前沿并深耕各领域的产业数字化转型以拓宽生态边界

苹果基于 iOS 持续扩展行业应用场景的覆盖区域。苹果联合 IBM 发布了多批 IBM MobileFirst for iOS 解决方案，主要面向金融、交通、能源、航空、零售、医疗等领域，企业用户有花旗集团、加拿大航空、Sprint 等。2015 年，苹果启动移动伙伴项目，为 Kering、Burberry 等奢侈品公司开发了零售应用程序。苹果的财报显示，其在行业应用市场的收入已超过总收入的 10%。

谷歌依托"云+人工智能"助力产业实现数字化转型。基于领先的人工智能技术，谷歌云帮助数千家企业实现了业务转型，为其提供安全可靠的大规模基础架构和数字化转型平台，以及金融、医疗、零售、制造等领域的智能解决方案，用户有澳新银行、美国癌症协会、国家地理、宜家、宝洁、雷诺、三星等。

微软借助云技术积极赋能行业云端化解决方案，其面向行业应用市场的一系列云计算解决方案涉及制造、能源、新零售、金融、医疗等领域，服务对象包括福特、施耐德、沃尔玛、招商证券、瑞尔等。微软公布的 2019 财年第四财季的数据显示，微软的云合作伙伴已超过 7 万家，云业务收入占企业整体营收的比例超过 1/3，超越了其赖以起家的 Windows 业务。

7.4　我国软件生态构建的新要求

近年来，我国对中国特色软件生态的需求越发迫切，华为、阿里巴巴等大型企业在深入参与国际软件生态治理和提升贡献度的同时，凭借对核心技术的突破和掌握，逐渐构建起以自身产品为核心的生态。在开源基金会、代码托管平台等方面，我国也出现了一些探索性和基础性开源软件生态建设成果。随着以新型信息技术为核心的新一轮科技革命和产业革命的不断深入，我国软件生态构建在高价值生态技术支点、大型企业生态建设能力、软硬件协同设计环境、运营模式创新、专业人才支撑、国外生态深度参与及合作等方面迎来许多新机遇的同时也面临一些新要求。

7.4.1　加强对国际开源软件生态的高质量参与

1. 国内企业需要积极进入国际开源生态管理内核层

目前，在真正掌握 Linux 开源生态管理权的 22 位 Linux 基金会董事中仅有 1 位成员来自中国大陆（华为），技术委员会的成员则全部来自美国；在拥有对 Linux 系统内核技术发展的最终决策权的核心团队中，来自中国大陆的成员数量需要增加；在实际控制 Apache 开源生态的 9 位董事中，没有来自中国大陆的；在掌握 OpenStack 云计算开源生态实际管理权的 24 位基金会董事中，仅有 4 位来自中国大陆（易捷行云、华为、中国移动、腾讯）。以 GitHub、GitLab、SourceForge、BitBucket 等代码托管平台为载体形成的开源软件生态则主要由微软、GitLab、Geeknet、Atlassian 等欧美企业治理。

2. 掌握国际软件生态中的重要技术

在 Linux 开源生态中，应用较为广泛的发行版本，如 Debian、Red Hat Enterprise Linux、Slackware Linux 等，均由欧美企业开发。作为国内对 Linux 内核贡献最大的企业，华为以 1.5%的贡献率排在第 15 位，还有很大上升空间[12]；在 Apache 开源生态中，中国大陆仅有华为的 ServiceComb、CarbonData 及阿里巴巴的 Dubbo 等个别项目成功孵化并成为 Apache 的顶级分支项目；在 GitHub 开源代码托管平台上，最受关注的 10 个开源项目均来自美国，在成长最快的 10 个开源项目中有 6 个来自美国，其余则来自俄罗斯、阿根廷等国。

7.4.2　完善我国软件生态建设底层核心技术

1. 缩小研发投资差距并提升底层核心技术的原生性

2018 年，阿里巴巴、腾讯和百度三大国内软件企业的研发投资约为 80 亿美元，亚马逊和 Alphabet 两大软件企业的年度研发投资均超过 200 亿美元。国内大型软件企业推出的操作系统、数据库、开发测试工具等软件生态构建所需的底层核心产品大多基于国外开源软件技术开发而成，版本演进和技术路径需要在一定程度上跟随国外开源社区的发展方向。麒麟、深度等桌面操作系统均基于 Linux 内核开发；除了华为的鸿蒙，移动操作系统基本基于 Android 开发；中间件厂商大多以 Oracle JDK 开源项目为基础进行开发；除了阿里云，云计算厂商基本基于 OpenStack 开源云计算平台进行二次开发；50%以上的数据库厂商以开源数据库系统 PostgreSQL 为基础进行开发。

2. 提升内部承载技术和维护技术的系统性和高价值性

当前，国内正在建立或筹划建立的开源基金会需要引入与 Linux Kernel（Linux 基金会核心技术）、Apache Server（Apache 基金会核心技术）、Nova 和 Swift（OpenStack 基金会核心技术）等类似的原创高价值技术。Gitee、GitCafe 等国内自主开源代码托管平台虽然已经具有了一定的用户基础，但本质上仍属于对 GitLab、GitHub 平台的模仿和优化，还需进一步激发与 GitHub"协议存储代码库"等类似的在程序协同开发方面发生重大变革的技术创新。

7.4.3 提高大型企业打造软件生态的能力

1. 提高国内大型企业的软件产品的成熟度、可靠性和稳定性

当前，我国大型企业在一些关键领域实现了产品的"可用"，提高了产品的成熟度、可靠性和稳定性，以及国产产品的市场认可度，未来需要进一步发展与强化。现阶段，国产操作系统和数据库的市场占有率仅为 4%和 6%，国内的高可靠、高实时嵌入式操作系统基本空白，国内前五大软件开发工具均依赖微软和开源社区，90%以上的测试软件被惠普、IBM 垄断，约 80%的研发设计软件、50%以上的生产控制软件需要进口，生态发展空间受限。

2. 多维度减轻国内大型软件企业在成本和效率方面的顾虑

由于国外的成熟软件生态拥有更完善的开发环境、技术基础和市场需求，国内大型企业更倾向于依托国外的成熟软件生态对自身产品和技术进行孵化、推广和运营，或者直接使用国外的成熟开源软件。近年来，腾讯、百度分别将 Tars、TSeer、EDL、BAETYL 等自研开源项目捐献给 Linux 开源基金会。截至 2020 年 3 月，华为、百度、阿里巴巴和腾讯在国外代码托管平台 GitHub 上直接注册在企业名下的仓库分别达到 159、84、300 和 97 个。而在国内最大开源代码托管平台 Gitee 上，百度仅有 14 个仓库直接注册在企业名下，而华为、阿里巴巴和腾讯甚至并无直接注册在企业名下的仓库，均以项目名义分散存储。国内大型企业应注重重要开源项目的国内外平台同步注册。

7.4.4 优化中国特色软件生态的构建环境

1. 加强软硬件技术协同发展的系统性并提升软硬件业务整合能力

经过多年的发展，我国的自主 CPU 和操作系统已基本实现两点间的线性适配，而以 CPU 和操作系统为核心的外围软硬件产品系统化适配性仍需提高。IBM、谷歌、苹果等软件龙头企业均涉及软硬件业务，能够有效调配硬件资源以促进软件生态的构建，如 IBM 开源 Power 芯片有效支持其云计算软件的推广；谷歌推出 TPU 芯片，以促进其

人工智能开发框架的应用。工业软件是新一代信息技术与制造业融合的关键，拥有强大的工业基础和对生产工艺的深度理解是开发高端工业软件的必要条件。西门子、达索系统、波音、盖勒普等工业软件龙头企业均涉及软硬件业务，而我国的数码大方、中望、用友、金蝶等企业基本均为纯软件企业，在一定程度上制约了硬件层面的资源对我国工业软件生态构建和推广的支持作用。

2. 全面加强我国软件企业对生态系统底层运营模式的掌握

谷歌、IBM、红帽等企业非常擅长构建生态运营模式，并利用该模式来维持自身的技术和市场优势。谷歌通过公开 Android Open Source Platform（AOSP）建立 Android 操作系统的开源生态，并利用系统内嵌套的非开源 GMS 移动套件和 Open Handset Alliance（OHA）标准对生态进行垄断和限制。红帽通过免费开源的 Linux 系统快速占领市场并形成生态优势，推出功能更强、运行更稳定的付费版 Linux 系统，并附加相关技术支持与维护服务。其借助开源版本构建的广阔生态，在高性能、高标准的企业级市场中形成了垄断优势。由于我国的软件企业和相关组织起步较晚，生态构建经验匮乏，对生态运营规则的运用仍处于探索阶段，需要在系统性生态运营模式的设计和创新方面，开发典型的成功案例。

3. 培养和引进具备软件生态设计与构建能力的复合型人才

目前，我国软件从业人员数量不到 700 万人，增长速度较慢，人才结构性问题突出，缺乏既懂软件技术又理解软件生态底层运行机理的能够从战略层面设计和构建软件生态的高端复合型人才。国内众多技术水平较高且极具市场潜力的开源项目无法在 Apache 开源基金会内成功孵化并成为 Apache 开源生态中的顶级分支项目，有很大原因在于国内严重缺乏既懂得相关项目的技术体系，又真正理解并掌握 Apache 开源生态内部孵化机制和进阶规则的复合型人才。

7.5　加快推进我国软件生态构建

面对新一轮科技革命和产业革命的不断深入，以及复杂严峻的国际竞争格局，我们的开放合作要保持战略定力、增强发展自信、加强协同攻关，深化全球视野，应加快构建"创新驱动、面向全球"的中国特色软件生态，在确保国家安全和产业安全的同时，带领我国软件产业向全球价值链中高端迈进。

7.5.1　培育软件生态的构建支点

1. 补齐短板

确定产业关键技术的突破重点和路线，切实加强基础研究能力。推进短板技术攻关，加强产学研用协作，降低过度依赖国外软件带来的安全风险，为软件企业孕育生态技术支点创造条件，形成以市场带动创新的发展格局。

2. 拓展长板

在尚未形成生态锁定的领域，以应用为牵引，大力发展新兴平台软件，集中力量实现创新突破，瞄准重大战略和前沿技术需求，充分发挥制度优势和重大项目的带动作用，打造属于我国的"非对称技术""前沿技术"和"颠覆性技术"，抢占未来产业发展的制高点，加快推动我国软件产业向全球价值链中高端迈进。

7.5.2　拓展软件企业的良性成长空间

1. 推动全产业链联动并构建产业发展新格局

鼓励产业主体的软硬件协同发展，分级、分类对软硬件协同发展的重点领域进行布局，引导国内软硬件企业合作，鼓励软硬件企业在标准对接、产品配套、市场捆绑等方面形成"战略联盟"。开展生态建设试点遴选和宣贯活动，鼓励大型企业发挥生态引领作用，引导优势企业强强联合，培育一批工程化水平高、生态整合力强、市场影响力大的大型软件企业，推动产业链上下游协同发展和跨领域价值链横向扩展。在工业 App 等重点领域，鼓励中小企业发展网络化、专业化服务能力，加快培育软件产业的"小巨人"和"单项冠军"，与大型企业共同形成共生共存的产业生态。建立产业部门与证监会、券商保险机构、金融投资公司等多方常态化沟通机制，共同打造多层次资本市场服务体系。建立国产软件产融信息对接服务平台，提高产融信息对接效率。

2. 加强品牌建设与知识产权保护以充分体现软件价值

持续推进产业名城和软件名园建设，充分发挥产业的集聚优势，打造软件产品、企业、园区和名城一体化的软件产业发展生态，通过产业链、价值链、供应链的互联，激发相关企业的创新行为，打造优势特色品牌，培育一批国际层面的知名品牌。持续推进软件知识产权保护和正版化工作，将软件正版化检查工作与国产软件的推广工作有机结合。推进软件价值合理评估工作，推广软件价值评估规范，完善软件价值评估机制，有效引导市场资源的合理配置。

7.5.3 提高开源软件的生态治理能力

1. 打造"三位一体"的开源生态

基于新兴领域的引领性技术构建开源基金会，并通过项目拉动的方式吸引具有一定原创性、前瞻性的高价值开源软件技术。抓住影响软件开发效率的关键问题，打造服务差异化的中国特色开源代码托管平台。集中支持国内龙头企业构建企业主导的产品级开源生态，以领域内龙头企业的优势开源技术和产品为基础，从代码开发、产品应用、开源模式探索试错等维度，集中支持企业级开源生态系统的构建。

2. 积极学习并引进国际开源社区的先进治理与运营机制

深度参与并融入国际开源社区，在最大限度使用开源社区相关创新资源、不断提升自身技术贡献度的同时，深入挖掘国际开源的底层运营模式，并将其与我国开源生态建设需求结合，开发符合中国国情的底层运营模式。同时，全面理解国际开源基金会、龙头企业和代码托管平台等生态治理主体的系统性治理模式，重点学习其对开源生态的掌控机制和利益获取模式。

3. 完善开源软件的安全风险评估和应急防控机制

建立动态的全球开源软件生态安全风险评估机制，持续对我国参与较广泛且由国际龙头企业或国际开源软件基金会控制的开源软件生态，以及以国际开源软件代码托管平台为依托的开源软件生态可能面临的出口管制、知识产权、代码漏洞等安全风险进行系统性评估，及时发现苗头性、趋势性风险，预先分析潜在风险可能对产业发展造成的损害。构建国际开源软件生态安全应急防控机制，针对我国参与较广泛的国际开源软件生态可能面临的各种风险，建立应急防控措施，提前布局备用方案和应急反制方案，避免在突发事件发生时陷入被动局面。

第 8 章

我国软件产业创新体系的建设情况

近年来，随着我国信息技术相关产业的快速发展，软件产业创新体系不断完善，研发投资不断增加，创新主体的创新意识不断增强、创新能力持续提高，知识产权保护政策、标准规范、产业联盟等不断优化。软件产业创新体系的完善，进一步刺激了产业规模的扩大和产业质量的提高。当前，我国软件产业创新体系以应用拉动为主，应用研究明显多于基础研究和前沿技术研究，我国软件产业的基础技术有待提高。习近平总书记指出："关键核心技术是国之重器，对推动我国经济高质量发展、保障国家安全都具有十分重要的意义。"在全球贸易摩擦形势和新冠肺炎疫情的影响下，逆全球化趋势更加明显。加快健全具有中国特色的软件产业创新支撑体系，促使我国软件产业打破技术创新瓶颈，是推动我国软件产业迈向全球价值链中高端的必由之路。

8.1 软件产业的研发投资

8.1.1 研发投资持续增加

在新一轮科技革命和产业革命的推动下，软件产业开始进入智能化和万物互联时代，软件的技术复杂度、迭代频率、应用场景数量等均呈指数级增长，持续创新是软件企业生存和发展的重要法宝[13]。软件业务收入前百家企业是软件产业的头部企业，是产业发展的"风向标"。"十三五"期间，我国软件龙头企业的研发强度和创新意识不断提高。2018 年，我国软件业务收入前百家企业的研发投资为 1746 亿元，与 2015 年的 1233 亿元相比，提高了 513 亿元，年复合增长率高达 12.29%。2019 年，我国软件业务收入前百家企业的研发强度平均值达到 10.1%，比行业平均水平高出 2.2%，与 2016 年（9.6%）相比，提高了 0.5 个百分点。

在我国软件龙头企业的研发投资持续增加的同时，其创新质量显著提高。2019 年，我国软件业务收入前百家企业登记的软件著作权超过 3 万件，获授权专利超过 13 万件，其中发明专利占全部专利的 40% 以上，创新成果实现量质齐升。国家知识产权局公布的 2018 年主要工作统计数据显示，华为和广东欧珀在发明专利授权数量排名中分别位居第一和第三。华为于 2019 年正式发布自主知识产权操作系统鸿蒙，可供多个智能终端设备使用，为构建面向未来的新型生态体系奠定了基础；在数据库、工业软件、国产办公软件等领域也有新的突破。

8.1.2　研发投资的提升空间巨大

从龙头企业的研发投资来看，我国软件龙头企业的创新投资提升空间巨大。2019 年，亚马逊的研发投资超过 1500 亿元。华大九天 10 年的研发经费约为 Synopsys 1 年的研发经费。在《2019 年欧盟工业研发投资排名》中，软件和信息技术服务业企业有 60 家。其中，中国企业有 5 家，企业数量位居第二。

从核心产品的研发投资来看，在软件产业竞争越来越激烈、新一轮技术革命不断深入的背景下，我国核心产品的研发投资提升空间巨大。例如，微软开发的 Vista 系统为特大型软件产品，其代码数量高达 5000 万行，每 2 行的价格约为 100 美元；永中 Office 为大型软件产品，其代码数量约为 500 万行，每 22 行的价格约为 100 美元，两者的差距非常大。

8.2　软件产业的实验室建设

软件产业是一种典型的技术与人才密集型产业，实验室是创新体系中的重要环节。软件领域的实验室具有强大的跨学科、跨领域创新资源整合能力，其创新管理机制灵活、容错和探索激励丰富，是软件产业创新的核心。目前，我国软件产业的实验室主要分为以高校和科研院所为依托的基础型研究创新实验室和以企业为依托的产业型应用创新实验室。

8.2.1　基础型研究创新实验室

以高校和科研院所为依托的基础型研究创新实验室主要进行基础技术研究和应用技术研究，以及建立学术交流水平高、软件人才培养集中、研究设施齐全的重要软件创新基地。这些实验室已成为我国软件产业催生自主创新、加快学科建设和解决国家级重大科学技术问题的主力军。目前，以高校和科研院所为依托的基础型研究创新实验室主要由科技部、工业和信息化部、国家发展和改革委员会等提供支持。

截至 2020 年 3 月，在科技部依托国内高校和科研院所组建的国家重点实验室中，软件领域的国家重点实验室主要有 8 个，如表 8-1 所示。

表 8-1　我国软件领域的国家重点实验室

序号	国家重点实验室	依托单位
1	工业控制技术国家重点实验室	浙江大学
2	计算机辅助设计与图形学国家重点实验室	浙江大学
3	软件工程国家重点实验室	武汉大学
4	计算机软件新技术国家重点实验室	南京大学
5	信息安全国家重点实验室	中国科学院信息工程研究所
6	数字制造与装备技术国家重点实验室	华中科技大学
7	软件开发环境国家重点实验室	北京航空航天大学
8	虚拟现实技术与系统国家重点实验室	北京航空航天大学

工业和信息化部公布的 2019 年工业和信息化部重点实验室均与软件有一定的关联，专门针对软件相关技术建设的重点实验室有 12 个，占比超过 30%，2019 年软件领域的工业和信息化部重点实验室如表 8-2 所示。

表 8-2　2019 年软件领域的工业和信息化部重点实验室

序　　号	工业和信息化重点实验室	依托单位
1	大数据精准医疗实验室	北京航空航天大学
2	语言工程与认知计算实验室	北京理工大学
3	智能科技风险法律防控实验室	北京理工大学
4	交通信息融合与系统控制实验室	南京理工大学
5	软件融合应用与测试验证实验室	国家工业信息安全发展研究中心
6	人工智能场景化应用与智能系统测评实验室	中国电子信息产业发展研究院
7	新一代人工智能标准与应用实验室	中国电子技术标准化研究
8	工业装备质量大数据实验室	工业和信息化部电子第五研究所
9	网络安全技术与产业发展实验室	工业和信息化部网络安全产业发展中心
10	工业互联网平台安全技术与测评实验室	工业和信息化部威海电子信息技术综合研究中心
11	视听认知健康与智能影像分析评价实验室	杭州电子科技大学和中国电子技术标准化研究院
12	医学人工智能研究与验证实验室	首都医科大学附属北京同仁医院、中国信息通信研究院、清华大学

面向软件产业具体领域的相关基础性和前沿性技术，国家发展和改革委员会支持高校和科研院所基于大数据基础技术和应用技术组建了 12 个大数据领域的国家工程实验室，如表 8-3 所示。

表 8-3　大数据领域的国家工程实验室

序号	国家工程实验室
1	大数据系统计算技术国家工程实验室
2	大数据系统软件国家工程实验室
3	智慧城市设计仿真与可视化技术国家工程实验室
4	大数据分析技术国家工程实验室
5	教育大数据应用技术国家工程实验室
6	大数据协同安全技术国家工程实验室
7	城市精细化管理技术国家工程实验室
8	综合交通大数据应用技术国家工程实验室

续表

序号	国家工程实验室
9	空天地海一体化大数据应用技术国家工程实验室
10	社会安全风险感知与防控大数据应用国家工程实验室
11	医疗大数据应用技术国家工程实验室
12	工业大数据应用技术国家工程实验室

　　国家发展和改革委员会面向"十三五"战略部署的相关领域，依托中国科学院软件研究所建立"基础软件国家工程研究中心"，以支撑"十三五"战略部署领域的相关软件技术创新。此外，在国家发展和改革委员会的指导和支持下，由清华大学牵头，北京理工大学与中山大学、国防科学技术大学、腾讯、百度等学校和企业共同建立了大数据系统软件国家工程实验室，该实验室是承担我国大数据系统软件技术研发与工程化建设的唯一国家级创新平台。

8.2.2　产业型应用创新实验室

　　以企业为依托的产业型应用创新实验室主要有两种，一种是由大型跨国企业主导建立并允许中国相关企业参与的借助各国企业资源完善和强化自身优势的软件实验室；另一种由我国企业主导，为开发相关软件产品和提高企业技术竞争力而建立的软件实验室。下面以微软主导建立的人工智能和物联网实验室和华为主导建立的各类软件实验室为代表，对我国软件产业的两类以企业为依托的产业型应用创新实验室进行分析。

1. 微软

　　微软主导建立的人工智能和物联网实验室把企业在技术、服务、平台和资源方面的优势发挥得淋漓尽致，支持更多的企业和合作伙伴大力发展技术、市场和生态系统，为中国的软件开发者提供了资源丰富的研究和发展平台。2019 年 5 月，由微软、张江集团联合建立的人工智能和物联网实验室正式投入使用，创立初期便有 30 家企业入驻，每年可为 300 多家企业提供服务，有助于推动企业在金融、制造、医疗、零售、公共事务等领域实现数字化转型和深度融合，使企业将更多资源应用于物联网领域，推动人工智能和物联网的创新、研发和产业化，从而巩固自身的发展优势。

入选实验室的企业有主板上市企业、新三板挂牌企业、大型跨国企业、独角兽企业及准独角兽企业等，这些企业各具特色，业务覆盖多个领域，能够提高开发人员和数据科学家的研发效率，保证用户的数据安全，进而促使人工智能技术解决方案在各领域的大规模应用。首期赋能企业覆盖智能驾驶、语音交互、物联网、数据采集、机器人、人工智能和材料等发展方向。企业入驻实验室有助于行业应用场景与人工智能和物联网技术的融合，有利于企业突破技术瓶颈、享受智能制造的研发创新服务及利用实验室提供的软硬件资源；能够促使企业加入微软生态系统，与其他领域的企业实现资源联动。

2. 华为

从华为对实验室的研发投资可以看出，华为十分重视技术拓展和产品研发，其信心源于所储备的技术的多样性和领先性。华为面向各技术领域主导建立多类实验室并非"闭门造车"，其不仅面向新兴信息技术领域和其主要产品的基础支撑技术领域不断加强自有实验室建设，还先后与多家企业合作成立了联合实验室，以实现多维度的创新资源共享和全球创新主体优势互补。

在自有实验室建设方面，华为上海研究所拥有华为无线和终端的 8 个实验室，这些实验室通过了全球多项标准和运营商认证，保证实验室提供的报告可以得到各项国际标准的认可。此外，华为上海研究所的实验室投资金额非常高，最高达到 7000 万元，最低的也有 400 万元，而这只是软硬件投资成本，每年的运营成本和数千名工程师的研发经费更为惊人，这些实验室以保证华为终端设备和网络设备的技术领先性和全球应用品质为主要目的。作为华为的 AI 研究中心，诺亚方舟实验室的研究内容包括计算机视觉、自然语言处理、语音语义、决策推理、推荐搜索及 AI 基础理论等。诺亚方舟实验室致力于推动人工智能领域的技术创新和发展，并为华为的产品和服务提供支撑，研究成果丰硕。2020 年 5 月，诺亚方舟实验室的 3 项研究成果被人工智能领域的顶级会议 IJCAI 接收，这些成果是团队在高效强化学习研究方向的探索和研究成果，包括基于迁移学习的策略复用、对多模态示教数据和人类先验知识的合理利用等。

在联合实验室建设方面，为了实现企业间的资源共享和优势互补，华为先后与多家企业合作成立联合实验室。2020 年 3 月，华为与腾讯游戏合作成立联合实验室，双方在云游戏、移动云引擎等方面展开深度合作。2020 年 5 月，华为与科大讯飞合作成立联合创新实验室，双方依托各自的优势，在智慧出行、智慧办公和智慧教育等领域展开终端软件技术创新的深度合作，打造创新型全场景分布式体验，重新定义软件产品结构，惠及广大的终端用户、普通的技术开发者及第三方厂商。与单一终端体验相比，分布式技术与科大讯飞的智能技术和产品破除了不同智能终端之间的能力和数据壁垒，实现了设备的互联互助，保证用户需要的服务能够在不同设备间流转，为用户打造更多全场景创新体验。此外，华为与国网陕西省电力公司采用共同建设联合创新实验室的模式，在陕西省内就推进能源转型与信息技术深度融合展开合作，国网陕西省电力公司设备部、计量中心、营销部等相关部门与华为专业技术团队设立聚焦智能终端、基础应用软件、关键元器件的联合创新课题组，对新技术在营销方面的创新应用、全新的一体化智慧配电终端等展开研究。立足陕西，面向全国，确保研究成果可以有效解决业务部门面临的痛点、难点，促进电网数字化转型。联合创新实验室成立后，5G、云计算、大数据、人工智能、区块链等技术均可对实验室开放，双方积极沟通，保证各项计划落到实处。

8.3　软件产业联盟的建设与发展

随着 5G、人工智能、云计算、物联网、工业互联网等跨领域、跨专业的新兴信息技术的快速发展，软件产业相关创新技术的复杂度不断提高，软件技术创新对多领域、多学科、多专业创新资源的整合要求越来越高。产业联盟凭借其灵活的组织形式和运营方式及不受实体空间限制的整合能力，成为信息技术领域内各行业普遍采用的一种高效资源集聚模式。目前，我国为加强企业间合作、强化资源共享和优势互补，建立了多个软件产业联盟，主要包括面向软件产业整体的地方性产业联盟和面向软件产业细分领域的全国性产业联盟。

8.3.1 面向软件产业整体的地方性产业联盟

近年来，地方软件企业的实力大大提高，地方对软件产业的投资不断增加，出现了许多面向软件产业整体的地方性产业联盟，包括面向整个区域的"珠三角软件产业联盟"、面向全省的"智慧安徽软件产业联盟"、面向城市的"威海市软件和信息技术服务产业联盟"及面向区县的"宁波江北软件产业联盟"等。

"珠三角软件产业联盟"是面向整个区域的，由广东省信息中心等多家软件行业协会联合成立，联盟由珠三角和港澳地区专业组织、信息和软件行业协会，以及软件企业、研究机构等组成。联盟将咨询培训、市场推广、公共政策制定、信息交流服务等作为重点业务，为其提供多项支持；同时，整合珠三角软件资源，建立互惠机制，形成良性竞争，实现优势互补，不断提高产业质量和水平，推动海内外软件技术的创新和软件服务市场的发展。

"智慧安徽软件产业联盟"和"威海市软件和信息技术服务产业联盟"是面向省市的。"智慧安徽软件产业联盟"以打造安徽软件产业品牌为目的，整合科大讯飞、四创电子等安徽省优秀软件企业，为全省智慧软件的创新资源整合、需求与供给信息共享、市场风险预测与防控等提供了重要支持。"威海市软件和信息技术服务产业联盟"由威海赛宝研究院、北洋电气、科润、哈尔滨工业大学（威海）和山东大学（威海）等 30 家威海当地高等院校和企事业单位发起成立，以维护会员的合法权益为根本目标。对内，产业联盟充分发挥它的桥梁作用和纽带功能，搭建技术交流和信息共享平台，有效提高了威海市的软件管理水平，营造了公平竞争和协同发展环境，促进了威海市软件和信息技术服务业的发展。对外，产业联盟促进了内部和外部企业的经济技术合作和人才交流，优化了威海市软件和信息技术服务业的发展环境，促进了产业结构升级。

"宁波江北软件产业联盟"是面向区县的，"宁波江北软件产业联盟"由 39 家企业组成，联盟成员不仅有软件和信息技术服务业企业，还有 10 多家制造业企业，形成了软件信息全产业链生态圈。"宁波江北软件产业联盟"整合了宁波及长三角地区的软件和信息技术服务业的供求信息，不仅帮助本地软件企业开拓市场，还为制造企业提供软件服务，提高了企业的信息化、智能化水平。"宁波江北软件产业联盟"集聚了软件产品与服务的研究者、制造者和使用者,是该地区软件和信息技术服务业的吸金石、代言人和催化剂。

8.3.2　面向软件产业细分领域的全国性产业联盟

我国面向软件产业细分领域建立了多个全国性产业联盟,包括聚焦人工智能、云计算、大数据等新兴领域的全国性产业联盟,如中关村大数据产业联盟、中国智能终端操作系统产业联盟、中国云计算技术与产业联盟等,以及聚焦工业软件、基础软件等薄弱领域的全国性产业联盟,如中国汽车电子基础软件自主研发与产业化联盟、中国工业技术软件化产业联盟等。

在聚焦新兴领域的全国性产业联盟中,中关村大数据产业联盟的影响力较大。2012年 12 月,中关村大数据产业联盟成立,致力于推动大数据发展,针对不同的服务主体,提出了"联盟三论",创造性地提出了"智库、传播、资本"的三位一体模式。联盟相继开展了技术研发、咨询培训、会展服务、资本运作等工作,积累了各界资源,吸纳了一批大数据创新团队和企业。

在中关村大数据产业联盟中,企业、机构形成了虚拟产业集群,建立了动态化、网络化架构。联盟不是同类企业的简单叠加,而是大数据龙头企业和其他专业化企业和机构的有机结合。它们在地理上有集中也有分散,形成了虚拟产业集群。联盟基于大数据技术、人才、资金的协同创新进行价值交换,形成了"集聚—竞争—合作—学习—创新"的动态网络化产业组织。

中关村大数据产业联盟的"智库""星系"能够有效优化外部环境,形成生态化运营平台。联盟面向资本、政府、企业和学术机构等主体,"智库"组织模式和"星系"传播途径有效改善了大数据企业赖以生存的环境,形成了"孵化地"和"智囊团"叠加的生态化大数据资源运营平台。基于企业在创新联盟中扮演的角色,采用企业主导型产业技术创新模式有利于联盟的发展。

在聚焦薄弱领域的全国性产业联盟中,中国工业技术软件化产业联盟、中国汽车电子基础软件自主研发与产业化联盟等比较有代表性。中国工业技术软件化产业联盟是在工业和信息化部的指导下，由工业和信息化部电子第五研究所、中国信息通信研究院、中国工程物理研究院、中国科学院科技战略咨询研究院、中国经济研究院、中国电子技术标准化研究院、中国科学院沈阳自动化研究所、北京索为系统技术股份有限公司、中国船舶重工集团公司、中国电子科技集团公司、中国船舶工业集团公司、中国工程院战略咨询中心、国家工业信息安全发展研究中心、中国机械工程学会等一批科研院所、龙头院校、行业企业及用户单位、第三方机构共同发起成立的全国性产业联盟。中国工业技术软件化产业联盟在推动工业技术与软件深度融合、加快工业技术软件化进程、推动工业转型升级、实现工业互联网 App 高质量发展等方面具有重要作用。在工业软件高壁垒、多禁区的竞争形势下，工业软件的新形态——工业 App 为我国打开了通往新工业化道路的出口，使我国多了一个"换道超车"的途径。联盟要抓住这个历史机遇，高度重视工业互联网带来的以工业 App 为代表的工业软件发展契机，大力建设和发展工业互联网，补齐工业软件短板，把工业 App 建设推向高潮。

中国汽车电子基础软件自主研发与产业化联盟由中国第一汽车集团公司、重庆长安汽车股份有限公司、普华基础软件股份有限公司、上海汽车集团股份有限公司等 20 家单位共同发起成立，成员包括自主整车制造企业、汽车电子研发单位、汽车电子厂商、高等院校和科研院所等。该联盟推进我国汽车电子基础软件的应用不断深入，提高了汽车电子的现代化和国产化水平，打破了国际厂商的技术垄断，推动形成了新的自主技术和产业价值链体系。中国汽车电子基础软件自主研发与产业化联盟通过出台国产汽车电子基础软件规范，推动形成了新的汽车电子软件产业链；通过研发符合中国应用特点的汽车电子基础软件，推动了产业化工作进程，满足了产业内整车制造企业和零部件厂商在技术上的自主研发需求，提高了国产汽车电子核心技术领域的竞争力；通过积极开展培训，推广研究成果，培养高级人才。

8.4　软件产业价值评估体系建设

我国需要培养合理、完善的软件产业价值评估体系，解决软件产业突围难题，优化软件生态，促进产业迈上新台阶，助力制造强国建设。软件产业价值评估体系建设对于我国软件和信息技术服务业及国民经济的发展来说具有重要的现实和战略意义。

8.4.1 软件价值评估对促进产业发展具有重要意义

1. 有助于提高国产软件在我国制造业转型升级中的价值和地位

随着"互联网+智能制造"政策的实施，软件的地位和重要性更加突出。如果在市场的发展环境中缺乏有效的价值评估手段，则软件企业的发展将长期面临产品价值难以得到市场的准确认可的局面，国产软件企业将难以跟上我国传统产业的转型升级步伐[14]。准确评估软件产品的价值，有助于我国软件企业摆脱产业生态乱象，提高高端产品供给能力，形成核心竞争力。

2. 有助于优化我国的软件创新生态以减少恶性价格战与模式战

由于前期缺乏系统的成本估算规范，在各行业信息化项目的具体实施过程中，甲方、乙方、第三方的估算存在较大差异，业内常常出现定价无序等情况。因此，亟须建立标准统一的估算模型，以支撑甲方预算，使预算审批、招投标评价、变更控制有据可依，助力乙方科学合理地配置资源和控制研发成本。

3. 有助于优化行业管理手段以促进数据应用及软件技术发展

实施软件成本度量和价值评估离不开数据的收集、分析和应用。打造相关公共服务平台有助于形成自主可控的软件企业内部数据库，指导软件产业的科学决策和管理，解决当前行政管理手段不足的问题。

8.4.2 完善我国软件价值评估体系的成效显著

2018 年 12 月，《软件研发成本度量规范》（SJ/T 11463—2013）正式升级为国家标准《软件工程 软件开发成本度量规范》（GB/T 36964—2018），确立了我国软件价值评估体系的建设基石。在该标准的基础上，我国软件价值评估体系在标准推广、人才培养、基础数据建设等方面不断完善并取得了显著成效。

1. 软件价值评估基础数据建设

软件价值评估基础数据建设是软件价值评估的基础，软件价值评估基础数据的体量和质量在一定程度上决定了软件价值评估的准确性和合理性。软件价值评估基础数据是建立市场导向软件价值评估的必要条件。北京软件造价评估技术创新联盟由北京科信深度科技有限公司、北京中基数联科技有限公司、神州数码信息服务股份有限公司、中国科学院软件研究所等30家企业和科研院所共同成立，是我国第一个具备法律实体的、专门研究与推广软件造价评估技术的组织，该联盟建设并维护国内唯一的行业级软件成本基准数据库。截至2018年10月，数据库拥有14615套数据，覆盖了金融、电子政务、能源、电信等领域。数据分析结果表明，联盟每年公布的生产率、人员费率、工作量占比、缺陷密度等行业基准数据满足了各方的需求。为解决我国软件产业发展和信息化推进过程中遇到的软件成本和造价度量难题，联盟在国家和地方相关部门的指导下，研制软件开发费用、软件运维费用测算标准，并编写相关实施指南，推进标准在各行业的应用。此外，赛宝认证中心拥有三大基础资源和能力：行业级软件基准数据库、基于基准数据的软件项目成本评估技术和软件成本度量标准体系，帮助软件企业解决在软件项目工作量、规模、工期和成本估算等方面的突出问题。

2. 软件价值评估标准推广

2013年发布的《软件研发成本度量规范》（SJ/T 11463—2013）是国家标准《软件工程 软件开发成本度量规范》（GB/T 36964—2018）的基础，已广泛应用于各领域并取得了很好的效果，尤其在军队、电子政务、金融、制造、能源、通信、交通等领域，根据该标准进行软件开发项目成本评估并实施管理的单位数量持续增加。为了实施和推广《软件研发成本度量规范》（SJ/T 11463—2013），中国电子技术标准化研究院于2017年组织出版了《软件成本度量标准实施指南》，对规范的内容进行了解读，结合不同场景和角色给出了细节上的标准应用差异，并介绍了典型的应用案例。

2018年12月，《软件工程 软件开发成本度量规范》（GB/T 36964—2018）国家标准正式批准发布，在中国电子技术标准化研究院的指导下，北京软件造价评估技术创新联盟联合多家企业在京津冀等地区举办了《软件工程 软件开发成本度量规范》宣贯会，推动了国家标准的实施。

3. 软件价值评估人才培养

北京软件造价评估技术创新联盟通过加强对相关专业人才的培养，不断推动国家标准的有效实施，在《软件工程 软件开发成本度量规范》（GB/T 36964—2018）国家标准正式批准发布后，联盟快速完成了软件工程造价师、软件工程造价评估专家系列认证培训课件的同步更新，为国家标准的落地提供了人力资本。

8.4.3 我国软件价值评估体系仍存在改善空间

软件是一种"无形资产"，缺乏科学的成本估算、定价标准、评价方法将对产业的健康和合理发展产生负面影响。当前，我国软件价值评估体系仍存在改善空间。

现有软件价值评估体系主要基于软件代码数量、功能点数量及市场应用的潜在流量等量化指标进行价值评估，仅通过工作量或市场及资本的偏好来衡量软件价值，难以充分考虑到软件的创新性、原生性、基础性等有利于我国软件产业向价值链中高端迈进的重要因素。在这种情况下，国内资本投资更易流入周期短、变现快的消费互联网应用领域，而能够有效支撑软件生态体系建设和软件产业升级的创新性、原生性、基础性技术研发则无法获得足够的资本支持。整个软件产业容易陷入企业利润率低、研发投资不足、产品质量差的恶性循环。

软件的研发具有高度的综合性和复杂性，是一种需要大量资金和高科技人力资本的产品。专业性成本估算、造价标准和方法的欠缺，使我国出现软件实际价值与市场价格不匹配的现象，导致软件项目招标金额被压低。因此，需要进一步打通软件价值与市场价格的映射通道，最大限度地弱化脱节与扭曲效应。

第 9 章

我国软件产业标准的建设情况

随着人工智能、云计算、大数据等新兴信息技术的不断成熟及向各行业的渗透，软件的应用场景不断丰富、应用边界不断拓宽，相关标准在软件产业健康发展、技术演进路径聚焦、行业技术与资源有效对接等方面扮演着越来越重要的角色[15]。近年来，我国软件产业相关标准在修订、应用、实施等方面已取得许多优秀成果，新兴技术领域相关标准的制定也处于积极探索与推进过程中，为软件产业的高质量发展提供了重要支撑。

9.1 信息技术服务标准

信息技术服务标准（Information Technology Service Standards，ITSS）是在工业和信息化部、国家标准化管理委员会的领导和支持下，由 ITSS 工作组于 2009 年研制出的一套成体系和综合配套的标准，全面规范了 IT 服务产品及其组成要素，用于指导实施标准化和可信赖的 IT 服务。

1. 信息技术服务标准概述

ITSS 集成了从基础评价、管理控制，到咨询、集成实施、运维等围绕信息技术服务的系列标准，实现了基础、管理、应用的立体化体系融合。ITSS 核心要素在信息技术服务的各层面得到充分、有力的表述和应用，使能力体系建设贯穿信息技术服务的各部分，推动了信息技术服务的体系化运营，便于企业在使用标准的不同部分时，能够进行有效统一和整合。在建设时应遵循统筹安排原则、集中规划原则、全员参与原则、管理层支持原则和持续改进原则。

ITSS 的建设充分体现了质量管理原理和过程改进方法的精髓，ITSS 的组成要素和生命周期如图 9-1 所示。

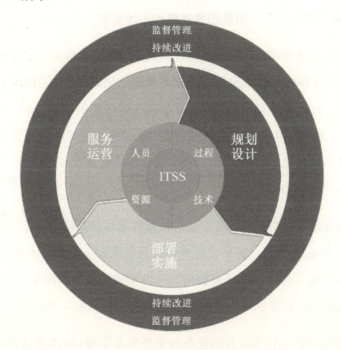

图 9-1　ITSS 的组成要素和生命周期

ITSS 定义了 IT 服务的组成要素，即人员（People）、过程（Process）、技术（Technology）和资源（Resource），简称 PPTR。其中，人员指提供 IT 服务所需的人员，对这些人员的知识、经验和技能具有一定的要求；过程指通过合理利用资源，在提供 IT 服务时将输入转化为输出的一组相互关联的活动；技术指提供满足要求的 IT 服务应当使用的技术或应当具备的能力；资源指提供 IT 服务所依存和产生的有形及无形资产。

ITSS 的生命周期由规划设计（Planning&Design）、部署实施（Implementing）、服务运营（Operation）、持续改进（Improvement）和监督管理（Supervision）5 个阶段组成，简称 PIOIS。其中，规划设计以客户需求为中心，参照 ITSS 对 IT 服务进行全面系统的规划和设计，以确保 IT 服务能够满足客户需求；部署实施在规划设计的基础上建立管理体系、部署专用工具及提供服务方案；服务运营基于服务部署情况和过程管理方法，全面管理人员、过程、技术和资源，实现 IT 服务与业务运营的有机融合；持续改善根据服务运营的实际情况，定期评价 IT 服务的运营情况，发现 IT 服务的缺陷，提出改进方案并重新进入规划设计和部署实施阶段，以提高服务质量；监督管理主要依据 ITSS 对 IT 服务质量进行评价，监督并评估服务提供方的服务过程和交付结果。

2. "ITSS 体系框架 4.0+" 聚焦国家战略和市场需求

2015 年，ITSS 4.0 发布后，各国着力发展人工智能、大数据、工业互联网等新兴产业，在为全球的软件和信息技术服务业带来新机遇的同时，也对其提出了更高的要求并带来了许多挑战。为贯彻落实国务院深化标准化工作改革的相关要求，更好地实现互联网、大数据、人工智能和实体经济的深度融合，支撑我国软件和信息技术服务业的高质量发展，在工业和信息化部的指导下，ITSS 工作组反复迭代服务标准，于 2019 年正式发布 "ITSS 体系框架 4.0+"。

"ITSS 体系框架 4.0+" 强调了国家战略和市场需求的双轮驱动作用，明确了标准体系的服务对象和产业驱动力，满足了软件和信息技术服务业在技术创新和业务转型方面的现实需求，实现了标准体系从离散型应用向集成化应用的转型。"ITSS 体系框架 4.0+" 包括基础标准、支撑标准、供给侧标准和需求侧标准 4 个主体，如图 9-2 所示。

基础标准阐述了信息技术服务的业务分类和服务原理、成本度量要求、质量评价方法、工具要求和从业人员要求等。

支撑标准主要覆盖服务外包和服务管控领域。服务外包规定了组织通过外包形式获取服务时，应采取的业务和实施的管理措施；服务管控规定了对组织自身提供服务时，需要遵守的管理、监督和安全标准。

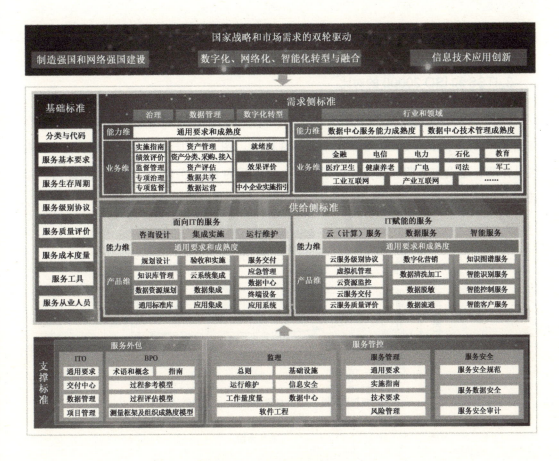

图 9-2 ITSS 体系框架 4.0+

供给侧标准通过支撑客户业务或客户提供的信息技术服务来满足自身业务的组织需求。按业务类型可将供给侧标准分为面向 IT 的服务标准和 IT 赋能的服务标准；按供给侧特征和标准编写结构可将供给侧标准分为能力维标准和产品维标准，能力维标准是约束各标准的通用要求，产品维标准则规划各标准的业务特点和应用领域。供给侧标准特别提出了在新一代信息技术下，供给侧服务在 IT 赋能业务层面需要优化的技术领域，将云（计算）服务、智能服务和数据服务作为重点突破方向。

需求侧标准通过提供采购服务或使客户自行开展信息技术服务来满足自身业务的组织需求。按业务类型可将需求侧标准分为治理、数据管理、数字化转型标准及行业和领域标准。需求侧组织在治理自身的服务业务时，基于信息技术服务实现业务的数字化转型，建立开展行业业务时需要的服务标准体系。按需求侧特征和标准编写结构可将需求侧标准分为能力维标准和业务维标准，能力维标准是约束各标准的通用要求，业务维标准则规划各标准的业务特点和应用领域。

3. ITSS 和 ISO 20000 的对比

ITSS 和 ISO 20000 均为信息技术服务相关标准，但两者的覆盖范围和适用对象存在差异，ITSS 和 ISO 20000 的对比如图 9-3 所示。图 9-3 的横坐标为 IT 生命期，由规划设计期、建设实施期和运行维护期组成；纵坐标为 IT 服务能力，包括人员能力、管理能力和技术能力。

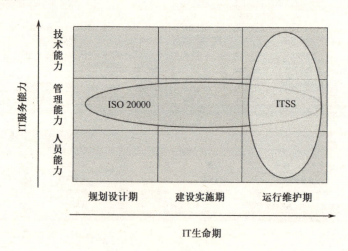

图 9-3　ITSS 和 ISO 20000 的对比

ITSS 是一套成体系和综合配套的信息技术服务国家标准，规范了 IT 服务的产品内涵及组成要素，用于提供可信赖的标准化 IT 服务。从国内运维服务业的发展情况来看，ITSS 关注 IT 运维的综合服务能力要求，从而规范 IT 运维服务市场，提升 IT 运维人员能力、管理水平和技术水平。ITSS 适用于中国境内提供 IT 服务、需要 IT 服务或从事 IT 服务技术研发和理论研究的组织或个人，从理论上讲，适用于各行业，涉及面非常广。

ISO 20000 是一项国际标准，提供了评估 IT 服务管理流程的基本原则。该标准是一套全面、紧密的服务管理流程。因为各国家、各区域之间存在较大差异，所以可以从共同点较多的过程要素着手进行规范，并通过规范服务管理过程来提升 IT 服务管理能力，但 ISO 20000 仅规范了管理流程，而没有规范适用于提供外包 IT 服务的企业、希望所有 IT 服务供应商均采用相同方法的企业，以及希望设定 IT 服务管理基准的供应商的技术流程。

综上所述，ITSS 和 ISO 20000 的差异主要在于，ISO 20000 关注服务流程，ITSS 则更关注提供完整的信息技术服务方法。如果没有合适的服务人员、高超的服务技术、充足的技术资源，即使有完善的服务流程，也难以提供优质的服务。因此，两者虽然存在差异，但互为补充，只有将其融合才能推动我国软件产业的创新高效发展与标准化发展。

9.2　非结构化操作置标语言

非结构化操作置标语言（Unstructured Operation Markup Language，UOML）由中国电子工业标准化技术协会的文档库技术标准工作委员会制定，定义了电子文档的读写接口标准，是全球首个对电子文档的读写接口进行规范的标准。

1. 非结构化操作置标语言概述

UOML 打破了文档存储格式的限制，使得不同格式的文档能够在不同软件中使用，满足了多种文档的跨设备检索和查阅，实现了无纸化办公。UOML 最核心的思想是任何格式的文档，只要可以打印，就可以通过虚拟打印转换为 UOML 文档，任何支持 UOML 的软件都能打开文档并对其进行编辑和处理。2008 年，结构化信息标准促进组织批准 UOML 为国际标准，UOML 成为中国软件产业的首个国际标准，对于保障中国的信息安全来说至关重要。

2. UOML 标准的应用与推广

标准成功的关键是实现产业化。UOML 标准一经推出，就在国内获得了众多厂商的支持，汉王、书生、TRS、红旗 2000、紫光等厂商均推出了支持 UOML 标准的软件及应用方案。在其被确立为 OASIS 国际标准后，我国继续申请以使其成为 ISO 国际标准。

当前，UOML 标准的大规模市场化应用仍面临许多障碍。因为 UOML 标准并不是强制化标准，各软件厂商为了满足自身的利益而有不同的考虑，所以 UOML 标准未能得到各厂商的大力支持，未能实现大规模应用。另外，UOML 标准并不完全适用于云端化、移动化等新的发展趋势，我国应及时推出新型文档结构与接口标准，并抓住技术换挡期机遇实现规模化应用。

3. UOML 标准和 UOF 的对比

"标文通"（UOF）是电子文档格式标准，其规定了文档的存储格式，是最常用的格式标准。UOF 于 2007 年正式发布实施，红旗 2000、中标、永中、新华、共创、金山等国内办公软件企业均支持 UOF。与 UOF 相比，UOML 标准并不规范存储格式，它是一个文档接口标准，支持包括 UOF 在内的多种文档格式。UOF 和 UOML 标准是针对不同规范对象的不同层次的标准，两者互相支持、互为补充。

UOF 在国际及国内市场中面临激烈的竞争，如需要与迄今为止几乎垄断了电子文档格式的微软标准（如.doc、.xls 等）竞争，但 UOF 的实施与推广能够有效促进国产办公软件的发展，并防止该领域的全面外部垄断化。目前，在国际上还没有出现 UOML 标准的同类标准，掌握并推广这一标准有助于我国真正拥有信息资源话语权，对于提高我国的信息安全保障能力来说至关重要。

9.3　软件测试相关标准

软件测试的本质是鉴定软件的完整性、正确性、安全性和质量的过程，即在规定的条件下对程序进行操作，以发现程序中存在的问题，并判断软件质量和评估其是否满足设计要求。软件测试是软件产业创新提质增效的重要环节。我国软件测试相关标准主要有软件测试基础标准、软件测试文档标准、软件测试行为标准和软件测试管理标准。

1. 软件测试基础标准

软件测试基础标准主要对软件测试过程中涉及的概念和基础知识进行规范，以确保整个行业用同一种"语言"进行沟通，我国软件测试基础标准主要有《信息技术 软件工程术语》（GB/T 11457—2006）。

2. 软件测试文档标准

软件测试文档标准是对软件测试过程中涉及的文档的约束和统一，与软件测试基础标准对应，软件测试文档标准是保障测试过程中"语法"统一的基础，我国软件测试文档标准主要有 GB/T 8567—2006、GB/T 9386—2008 和 GB/T 18905.6—2002，如表 9-1 所示。

表 9-1　软件测试文档标准

标准编号	具体规范
GB/T 8567—2006	计算机软件文档编制规范
GB/T 9386—2008	计算机软件测试文档编制规范
GB/T 18905.6—2002	软件工程 产品评价 第 6 部分：评价模块的文档编制

3. 软件测试行为标准

软件测试行为标准是软件测试标准的主体，其规范对象主要是测试过程中的各类行为活动。软件测试行为标准不仅对软件测试的测试规范、测试方法等进行了约束，还对系统效率、可维护性、可移植性、可靠性、一致性、产品的评估与评价等进行了约束。软件测试行为标准如表 9-2 所示。

表 9-2　软件测试行为标准

类别	标准编号	具体规范
测试规范	GB/T 15532—2008	计算机软件测试规范
	GB/T 28172—2011	嵌入式软件质量保证要求
	GB/T 26856—2011	中文办公软件基本要求及符合性测试规范
	GB/T 37715—2019	公安物联网基础平台与应用系统软件测试规范
	GB/T 37096—2018	信息安全技术 办公信息系统安全测试规范
	GB/T 33447—2016	地理信息系统软件测试规范
测试方法	GB/T 17548—2008	信息技术 POSIX 标准符合性的测试方法规范和测试方法实现的要求和指南
	GB/T 29831.3—2013	系统与软件功能性 第 3 部分：测试方法
	GB/T 36456.3—2018	面向工程领域的共享信息模型 第 3 部分：测试方法
	GB/T 33783—2017	可编程逻辑器件软件测试指南
测试方法	GB/T 38258—2019	信息技术 虚拟现实应用软件基本要求和测试方法
	GB/T 18491.3—2010	信息技术 软件测量 功能规模测量 第 3 部分：功能规模测量方法的验证
	GB/T 18491.4—2010	信息技术 软件测量 功能规模测量 第 4 部分：基准模型

续表

类别	标准编号	具体规范
系统效率	GB/T 29835.3—2013	系统与软件效率 第3部分：测试方法
可维护性	GB/T 29834.3—2013	系统与软件维护性 第3部分：测试方法
可移植性	GB/T 29833.3—2013	系统与软件可移植性 第3部分：测试方法
可靠性	GB/T 28171—2011	嵌入式软件可靠性测试方法
	GB/T 29832.2—2013	系统与软件可靠性 第2部分：度量方法
	GB/T 29832.3—2013	系统与软件可靠性 第3部分：测试方法
一致性	GB/T 17555—1998	信息技术 计算机图形与图像处理 图形标准实现的一致性测试
	GB/T 17679—1999	CAD电子文件光盘存储归档一致性测试
	GB/T 19333.5—2003	地理信息 一致性与测试
	GB/T 19902.4—2010	工业自动化系统与集成 制造软件互操作性能力建规 第4部分：一致性测试方法、判则及报告
产品的评估与评价	GB/T 18905.4—2002	软件工程 产品评价 第4部分：需方用的过程
	GB/T 18905.5—2002	软件工程 产品评价 第5部分：评价者用的过程

4. 软件测试管理标准

软件测试管理标准主要对软件测试过程中的相关活动进行规范，我国可执行的软件测试管理标准主要聚焦自动化测试管理领域，包括对测试机构能力、从业人员能力、测试成本度量等的定量评价标准。软件测试管理标准如表9-3所示。

表9-3　软件测试管理标准

标准编号	具体规范
GB/T 30264.1—2013	软件工程 自动化测试能力 第1部分：测试机构能力等级模型
GB/T 30264.2—2013	软件工程 自动化测试能力 第2部分：从业人员能力等级模型
GB/T 32911—2016	软件测试成本度量规范

9.4　软件评估相关标准

1. 软件质量评估相关标准

我国软件质量评估标准主要包括GB/T 16260系列标准和GB/T 25000系列标准。因为

GB/T 16260 系列中的 3 个现行标准于 2020 年 3 月 1 日被 25000.22 和 GB/T 25000.23 代替，所以 GB/T 25000 系列标准是我国软件测试实验室最常用的标准。软件质量评估相关标准如表 9-4 所示。

表 9-4　软件质量评估相关标准

标准系列	标准编号	具体规范
16260 系列	GB/T 16260.2—2006	软件工程 产品质量 第 2 部分：外部度量
	GB/T 16260.3—2006	软件工程 产品质量 第 3 部分：内部度量
	GB/T 16260.4—2006	软件工程 产品质量 第 4 部分：使用质量的度量
25000 系列	GB/T 25000.21—2019	系统与软件工程 系统与软件质量要求和评价（SQuaRE）第 21 部分：质量测度元素
	GB/T 25000.22—2019	系统与软件工程 系统与软件质量要求和评价（SQuaRE）第 22 部分：使用质量测量
	GB/T 25000.23—2019	系统与软件工程 系统与软件质量要求和评价（SQuaRE）第 23 部分：系统与软件产品质量测量
	GB/T 25000.51—2016	系统与软件工程 系统与软件质量要求和评价（SQuaRE）第 51 部分：就绪可用软件产品（RUSP）的质量要求和测试细则

2. 软件价值评估相关标准

2013 年，我国出台了《软件研发成本度量规范》（SJ/T 11463—2013）。常见的软件成本度量方法有代码行评估法、功能点评估法、专家评估法和类比评估法等，《软件研发成本度量规范》（SJ/T 11463—2013）主要使用功能点评估法对软件项目功能进行评估，并提供软件开发成本估算的基本技术思路与运作模型。

近年来，《软件研发成本度量规范》（SJ/T 11463—2013）的实施和推广已取得显著成效。2018 年 12 月，该规范正式升级为国家标准《软件工程 软件开发成本度量规范》（GB/T 36964—2018），该标准已成为我国软件产业推进成本度量与价值评估工作的基础性指导标准。同时，其他更为详细且具有针对性的软件价值评估相关标准也在紧锣密鼓的建设中。

9.5 新兴信息技术标准

9.5.1 云计算标准

1. 云计算标准建设在国际标准化工作中占有一席之地

以 ISO/IEC JTC1、DMTF、ITU-T、SNIA、OASIS、CSA 为代表的国外标准化组织和协会从多维度出发推动云计算标准建设。云计算基础标准和通用法则建设的主要目标是形成云计算基础共性准则，如云计算术语、云计算标准化指南、云计算基本参考模型等。ITU-T SG13 和 ISO/IEC JTC1 SC38 成立联合工作组（CT）以研究制定云计算参考架构和云计算术语两项标准，规范云计算术语，明晰基本概念、利益相关者群体、基本的云计算活动和组件，以及云计算活动和云计算组件的内部与外部联系，建立技术中立的参照系，从而更好地定义云计算标准。资源标准从云计算中用户最关心的数据锁定和供应商锁定、资源按需供应、分布式海量数据储存和管理等问题出发，以建立高效稳定、互连互通的云计算环境为目标，规范了基础架构层、平台层和应用层的核心技术和相关产品。DMTF 和 SNIA 先后在 IaaS 层开展标准化工作，而 OASIS 则从 PaaS 层出发开展标准化工作。服务标准的建设基于云服务生命周期管理的各阶段，涵盖服务级别协议、服务交付、服务计量、服务质量、服务采购、服务管理、服务运维和运营等云服务相关工作，服务标准包括云服务级别协议规范、云服务通用要求、云服务质量评价指南、云服务采购规范、云运维服务规范等。目前，以 NIST、CSCC、ISO/IEC JTC1 SC38 为代表的协会和组织正在研制云服务水平协议（SLA）相关标准。安全标准主要关注跨云的身份鉴别、数据的存储安全和传输安全、安全审计、访问控制等内容。CSA、CSCC、ISO/IEC JTC1 SC27、ENISA 从多维度出发研制云安全指南和标准。

2. 我国基本形成云计算标准化体系

2013 年，工业和信息化部从我国云计算生态系统中的产品和技术、服务和应用等核心要素及贯穿整个生态系统的云安全问题出发，结合国内外云计算发展趋势，编制了《云计算综合标准化体系建设指南》，该指南包括"云基础""云资源""云安全""云服务" 4 个方面的内容，针对服务质量保证、应用和数据迁移、信息安全和隐私保护、供应商绑定等问题确定了 29 个标准研制方向。目前，云计算领域有 32 项国家标准研制任务，涵盖云计算基础、服务、资源等方面。在骨干企业和第三方测试机构的支持下，相关国家、行业、团体以用户需求为导向，关注技术、人员、资源、过程等云计算服务要素，构建了测评指标体系，开展了云计算服务可信度和能力测评工作，并激励云计算企业保证服务质量、提升服务水平。云计算的应用范围不断扩大，已经延伸到教育、工业、金融、交通、生活服务、医疗等领域，最大限度地服务于实体经济，成为企业实现数字化转型的关键技术。

3. 开展下一代云计算标准化工作刻不容缓

2013 年以来，党中央、国务院高度重视云计算相关产业的发展，出台了《关于促进云计算创新发展培育信息产业新业态的意见》《推动企业上云实施指南（2018—2020年）》《云计算发展三年行动计划（2017—2019 年）》等一系列政策，推动了云计算技术和服务创新，云计算与大数据、移动互联网融合，以及云计算在国民经济主要领域的落地实施。通过推进"百万企业上云"，云计算将获得新的发展机遇。目前，实体经济正加速向网络化、智能化、数字化转型，云计算与边缘计算、人工智能、5G 通信、区块链等信息技术融合，发展环境泛在化、社会化、场景化、智能化特征凸出，加速了融合应用的发展，发展模式将发生变革。通过技术的深度融合，打造安全可靠、智能化、资源利用率高、边缘服务能力强的云计算基础设施解决方案，降低信息基础设施的使用成本，提升信息基础设施的社会服务能力，促进产业发展。

9.5.2　区块链标准

1. 区块链标准研制加快

2016 年以来，ISO、IEEE、ITU-T 等组织加快研制区块链标准，在组织建设、重点标准研制等方面取得了一系列成果。2016 年 9 月，国际标准化组织（ISO）设立了区块链和分布式记账技术标准化技术委员会（ISO/TC 307）。该组织制定区块链和分布式记账技术领域的国际标准，并与其他国际性组织合作研究该领域的标准化工作中存在的问题。截至 2018 年 12 月，ISO/TC 307 已经建立了 4 个工作组（安全、隐私和身份工作组，基础工作组，治理工作组，智能合约及其应用工作组）、2 个研究组（互操作研究组和用例研究组），以及 1 个联合工作组。2017 年下半年，ISO/TC 307 开始加快研制安全、基础、智能合约、隐私保护等重点标准项目。截至 2018 年 12 月，术语、参考架构、分类和本体等 11 项国际标准项目已正式立项，并进入制定阶段，如表 9-5 所示。这些国际标准项目的实施有助于打通不同国家、行业和系统之间的认知和技术屏障，防控应用风险，为全球区块链技术和应用的发展提供重要的标准化依据。

表 9-5　截至 2018 年 12 月已正式立项的国际标准项目

标准编号	标准的英文名称	标准的中文名称	标准类别
ISO/CD 22739	Blockchain and distributed ledger technologies — Terminology	区块链和分布式记账技术——术语	国际标准
ISO/NP TR 23244	Blockchain and distributed ledger technologies — Overview of privacy and personally identifiable information (PII) protection	区块链和分布式记账技术——隐私和个人可识别信息（PII）保护概述	技术报告
ISO/NP TR 23245	Blockchain and distributed ledger technologies — Security risks and vulnerabilities	区块链和分布式记账技术——安全风险和漏洞	技术报告
ISO/NP TR 23246	Blockchain and distributed ledger technologies — Overview of identity management using blockchain and distributed ledger technologies	区块链和分布式记账技术——用区块链和分布式记账技术的身份管理概览	技术报告
ISO/CD 23257	Blockchain and distributed ledger technologies — Reference architecture	区块链和分布式记账技术——参考架构	国际标准
ISO/AWI TS 23258	Blockchain and distributed ledger technologies — Taxonomy and Ontology	区块链和分布式记账技术——分类和本体	技术规范
ISO/AWI TS 23259	Blockchain and distributed ledger technologies — Legally binding smart contracts	区块链和分布式记账技术——有法律约束力的智能合约	技术规范
ISO/NP TR 23455	Blockchain and distributed ledger technologies — Overview of and interactions between smart contracts in blockchain and distributed ledger technology systems	区块链和分布式记账技术——区块链和分布式记账技术系统中智能合约的交互概述	技术报告
ISO/NP TR 23576	Blockchain and distributed ledger technologies — Security of digital asset custodians	区块链和分布式记账技术——数字资产托管的安全	技术报告

标准编号	标准的英文名称	标准的中文名称	标准类别
ISO/NP TR 23578	Blockchain and distributed ledger technologies — Discovery issues related to interoperability	区块链和分布式记账技术——发现与互操作相关的问题	技术报告
ISO/NP TS 23635	Blockchain and distributed ledger technologies — Guidelines for governance	区块链和分布式记账技术——治理导则	技术规范

2. 国内标准化工作初见成效

《中国区块链技术和应用发展白皮书（2016）》构建了我国区块链标准体系框架，提出了基础、业务和应用、过程和方法、信息安全、可信和互操作5类标准，初步确立了21个标准化重点方向。2017年，区块链标准体系框架写入《软件和信息技术服务业"十三五"技术标准体系建设方案》，指导了国内区块链标准化工作。2016年以来，国内标准化组织和相关机构以"急用先行、成熟先上"为原则，采用团体标准先行，带动国家标准、行业标准研制的总体思路，加快研制区块链重点标准，在参考架构、数据、安全与隐私保护等方面取得了一定的成效。在工业和信息化部的引导下，国内相关产业组织纷纷出台《区块链　数据格式规范》《区块链　参考架构》《区块链　隐私保护规范》《区块链　存证应用指南》《区块链　智能合约实施规范》等团体标准，其中《区块链　参考架构》团体标准已转化为国家标准。从整体上看，我国区块链领域的国家标准和行业标准还处于发展初期，仅有少量的基础性标准立项。

3. 技术标准化是提升产品和服务质量的保障

当前，区块链技术处于发展初期，还没有在全球范围内达成技术共识，在一定程度上加剧了行业发展的碎片化现象。此外，区块链应用开发和部署工作缺乏标准化指引和互操作性、技术可靠性、操作安全性方面的评估准则，制约了区块链产品质量和服务品质的提高。应通过开展标准化工作来帮助各国、各行业达成共识，建立技术共享和经验交流机制，为区块链的大规模应用提供安全和隐私保护及跨链互操作等。近年来，部分基础的关键性区块链标准研制成果促进了行业共识的初步达成。基于标准开展的测试、培训、开源社区建设等工作为产业的发展和服务质量的提高创造了条件。2018年3月，工业和信息化部发布《2018年信息化和软件服务业标准化工作要点》，指出要组建全国分布式记账技术和区块链标准化委员会，从组织上保证国内区块链标准建设。

9.5.3 大数据标准

1. 国际大数据标准化工作尚处于初期

当前，国际大数据标准化工作主要由"国际标准化组织/国际电工委员会第一联合技术委员会"（ISO/IEC JTC1）开展。2014 年 11 月，ISO/IEC JTC1 成立了 ISO/IEC JTC1/WG9 大数据工作组（以下简称"WG9"），主要工作包括识别大数据国际标准化需求、制定大数据基础标准、与相关工作组和其他大数据标准化组织保持联系等。截至 2018 年 2 月，WG9 共召开了 8 次会议，有 6 项国际标准在研，如表 9-6 所示。2017 年 10 月，ISO/IEC JTC1 成立人工智能分技术委员会（ISO/IEC JTC1/SC42），并于 2018 年 4 月正式取消原 WG9 大数据工作组，把 WG9 的相关项目转移到 ISO/IEC JTC1/SC42/WG2 大数据工作组中。总体来看，国际大数据标准化工作尚处于初期，主要进行大数据术语、参考架构等基础标准的研制。

表 9-6 ISO/IEC JTC1/WG9 大数据工作组在研国际标准（截至 2018 年 2 月）

标准编号	标准英文名称	标准中文名称
ISO/IEC 20546	Information technology — Big Data — Overview and Vocabulary	信息技术 大数据 概述和术语
ISO/IEC TR20547-1	Information technology — Big Data Reference Architecture — Part1: Framework and Application Process	信息技术 大数据参考架构 第 1 部分：框架与应用
ISO/IEC TR20547-2	Information technology — Big Data Reference Architecture — Part2: Use Cases and Derived Requirements	信息技术 大数据参考架构 第 2 部分：用例和需求
ISO/IEC 20547-3	Information technology — Big Data Reference Architecture — Part3: Reference Architecture	信息技术 大数据参考架构 第 3 部分：参考架构
ISO/IEC 20547-4	Information technology — Big Data Reference Architecture — Part4: Security and Privacy Fabric	信息技术 大数据参考架构 第 4 部分：安全和隐私
ISO/IEC TR20547-5	Information technology — Big Data Reference Architecture — Part5:Standards Roadmap	信息技术 大数据参考架构 第 5 部分：标准路线图

2. 国内大数据标准化工作快速开展

2014 年 12 月 2 日，在工业和信息化部、国家市场监管总局的指导下，全国信标委大数据标准工作组（以下简称"大数据标准工作组"）正式成立，秘书处设在中国电子技术标准化研究院，主要承担制定和完善我国大数据领域标准体系等工作；组织研制大数据标准及相关技术，申报国家、行业标准，负责制定和修订国家、行业标准；推广应用国家、行业标准；组织推动国际标准化活动，对接 ISO/IEC JTC1/SC42/WG2（原 ISO/IEC JTC1/WG9）大数据工作组。大数据标准工作组自成立以来，在工业和信息化部、国家市场监管总局的指导下，充分凝聚业内资源，加强顶层设计，积极开展国家标准研制工作。目前，大数据标准工作组已出台《大数据标准化白皮书》《数据管理能力成熟度发展情况调研报告》《工业大数据白皮书（2017 版）》等多项成果，并研究形成了国家大数据标准体系、工业大数据标准体系。截至 2020 年 7 月 9 日，全国信标委大数据标准工作组的大数据领域标准研制情况如表 9-7 所示。当前，我国大数据标准发展迅速，国家标准涉及基础标准、数据标准、技术标准、行业应用标准、平台和工具标准等，总体呈现出"从基础标准向应用标准发展，从通用标准向垂直行业应用标准延伸"的态势，为我国大数据技术、产业提供了良好的顶层支撑。

表 9-7　全国信标委大数据标准工作组的大数据领域标准研制情况

标准编号	标准名称	标准状态
GB/T 35295—2017	信息技术 大数据 术语	发布
GB/T 35589—2017	信息技术 大数据 技术参考模型	发布
GB/T 34952—2017	多媒体数据语义描述要求	发布
GB/T 35294—2017	信息技术 科学数据引用	发布
GB/T 34945—2017	信息技术 数据溯源描述模型	发布
GB/T 36073—2018	数据管理能力成熟度评估模型	发布
GB/T 36343—2018	信息技术 数据交易服务平台 交易数据描述	发布
GB/T 36344—2018	信息技术 数据质量评价指标	发布
GB/T 36345—2018	信息技术 通用数据导入接口	发布
GB/T 37721—2019	信息技术 大数据分析系统功能要求	发布
GB/T 37722—2019	信息技术 大数据存储与处理系统功能要求	发布
GB/T 37728—2019	信息技术 数据交易服务平台 通用功能要求	发布
GB/T 38555—2020	信息技术 大数据 工业产品核心元数据	发布
GB/T 38633—2020	信息技术 大数据 系统运维和管理功能要求	发布
GB/T 38643—2020	信息技术 大数据 分析系统功能测试要求	发布
GB/T 38664.1—2020	信息技术 大数据 政务数据开放共享 第 1 部分：总则	发布
GB/T 38664.2—2020	信息技术 大数据 政务数据开放共享 第 2 部分：基本要求	发布

标准编号	标准名称	标准状态
GB/T 38664.3—2020	信息技术 大数据 政务数据开放共享 第3部分：开放程度评价	发布
GB/T 38666—2020	信息技术 大数据 工业应用参考架构	发布
GB/T 38667—2020	信息技术 大数据 数据分类指南	发布
GB/T 38672—2020	信息技术 大数据 接口基本要求	发布
GB/T 38673—2020	信息技术 大数据 大数据系统基本要求	发布
GB/T 38675—2020	信息技术 大数据计算系统通用要求	发布
GB/T 38676—2020	信息技术 大数据 存储与处理系统功能测试要求	发布
20180988-T-469	信息技术 工业大数据 术语	正在起草
20182054-T-339	智能制造 工业数据空间模型	正在起草
20182040-T-339	智能制造 多模态数据融合系统技术要求	正在起草
20182053-T-339	智能制造 工业大数据平台通用要求	正在起草
20182052-T-339	智能制造 工业大数据时间序列数据采集与存储管理框架	正在起草

3. 建设完善的大数据治理体系

随着大数据和实体经济的深度融合及大数据战略地位的提高，建设完善的大数据治理体系已成为我国的紧迫任务。建设完善的大数据治理体系是为了更好地解决数据管理机制、数据安全保障、数据资产地位、数据开放共享等问题。应发掘数据的潜在价值，使实体经济与大数据深度融合。当前，我国大数据治理体系规划尚不完善，第一，需要制定国家层面的法律法规及行业规范；第二，需要制定相关标准，包括技术标准和管理标准；第三，需要凝练很多技术的应用实践、提炼应用案例；第四，需要有一系列技术提供支持。

第 10 章

我国软件知识产权的保护与应用

知识产权是权利人对其智力劳动所创作的成果和经营活动中的标记、信誉所依法享有的专有权利，主要包括商标权、专利权、商业秘密、著作权等，其中，商标权和专利权为"工业产权"。科技发展扩大了知识产权的外延。软件知识产权是软件开发者依法享有自己的智力劳动成果的权利[16]。国际上还未健全保护软件知识产权的法律，大多数国家主要通过著作权法来保护软件知识产权。

10.1　我国软件知识产权的法律适用

随着软件产业的发展和相关法律制度的完善，我国初步建立了以著作权法为主，以专利法、商业秘密法等为辅的软件知识产权法律保护体系。

10.1.1　软件著作权的法律适用

著作权法是我国保护软件知识产权的主要手段，与国际知识产权法律保护体系基本一致。1990 年，我国颁布了《中华人民共和国著作权法》，明确软件可作为作品的一种。为详细规定专业问题，国务院于 1991 年颁布了《计算机软件保护条例》，鼓励企业在有关行政部门登记其设计的软件产品。国家版权局于 1995 年发布了《关于不得使用非法复制的计算机软件的通知》，强调禁止在任何计算机系统中使用未经授权的计算机软件。我国在加入世界贸易组织（WTO）后，为适应国内外的发展新形势，修订了《计算机软件保护条例》和《中华人民共和国著作权法》，加强对软件著作权的保护。

相关文档和程序均受软件著作权保护，可以将一个程序的源程序和目标程序看作一个客体进行保护。学术界表示，消除非法复制是著作权给予软件所有者最基础的权利。为了有效消除非法复制，《计算机软件保护条例》第二十四条明确规定不能"故意避开或者破坏著作权人为保护其软件著作权而采取的技术措施"，严格限制了恶意使用行为。《计算机软件保护条例》中还指出，根据侵权行为的不同，应当承担停止侵害、消除影响、赔礼道歉、赔偿损失等民事责任；情节严重的，可以依照刑法追究相应的刑事责任。

10.1.2　软件专利权的法律适用

1. 发明专利

国际软件保护专利化趋势逐渐明朗，我国学术界和产业界对软件专利化问题展开了深入研究，虽然我国目前并没有将软件纳入专利法的保护范围，但是也没有将软件排除在保护范围之外，为软件专利保护模式的建立提供了可能。1984 年 3 月 12 日，我国通过了第一部《中华人民共和国专利法》，当时，我国的软件产业刚刚兴起，因此并没有包含与软件相关的内容。此后，《中华人民共和国专利法》分别在 1992 年、2000 年和 2008 年经历了 3 次较大的修改，并于 2019 年进行了第 4 次修改，但仍未将软件列入"不可专利"项目。

《专利审查指南》是基于《中华人民共和国专利法》和《中华人民共和国专利法实施细则》制定的规范性文件。《专利审查指南》具有开创性意义，它在申请软件相关产品发明专利的过程中设定了极为苛刻的条件。《专利审查指南》（1993 年版）扩充了计算机软件专利审查规定，基于整体判断原则，要求计算机软件与硬件设备必须在整体上形成一种技术方案。2006 年 7 月 1 日实施的《专利审查指南》中第二部分第九章规定，针对计算机软件的发明创造必须是"对计算机外部对象或者内部对象进行控制或处理的解决方案"，还列举了申请与计算机程序相关的发明专利的审查示例，可以看出，我国的软件发明专利授权工作非常严谨，《专利审查指南》在 2010 年的修订版中仍然保持这样的思路。而在 2019 年的修订版中，第二部分第九章增加了第 6 节，新增了涉及人工智能、"互联网+"、大数据及区块链等发明专利的审查细则。

2. 外观设计专利（GUI）

图形用户界面（Graphical User Interface，GUI），又称图形用户接口，是指采用图形方式显示的计算机操作用户界面。GUI 设计使软件的操作更简单、交互更便捷，充分体现了软件的功能定位和技术特征，展现了软件的外观特点。随着移动互联网、云计算和人工智能技术的发展，图形用户界面和电子屏幕元素融合设计的重要性逐渐显现，优秀的 GUI 成果凝聚了大量的创新智慧，业界对 GUI 知识产权保护的关注度也显著提高。

当前，外观设计尚未纳入《中华人民共和国专利法》和《中华人民共和国专利法实施细则》的保护范围，相关法律法规对 GUI 能否申请外观设计专利未进行明确规定。随着对 GUI 知识产权保护的关注度越来越高，2014 年 3 月，国家知识产权局对《专利审查指南》进行了修改，将第一部分第三章第 7.4 节第一段第（11）项修改为"游戏界面以及与人机交互无关或者与实现产品功能无关的产品显示装置所显示的图案，例如，电子屏幕壁纸、开关机画面、网站网页的图文排版。"《专利审查指南》的修改标志着 GUI 正式成为我国专利法的保护客体，行业创新主体可以围绕 GUI 申请专利。

2019 年 9 月，国家知识产权局再次对《专利审查指南》进行修改，进一步明确了 GUI 专利申请的规定，在第一部分第三章增加第 4.4 节"涉及图形用户界面的产品外观设计"的内容，并将第 7.4 节第一段第（11）项调整为："游戏界面以及与人机交互无关的显示装置所显示的图案，例如，电子屏幕壁纸、开关机画面、与人机交互无关的网站网页的图文排版。"此次修改进一步规范了涉及 GUI 的产品名称、撰写要求，放宽了图形用户界面视图的提交限制。

10.1.3　软件商业秘密的法律适用

充分保护商业秘密是建立健全软件知识产权法律保护体系的重要手段。信息时代的显著特征是产生和传播大量信息、增强信息聚合力。作为一种宝贵的战略资源，信息开始在世界范围内受到重视[17]。计算机软件蕴含的经营信息和技术信息具有很高的价值，商业秘密法律体系专门用于保护信息，更应加强对计算机软件的保护。目前，我国已将侵犯商业秘密的案件交给专门的知识产权司法系统审理，商业秘密作为新型知识产权开始受到法律保护。商业秘密与其他知识产权的相同点为都具有可转让性、可复制性和一定程度的专有性，而不同点为商业秘密可以在隐秘状态下最大化智力成果的竞争优势和经济效益，而不是只有在经过审查后才能受到保护。

并非所有的软件都是商业秘密，只有符合一定条件的软件才可以被视为商业秘密，并受到法律的保护。每个国家对商业秘密的规定不完全相同，但能够作为商业秘密的计算机软件一定具有 3 个特点。第一，秘密性，在 TRIPS 协议中，认为商业秘密是未经公开的信息。因此，作为商业秘密的软件不能被公众知晓，故只有专有软件符合要求。第二，价值性，即计算机软件必须具备一定的商业价值。国家工商行政管理局制定的《关于禁止侵犯商业秘密行为的若干规定》指出，商业秘密必须能给权利人带来实际收益、长远效益或竞争优势。第三，保密性，软件的所有者必须制定严格的保密措施，且能从中反映出软件所有者对保密的迫切和做出的努力，从而充分发挥出权利"私力"的保护能力。我国关于商业秘密的法律规定主要集中于《中华人民共和国反不正当竞争法》，该法指出侵犯他人商业秘密的行为包括盗窃、利诱、胁迫、违约披露或使用等禁止性行为。当软件无法达到专利保护的要求，又无法通过著作权法有效保护核心设计时，便可以发挥商业秘密的保护作用，它的出现完善了软件知识产权法律保护体系。

10.2　我国软件知识产权的保护与应用现状

1. 高度重视软件知识产权保护

2019 年 11 月，中共中央办公厅、国务院办公厅印发《关于强化知识产权保护的意见》，要求加大侵权假冒行为惩戒力度、严格规范证据标准、强化案件执行措施、完善新业态新领域保护制度。提出加快在专利、著作权等领域引入侵权惩罚性赔偿制度，探索加强对商业秘密、保密商务信息及其源代码等的有效保护，制定电商平台保护管理标准等。

2016 年 12 月，国务院印发《"十三五"国家知识产权保护和运用规划》，提出了著作权登记及行业发展的具体指标，与软件相关的指标如表 10-1 所示。

表 10-1　与软件相关的指标

指标	2015 年	2020 年	累计增加值	属性
每万人口发明专利拥有量（件）	6.3	12	5.7	预期性
PCT 专利申请量（万件）	3	6	3	预期性
植物新品种申请总量（万件）	1.7	2.5	0.8	预期性
全国作品登记数量（万件）	135	220	85	预期性
年度知识产权质押融资金额（亿元）	750	1800	1050	预期性
计算机软件著作权登记数量（万件）	29	44	15	预期性
规模以上制造业每亿元主营业务收入有效发明专利数量（件）	0.56	0.7	0.14	预期性
知识产权使用费出口额（亿美元）	44.4	100	55.6	预期性
知识产权服务业营业收入年均增长（%）	20	20		预期性
知识产权保护社会满意度（分）	70	80	10	预期性

注：知识产权使用费出口额为 5 年累计值。

2016 年 10 月，国家知识产权局印发《专利密集型产业目录（2016）》（试行），共涉及 8 类产业，其中有 3 类产业与软件相关，与软件相关的专利密集型产业如表

10-2 所示。

表 10-2　与软件相关的专利密集型产业

专利密集型产业分类名称	国民经济代码	国民经济行业名称
信息基础产业	391	计算机制造
	392	通信设备制造
	393	广播电视设备制造
	394	雷达及配套设备制造
	396	电子器件制造
软件和信息技术服务业	651	软件开发
	652	信息系统集成服务
	653	信息技术咨询服务
	654	数据处理和存储服务
	655	集成电路设计
	659	其他信息技术服务业
智能制造装备产业	342	金属加工机械制造
	343	物料搬运设备制造
	351	采矿、冶金、建筑专用设备制造
	354	印刷、制药、日化及日用品生产专用设备制造
	355	纺织、服装和皮革加工专用设备制造
	356	电子和电工机械专用设备制造
	357	农、林、牧、渔专用机械制造

2. 软件著作权登记数量增长率连续 5 年超过 30%

根据中国版权保护中心近 5 年的《中国软件著作权登记情况分析报告》得到我国软件著作权登记数量如表 10-3 所示。随着我国软件产业结构的持续优化，软件在我国经济转型过程中广泛渗透到各领域，软件著作权登记数量快速增加，我国技术创新和知识产权保护工作取得了一定的成效。

表 10-3　我国软件著作权登记数量

登记时间	软件著作权登记数量（件）	增长率（%）
2015 年	292360	33.63
2016 年	407774	39.48

续表

登记时间	软件著作权登记数量（件）	增长率（%）
2017 年	745387	83.00
2018 年	1104839	48.00
2019 年	1484448	34.36

"十三五"以来，我国软件著作权登记数量迅速增加，登记种类不断增多。教育、医疗、物联网、信息安全等领域的软件著作权登记数量迅速增加。从地域分布情况来看，东部地区的软件著作权登记数量较多、增长率较高，如广东省、北京市、上海市等。360 多个城市进行了软件著作权登记，其中有 27 个城市的登记数量过万。

3. 软件正版化工作成效显著

软件正版化工作是振兴软件产业的重要举措。长期以来，我国高度重视软件产业的发展和软件知识产权的保护，逐步改善了立法、司法和行政保护环境，建立了适应产业发展需要且体系较为完善的软件知识产权保护制度，积极开展软件正版化工作，推动了我国软件产业的高质量发展。近年来，我国在软件版权保护方面做出了卓有成效的努力，将正版化作为专项工作来推进。2001 年，国务院办公厅对国务院系统使用正版软件工作进行了全面部署。当前，正版化工作已逐步从中央机关、地方政府扩展到全国各企事业单位。软件正版化工作极大地促进了软件版权保护环境的持续改善，显著激发了软件产业链相关主体的研发创新活力，培育出了一批具有自主知识产权的软件企业。

近年来，随着预装工作的稳步推进，在计算机生产企业和软件企业的共同努力下，我国新出厂计算机的正版操作系统装机率逐年提高，对推进国家软件正版化工作、改善国内软件知识产权保护环境具有积极作用。当前，我国计算机预装正版操作系统稳步发展，计算机预装正版操作系统比例连续 10 年稳定在 98%以上。

4. 开源软件知识产权保护日趋复杂

随着全球软件供应链开源化趋势越来越明显，开源软件方面的知识产权纠纷越来越多。开源软件有独特的知识产权模式，知识产权问题较为复杂，法律界和产业界非常关注开源软件的知识产权保护问题[18]。当前，开发者和企业对开源软件知识产权的认识存在一定的误区：一部分开发者和企业认为可以任意使用开源软件的源代码，其全部免费；还有一部分开发者和企业夸大了开源软件的知识产权风险，担心一旦使用开源软件，必须公开对源代码的修改。实际上，开源软件的著作权、专利权、商标权及商业秘密的保护的确与普通商业软件存在差异。现行知识产权制度并未对其进行严格的区分和规范，是当前开源软件知识产权纠纷处理难度大的重要原因之一。但随着开源软件知识产权纠纷案例的增多，在实践中，基本对开源软件知识产权纠纷的处理原则和标准达成了共识。

一般来说，在对外发布开源软件产品时，会附有开源许可协议。常见的开源许可协议主要有 GPL、COPYLEFT、LGPL、Apache License 等。开源许可协议将特定的权利赋予用户，也规定了用户使用开源软件时必须遵守的规则。从国内外开源软件的司法案例来看，法院一致认可开源许可协议为许可合同。从司法实践来看，开源许可协议涉及著作权、专利权、商标权、商业秘密等。

影响开源软件知识产权风险的因素主要有开源许可协议、企业开源软件的使用方式、开源社区知识产权管理方式等。

从知识产权的角度来看，不同的开源许可协议赋予了用户不同的权利和义务，在著作权、专利权、商标权、商业秘密等方面的规定也不同，因此，带来的风险不尽相同。在版权方面，不同许可协议对相关软件再发布时的许可方式、是否提供源代码和修改的规定存在差异。在专利方面，部分开源协议明确了专利授权及专利报复条款。此外，部分专利的权利人不是开源软件的作者，专利可能被第三方持有，在这种情况下，存在外部专利诉讼的风险。在商标方面，一般开源许可协议仅对源代码进行授权，如果未对商标的授权做特别规定，则用户在使用过程中需要特别注意不能随意使用未经授权的商标。

从实践的角度来看，在开源软件的不同使用和发布形式下，知识产权的侵权风险存在差异。如果仅作为最终用户，以科学研究和内部测试等为目的，只运行开源软件的可执行形式或修改开源软件的部分内容但不对外发布，则知识产权侵权的风险较小。如果对开源社区只索取、不回馈，将未修改或仅做少量修改的开源软件应用于对外发布的产品中，未遵守开源协议的知识产权相关规定，则知识产权侵权的风险较大。

考虑到促进开源社区的活跃度和规避知识产权风险等因素，不同开源社区制定的管理规定的严格程度不同。例如，大多数开源社区根据一定的开源许可协议发布软件源代码，并为开发者提供交流学习的平台，开源软件贡献者需要在符合相关知识产权和许可协议规定的前提下，向开源社区贡献代码。

5. 需加强工业软件知识产权保护

工业软件的核心技术和自主知识产权缺失是限制我国工业软件发展的主要因素，破除技术和知识产权壁垒迫在眉睫。一方面，需充分发挥产学研用协作机制，企业与高校和科研院所合作研发资源，针对市场需求痛点，共同研发工业软件技术，促进知识产权交叉授权许可和转移转化等知识产权保护手段创新，促进工业软件技术突破，提高研发起点；另一方面，针对工业软件的通用技术，建立开源社区，加强技术交流和知识产权保护，鼓励企业通过合并、收购等方式做大做强，力争在国内外市场中占有一席之地。

6. 商业 App 知识产权保护贯穿各环节

商业 App 更新迭代较快且开发者规模不一，知识产权维权成本较高，开发者维权经验不足、对知识产权保护的重视不足，知识产权的保护和运用有待强化，需要构建良好的创新发展环境。商业 App 知识产权保护主要涉及产品的开发、推广、运营环节。软件著作权和专利权与开发环节相关，产品商标权与推广和运营环节相关。

很多开发者认为著作权遵循"自动保护"原则，因而未在开发的过程中及时登记，为后期的确权和维权埋下了隐患。商业 App 的更新迭代非常快，常常几个月甚至十几天就更新一版。因此，为了有效保护商业 App 开发者的著作权，应及时进行著作权登记。

因为专利具有独占性、排他性等，所以软件专利化是非常有效的知识产权保护方式。我国不对科学发现、智力活动的规则和方法等授予专利权。因此，纯粹的软件算法无法作为专利获得保护。如果商业 App 与硬件设备结合或与 GUI 设计结合，则可以申请软件专利或 GUI 外观专利。申请软件专利需要在新颖性、创造性和实用性方面有所突破，虽然获得专利授权的门槛较高，但是这种知识产权保护方式非常有效。将专利权与著作权和商标权结合，能够更全面地保护商业 App 的知识产权。

在商业 App 的推广和运营过程中，商标权发挥着非常重要的作用，根据产品的开发和推广计划，提前申请商标能够避免仿冒者借顺风车赚取利润，能够有效维护企业的权益。

10.3　我国软件知识产权保护与应用面临的挑战

1. 知识产权成为软件领域市场竞争的重要手段

在数字经济时代，随着高新技术的发展，特别是软件技术的快速发展，以技术为依托的知识产权数量呈几何级数增长，并大量占据核心领域，使知识产权竞争成为产业竞争的重要手段。近年来，软件领域的知识产权纠纷不断，科技龙头企业围绕知识产权的商业战争十分激烈，专利与标准的结合加剧了这一现象。科技龙头企业全面强化知识产权的布局和运用，以知识产权为基础的技术和市场优势迅速扩大。我国软件创新主体还需扩大知识产权储备、强化知识产权布局，以在知识产权竞争中取得优势。

2. 软件专利化冲击开源软件的发展

近年来，计算机软件的可专利性及专利申请条件受到了法律界和产业界的广泛关注。软件既具有"作品性"，又具有"技术功能性"，这两种属性使软件能够获得著作权法和专利法的双重保护。但是，软件专利的"独占性"与开源软件所倡导的"自由共享"精神并不一致，甚至存在一定的"冲突"。当前，软件专利对开源软件具有很大的威胁。软件专利不仅禁止复制源代码，还保护程序的构思和算法。开源软件在开发过程中融入了众多开发者的前期付出，可能涉及第三方，且难以避免后来者继续申请专利。虽然可以通过申请宣告专利无效等方式避免知识产权诉讼，但是成本较高，软件专利仍然会在一定程度上冲击开源软件的发展。

3. 新兴软件知识产权保护与产业融合发展的矛盾日益突出

当前，大数据、云计算、区块链、移动互联网等新兴技术的发展推动社会经济发展模式重构，现有的软件知识产权保护政策和模式与产业发展及技术创新的显性需求之间存在一定的矛盾。科技龙头企业通过多种知识产权手段构筑产业技术壁垒，打击、限制竞争对手的发展。个人利益和公共利益的重叠部分增多，专利持有者需要逐渐放弃部分知识产权，给产业提供一定的发展空间，打破传统知识产权保护机制，进一步促进企业经济的协调健康发展。例如，Android 操作系统主动放弃软件源代码的专利权，以吸引更多的开发商及移动设备用户在开放的源代码的基础上进行分析和研究，实现了共同开发和资源共享。当前，弱化知识产权保护成为融合型产业面临的巨大挑战。

10.4　完善我国软件知识产权的保护与应用策略

1. 构建公平公正的竞争环境

随着软件技术的发展，知识产权逐渐向大型企业集中，开始出现知识产权收费方面的问题。一方面，我国需要认清知识产权垄断的形式、趋势、实质等，在法律和经济领域有效抵制垄断，进一步完善我国的基础性法律制度，建立公平公正的竞争环境；另一方面，我国的相关主管部门需要充分利用政府这只"看得见的手"，加强市场监督管理，强化知识产权保护，鼓励和培育产业链上下游企业参与市场竞争，扩大软件产业的市场规模，减小软件企业的市场风险和知识产权风险，提高其创业积极性。

2. 加快软件知识产权布局

软件广泛应用于各领域，对人们的生活和工作具有深远的影响。提高对软件知识产权的保护意识，需要教育部门、行业主管部门和知识产权管理部门的共同努力。监管部门应加大查处违法企业的力度，及时处理盗版等侵权行为。加强软件产业的知识产权布局。当前，我国在人工智能、5G、工业互联网等新兴领域的创新成果产出量大，迫切需要加强专利的高质量布局，形成"创新—知识产权保护—再创新"的良性循环。开展以专利文献为基础的技术预测，提高软件产业研发的起点，发布知识产权风险分析报告，全面加强对软件知识产权的保护意识，提高综合保护实力。

3. 提高中小企业的知识产权保护水平

大力支持软件领域民营企业的发展，支持中小企业做强、做优、做精，紧紧围绕微观政策要活这一政策取向，加大中小企业的知识产权保护力度。针对中小企业的需求，开发定向培育课堂；加强知识产权保护，完善中小企业知识产权统计监测和发布制度；鼓励中小企业制定完整、有效的知识产权管理规范，利用法律手段保护软件知识产权，维护合法权益，及时取证、警告并制止侵权行为；加强中小企业的交流与合作，借鉴国外经验，提升中小企业高质量发展的能力和水平。

4. 树立软件产品知识产权保护标杆

树立软件产品知识产权保护标杆，按照"双打"（打击侵犯知识产权和制售假冒伪劣商品专项行动）的工作部署，持续做好预装正版操作系统的督查工作，加强对软件安装、销售和应用等环节的管理。调动地方经信部门的积极性，联合地方版权、商务部门加强对正版软件销售使用情况的检查，定期对各计算机品牌的销售门店进行检查，严厉惩治预装正版操作系统后自行更换盗版操作系统的行为，并提出打击使用盗版软件的有力措施。同时，加强网络平台合作，打击盗版侵权行为，净化网络知识产权保护环境，构建软件知识产权发展的良性生态。

5. 加强开源软件知识产权风险防范

开源软件知识产权风险防范是一项系统工程。需要进一步提高相关主体对开源世界基本规则的认识，明晰开源软件的发展路径和方向，理清开源软件开发及应用模式和自主知识产权的关系，加大对软件知识产权的保护力度。培育龙头企业，建立开源软件企业与产业链上下游企业的协同发展机制，鼓励企业通过合并、收购等方式做大做强，鼓励贡献应用项目、扩大业界影响、加强应用推广、促进交流合作。在实践方面，引导企业正确认识开源风险并加强知识产权风险防范意识。开源软件知识产权风险防范需要企业高层、法务、技术开发人员的共同努力，协同推进风险防范、企业发展、产品设计、成本控制，实现全流程管理。在引入开源软件时，做好源代码的分析和审查工作，预判可能带来的知识产权风险；在软件的开发过程中，做好源代码的跟踪和管理工作。在开源产品发布前，法务人员应做好产品知识产权审核分析工作。

第 11 章

我国软件人才的培养情况

新一轮技术变革和产业变革强化了人力资本和智力资本对产业价值创造和绩效提高的作用。以物质获取资本的方式逐渐丧失生存根基和现实依托，数字经济提高了人力资本在市场竞争中的地位[19]。轻资产、高人力资本的软件和信息技术服务业，具有应用范围广、技术迭代快、产品附加值高、人力资源充足和资源消耗少等特点。因此，高质量的人力资本对软件和信息技术服务业的发展极为关键。

11.1 我国软件人才的发展现状

1. 从业人员数量持续增加及收入水平持续提高

我国软件和信息技术服务业发展势头迅猛，是国民经济发展的重要稳定器和动力机，从业人员数量持续增加，收入水平持续提高。工业和信息化部发布的《2019 年软件和信息技术服务业统计公报》显示，2019 年年底，我国软件和信息技术服务业的从业人员达到 673 万人，同比增长了 4.7%；与 2018 年相比，增加了 28 万人；与 2015 年相比，增长了 17.25%。2015—2019 年我国软件和信息技术服务业从业人员情况如图 11-1 所示。目前，软件产业劳动生产力已居各产业之首。

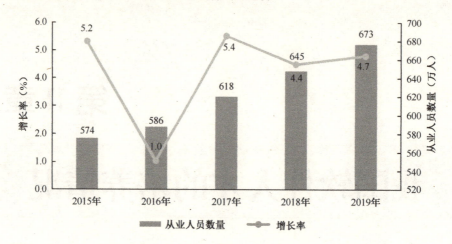

图 11-1　2015—2019 年我国软件和信息技术服务业从业人员情况

2. 人才市场供不应求

软件产业的快速发展必然会引起人才需求的增加。大数据、5G、工业互联网、人工智能等新一代信息技术的基础设施建设逐渐进入高峰期，移动互联网的经济规模迅速扩大，大数据应用数量迅速增加，人工智能的企业级应用迎来爆发式增长，数字化转型成为我国大多数企业持续推进的长期战略等，引起了软件人才需求的增加。2019 年 9 月，埃森哲公布《2019 中国企业数字转型指数研究》，67% 的企业表示，在未来的 1～2 年，首要增长动能将来自"数字技术+商业"，云计算将成为企业数字化平台的主流技术，企业将需要同时具有软件技术和所在行业业务知识的高级复合型人才。人力市场的旺盛需求也直接关系到高校毕业生的择业问题。第三方社会调查机构麦可思研究院发布的《2019 年中国大学生就业报告》指出，软件是毕业生就业的热门方向，我国本科毕业生就业率最高的专业是软件工程，就业率高达 96.8%，高于整体就业率（91.0%）。

持续增长的人才需求导致我国软件产业的人才缺口扩大。目前，我国软件从业人员数量不到 700 万人，保守估计，我国软件人才缺口不低于 600 万人。2020 年 1 月，中国软件行业协会发布的《数字化时代软件与信息服务技术人才供需现状研究报告》指出，未来我国对软件和信息技术服务专业人才的需求将以每年新增 100 万人的速度上涨，

2020 年，产生约 230 万个人工智能技术岗位。智联招聘发布的《2020 年新基建产业人才发展报告》指出，2020 年第一季度，人才缺口较大的信息基础设施核心技术岗位主要为软件开发岗，需要软件工程师、Java 开发工程师、高级软件工程师、Android 开发工程师、iOS 开发工程师、Web 前端开发工程师、嵌入式软件开发工程师，以及人工智能、大数据、5G 等领域的通用技术人才。虽然国家电网、中国工商银行、中国移动等国内大型企业的软件工程师队伍正接近或已经达到万人规模，但仍存在较大的人才缺口。

近年来，我国软件从业人员的工资始终保持在较高水平且增长趋势明显，从侧面体现了我国软件人才市场供不应求。国家统计局的数据显示，软件和信息技术服务业、信息传输业从业人员的年平均工资约为 14.8 万元，是全国平均工资的 1.79 倍，与金融业相比，其工资的下限更高，年薪升至 30 万元所需的工作年限更少。中国大学生求职网申平台梧桐果的数据显示，软件领域的热门岗位均提供了具有较强竞争力的薪资。2019年，我国本科应届毕业生的月平均工资为 5999 元，软件工程类应届毕业生的月平均工资为 9265 元，位居第一。

3. 人才结构有待优化

软件和信息技术服务领域的岗位既需要技术开发、运维、测试人员，又需要懂得技术知识的销售与售后服务人员。我国的软件人才结构与美国和印度的"金字塔型"人才结构不同，我国的人才结构为"橄榄型"，即从事基础工作的"软件蓝领"占据主体，而多学科融合的战略型人才、既懂技术又懂管理的复合型"软件金领"人才、深耕底层技术的高端专业型人才等严重不足。我国软件人才的培养模式脱离实际需求，普遍存在重程序编写、轻素质提高，重理论知识传授、轻思维能力培养的问题。技术更新速度很快，几乎每隔几年都会流行新的技术。在快速更新的技术环境下，从业人员要能承受高强度的学习压力、保持积极的学习热情，才有机会维持和延长自己的职业生涯。人才的自主创新与解读技术发展趋势的能力尤为重要。我国软件教育体系主要由高等院校和培训机构组成，大多采用"课堂讲授+平时作业+笔试考核"的模式，缺少真实项目开发实践训练，课程更新较慢，导致我国软件领域专业人才的同质化、流程化明显。

我国东部地区的软件和信息技术服务业发展较快，具有显著的软件产业集聚优势，对人才的吸引力较大。而西部地区存在企业规模小、薪资水平较低、培训力度小和发展空间不足等问题，导致人才流失快、引进难度大，无法形成完整的人才链，自主培育专业人才周期较长。软件和信息技术服务业的产品和技术更新较快，加重了软件人才分布不均的情况，导致西部与东部地区的软件人才差距越来越大。中国软件行业协会的统计结果显示，北京市的软件开发人员数量约占全国软件开发人员数量的 20%，珠江三角洲地区也有许多软件开发人员，而西部和北部地区的软件开发人员数量较少，软件产业相对发达的西安市的软件开发人员数量也仅为全国软件开发人员数量的 3%。除了成都和重庆，西南地区其他城市的软件开发人员数量仅为全国软件开发人员数量的 2%，与东部地区的差距明显。

11.2 我国软件人才的培养体系

1."双通道"软件高等教育体系

目前我国已形成软件工程专业支撑整体和基础、软件新工科供给新兴技术的"双通道"软件高等教育体系。

我国的工科本科毕业生占世界总数的 38%，我国已经形成了全球最大的工程教育供给体系。软件新工科建设正逐步迈进持续深化的新阶段，引发了国内外教育界和产业界的高度关注，并产生了巨大影响。为主动应对新一轮科技革命和产业变革、加快对软件领域新型科技人才的培养、推动传统软件专业转型升级、着眼未来软件产业发展战略培养高素质专业化人才，教育部于 2018 年首批认定 612 个新工科研究与实践项目，覆盖大数据、人工智能、智能制造、云计算等多个与软件技术密切相关的领域，积极探索、不断实践，确立软件领域"新工科"项目建设的新标准、新理念、新模式、新方法、新文化、新技术。2018 年 10 月，工业和信息化部、教育部、中国工程院联合公布《关于加快建设发展新工科实施卓越工程师教育培养计划 2.0 的意见》，鼓励各地区和各高校集中力量建设一批新型高水平理工类大学、多主体联合的产业学院和未来技术学院，并开设产业急需的工科类新专业及契合产业发展趋势和前沿技术要求的新课程。例如，支持北京邮电大学、华中科技大学、山东大学、上海交通大学建设第二批一流网络安全示范学院；组织专家构建"人工智能专业知识架构"，支持高校举办"人工智能专业教学资源征集活动"，以缓解资源短缺问题。2019 年，教育部多次组织专题交流，建立了"全国新工科教育创新中心"，形成了具有中国特色的高水平新工科教育体系，并建设了世界级工程人才基地和软件创新中心。同年，教育部鼓励高校依据办学水平和经济社会需要，大力培养软件和信息技术服务相关人才，增设了 96 个智能科学与技术专业点、196 个大数据技术和数据科学专业点、14 个物联网工程专业点、25 个大数据管理与应用专业点。

经过科学论证和学科界定，软件工程成为计算机学科下与计算机工程、信息技术、计算机科学、信息系统并列的独立科目，并于 2002 年获教育部批准，正式成为新增专业。截至 2020 年，软件工程已有 18 年的历史，已有 100 多所高校开设了软件工程专业。越来越多的高等院校在充分发挥自身优势的同时，把握产业机遇，不断提高专业质量和办学能力。教育部第四轮学科评估结果显示，北京航空航天大学、浙江大学、国防科技大学、清华大学、北京大学、华东师范大学、南京大学、武汉大学、天津大学和东北大学是我国软件工程专业排在前 10 名的高校，是培育软件人才的中流砥柱。

在教育部第四轮学科评估工作中，将浙江大学、北京航空航天大学和国防科技大学的软件工程评为"A+"专业。北京航空航天大学的软件学院是教育部和国家发展计划委员会批准的首批 35 所国家示范性软件学院之一，在教育部第四轮学科评估工作中位居全国第一，成为"双一流大学"中的重点学科专业，其毕业生的就业情况很好，年平均工资达到 25 万元，就业岗位和专业百分之百对口。浙江大学有独立的软件学院，也是教育部和国家发展计划委员会批准的首批 35 所国家示范性软件学院之一，其人才培养对所在地区软件产业发展的支持效应较为突出，具有明显的区域强化特征，其培养的众多专业人才促进了长三角地区高新技术产业的快速发展。国防科技大学的软件工程专业实力出众，由该校牵头研发的天河超级计算机位居世界第 4，作为军事院校，其软件专业的发展对我国国防信息化能力的提高具有重要作用。

2."双轮驱动"软件职业教育体系

我国软件和信息技术服务业的发展进入新阶段，大数据、人工智能、物联网、5G

等新兴信息技术的可操控性、实用性和高速迭代性远胜于传统软件技术，越来越凸显出软件职业教育的必要性。虽然软件职业教育与普通高等教育的类型不同，但是在人才培养方面发挥着同样重要的作用。为建立政府统筹规划、社会多主体参与的办学新格局，我国计划推动部分普通高校向应用型转变，开办50所高质量职业院校并设立150个优势专业。与我国目前的高等教育相比，职业教育以培养偏向应用化和实战化的软件技能人才为主。另外，职业院校和职业培训机构在办学方面有更强的自主性，且职业教育更贴近企业端和应用端，对市场和技术的变化更加敏感。因此，职业教育模式和结构更容易根据人才市场需求的细微变化不断调整，有利于制定更高效的人才培养方案。目前，我国软件领域职业教育已形成由教育部批准并纳入国家统一招生计划的"软件职业技术学院"与由民间主导的"软件职业技术培养企业"双轮驱动的教育体系。

由教育部批准并纳入国家统一招生计划的"软件职业技术学院"分布于全国各省，实现了理论教育和实践教育的有机结合，成为我国软件职业教育体系的顶梁柱。我国软件职业技术学院主要有两种：一种是依托大学建立的二级学院，如中北大学软件职业技术学院、西北大学软件职业技术学院、北京联合大学网通软件职业技术学院、长春工业大学软件职业技术学院等，其管理权属于大学，学院与学校共享教育资源，学生学习期满且成绩合格后会得到所属大学的专科毕业证书；另一种是由地方人民政府批准建立的独立软件职业技术学院，如福州软件职业技术学院、河北软件职业技术学院、江苏软件职业技术学院等，其属于标准的全日制普通专科院校，但随着软件技术的产业应用特征不断增强及市场和技术迭代周期的不断缩短，与更贴近市场的企业联合办学逐渐成为独立软件职业技术学院的发展趋势。例如，网龙网络公司正式入驻福州软件职业技术学院参与办学；先锋软件集团与江苏省高新技术投资有限公司、国家外专局中国国际人才交流基金会、中科招商创业投资管理有限公司联合创办江苏软件职业技术学院。

我国软件产业快速发展带来的软件蓝领人才需求不断增加。近年来，由民间主办的"软件职业技术培养企业"在我国快速发展，已成为我国软件产业的重要人才供给渠道。目前，我国已有北大青鸟、亚信安全等多个软件职业技术培养企业，其主要依托市场中的软件开发项目进行人才培养。与传统的学院培养模式相比，该模式可以通过校企合作共同研制人才教育标准，及时调整培养方案，把新工艺、新技术、新规范融入教学内容中，重视培养学生的实操能力。与此同时，由民间主导的"软件职业技术培养企业"正越来越多地从高校吸纳即将走向工作岗位的准毕业生，并对其进行二次培养，以使其在具备扎实理论基础的同时，更好地掌握技术应用能力，提高其在市场中的竞争力，这种"高等教育+职业教育"的无缝对接培养模式越来越受到软件市场和从业人才的认可。

3. 国民软件素养提高

随着全球的数字化变革，新经济、新技术、新模式、新业态催生经济社会各领域出现"数字蝶变"。物联网、云计算、大数据、工业互联网、人工智能等新技术逐渐被用户掌握并应用于实际生产和生活；平台经济、数字经济、智能制造、智慧生活等成为刺激经济增长的新动能；就业选择更加灵活多样，网约车司机、外卖骑手、自媒体创作者等新职业层出不穷。数字红利正在以前所未有的速度和势能加快释放，软件技术对社会的影响不断扩大，逐渐成为经济社会发展的重要驱动力和影响因素。在这样的背景下，国民软件素养成为新时期软件产业发展的决定性因素，软件基础教育则是提高国民软件素养的基础和关键。

当前，我国不断加强新兴信息技术领域的基础教育。在政策推进与保障方面，2017年，教育部发布的《新一代人工智能发展规划》强调，要把握人工智能发展的重大机遇，在小学、中学、大学，都应开设人工智能课程，建立全国人才梯队。2018 年 1 月，教育部印发《普通高中课程方案和语文等学科课程标准的有关情况》，表示要将开源硬件、三维设计、人工智能列入新课程标准。2018 年 4 月 13 日，教育部发布《教育信息化 2.0行动计划》，强调要将信息素质纳入中小学生测评体系，并推动人工智能相关课程在中小学的落地实施，完善编程教育教学规范；同时，在教学中应用人工智能、物联网、大数据等新技术。在教育部的大力推动下，随着市场的快速发展，我国大部分省市加快了编程教育步伐，推进开设相关课程。例如，2019 年 7 月，广州市教育局发布了《关于开展人工智能课程改革实验区、校遴选的通知》，表示将在广州市遴选实验校和实验区，开展中小学人工智能课程实验，预计 2022 年实现人工智能教育覆盖广州全市学校；2018年 2 月，山西省教育厅印发《山西省基础教育信息化"十三五"推进意见》，明确提出要研制创新教育课程，重点培养学生的创新精神与实践能力，通过项目学习模式开展STEAM 教育、创客教育、机器人教育，并要求山西的每个市至少建立 3 所创新教育基地学校。此外，浙江省已将信息技术学科（含编程）纳入 2018 年高考的考试科目。

在人才培养主体机构方面，智研咨询发布的相关数据显示，2019 年，我国少儿编程企业超过 7000 家，并已拥有编程猫、小码王、核桃编程、编玩编学、傲梦少儿编程等教研能力和课程体系相对完善的优势企业。2019 年，我国少儿编程市场规模已超过 100 亿元，未来将继续快速增长。在人才培养的配套设施方面，新工程联盟和雪儿在线学校联合开发"全国青年信息技术和计算思维能力评估系统"，用于筛选在计算思维和信息技术方面的"潜力股"和"绩优股"，以确保青年在基础教育阶段就可以开始学习信息技术相关知识，逐步培养信息能力和计算思维，从而建立起信息技术人才的全周期培养模式，为实施国家战略和计划做出新的尝试和贡献。

11.3　优化我国软件人才的培养模式

1. 强化软件产业基础教育以全面提高国民软件素养

全面加强数学、物理等基础学科建设，推动基础学科与以软件为代表的信息技术应用学科的均衡协调发展。推动实施软件国民基础教育、提高国民软件素养，在中小学全面推广面向人工智能、云计算、区块链等新兴信息技术的计算机编程教育，优化信息技术类教材选编、课程设计、考核要求等，激发学生的学习热情，帮助学生了解信息技术基本知识和掌握信息技术基础技能。

2. 加强软件产业领军人才和后备技术人才培养

依托国家示范性软件学院和信息技术新工科，借助国家重点实验室的人力与物质资源，培养世界级软件领军人才、卓越工程师和创新团队。建立健全顶层人才流动机制，促进复合型人才在高校、企业、科研院所之间的合理流动。把握国际发展机遇，基于国家重大战略需求，革新人才培养、激励、引进、使用模式，加大国家高层次软件人才引进和培养计划的实施力度，吸引国际软件技术领头人和复合型人才。

制定国际通行的访问学者机制，健全博士后培养模式，吸引国内外软件技术相关专业的优秀青年博士在国内从事基础研究。鼓励高校和科研院所展开合作，加强协同创新与人才联合培养,组建软件基础研究后备人才队伍,为有发展潜力的中青年软件人才开展原创性、探索性研究提供强有力的支持。

3. 全面创新软件人才培养与引进模式

推动建立高校、科研院所与企业合作的联合培养机制,促进产教融合,建立企业实训基地,选聘优秀科技企业家到高校担任"产业教授",从高校和科研院所的科研人员中培育一批高水平"科技副总"等。鼓励致力于培养研究型人才的高水平高校与探索型前沿企业合作,充分发挥产学研用协作机制的优势,形成科研院所、优质企业、高等院校合作的发展生态,根据市场需求和产业需求培养人才。同时,以具体项目为依托,为产业内的专业技术人才和商业运营人才创造更多合作机会,鼓励技术人才以借调、挂职、轮岗等方式深入参与商业运营性事务,培养同时具备专业技术和商业运营知识及经验的复合型人才。

设立生态人才专项引进计划,引进深入了解国外软件生态构建和运营模式并具备丰富实操经验的专业人才,支撑我国自主软件生态建设。针对我国软件产业尚未实现关键核心技术自主掌控的相关领域,出台人才特别绿卡制度,进一步开放国外技术专家来华交流,不仅可以降低我国技术创新人才赴外国交流过程中的各类风险,还有助于形成以我国企业或相关机构为核心的对外交流与合作的发展态势。

发挥职业教育的专业性,提高职业技术院校的教学质量,优化、创新人才培养模式。在职业技术院校建立设施齐全、资源充足的实习实训基地,与项目型和应用型企业积极合作,为学生提供顶岗实习和跟岗实习机会,重视培养学生的实践能力,解决其工作经验不足的问题。同时,鼓励职业院校参与"学历证书+多个职业技能等级证书"(即"1+X证书")试点,在教学过程中加入职业阶段等级内容,完善人才培养模式,提高教学质量。鼓励院校参与"学分银行"试点,尝试记录和储存学生的学历证书、技能证书等学习成果并将其计入个人学分账户,提高软件人才的专业性。

4. 完善面向软件产业特有发展规律的人才激励机制

建立适应软件产业发展需求的薪酬制度、人事制度、人才评估制度等,优化利益分配和知识产权共享机制,激发科研人员的创新潜能,并对生态建设领域的非纯技术性贡献给予更多关注，对软件生态构建的探索性尝试给予更大的容错空间，释放运营人员的创新潜能。建立特殊人才选拔培养机制，选拔在数学、物理、计算机等领域具有天赋的青少年，并对其进行基础知识教育和跨学科思维训练，培养主攻基础技术和前沿技术突破的科学家、工程师和高级研究员，为软件关键核心技术的发展储备人才。

第12章

我国软件产业的区域发展现状

当前，我国软件产业的发展态势良好，产业集中度逐年提高，集聚效应逐渐增强。全国各省、市、自治区纷纷结合地区发展特色及优势，以重点城市、重点园区、重点产业、重点企业等为依托，通过优化发展结构、打造重点工程、开展能力建设、培育龙头企业、普及行业应用等方式，探索出了许多定位明确、特色鲜明的发展路径。各副省级中心城市也在软件产业的发展过程中发挥了带动作用，根据其在人才、创新、资源等方面的优势，形成鲜明的发展特色，提高产业发展质量，并辐射和带动周边地区的发展。

12.1 软件产业的区域发展情况

近年来，我国软件产业的区域协调发展成效显著，中部、东部和西部地区的软件业务收入均保持快速增长。广东、北京、江苏等省市的软件业务收入处于全国领先地位，单个软件企业的平均业务收入、软件业务收入、企业数量均位居全国前列，实现了高质量发展。另外，我国软件产业的集中度逐年提高，作为软件人才、政策、资金等资源的关键载体，软件名城、名园切实推动了软件产业的快速发展，并具有良好的引领示范与辐射带动作用。截至 2020 年 1 月，与软件和信息技术服务业相关的国家新型工业化产业示范基地数量达到 39 个，其中约有 50% 的企业聚焦大数据、工业互联网等领域，为产业升级、新动能培育、新经济发展提供了重要支撑。

12.1.1 产业集聚效应显现

2019 年全国软件产业的区域发展情况如图 12-1 所示。我国东部和西部地区的软件产业快速发展。2019 年，东部地区的软件业务收入为 57157 亿元，同比增长 15.0%，占全国软件业务收入的 79.6%。我国中部和西部地区的软件产业发展态势良好，软件业务收入增长较快。2019 年，中部和西部地区的软件业务收入分别达到 3655 亿元和 8607 亿元，同比增长 22.2% 和 18.1%，分别占全国软件业务总收入的 5.1% 和 12.0%。此外，东北地区的软件业务收入增长率为 5.5%，达到 2350 亿元，占全国软件业务总收入的 3.3%。

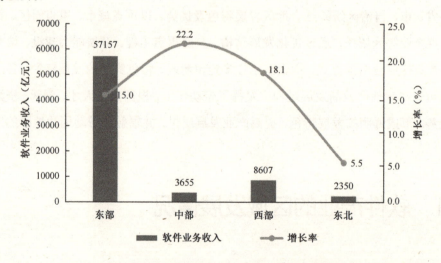

图 12-1 2019 年全国软件产业的区域发展情况

2019 年，软件大省均保持稳中向好的发展态势，部分中部和西部的省市发展较快。数据显示，2019 年，软件业务收入排在全国前 3 名的省市为广东省、北京市和江苏省，上海市、浙江省紧随其后，分别排在第 4 名和第 5 名，以上 5 个省市的软件业务收入之和约为 41309 亿元，占软件业务总收入的 63.9%。有 17 个省、市、自治区的软件业务收入实现了快速增长，软件业务收入增长率高于平均水平，其中的大部分集中在中部和西部地区，广西、云南、贵州、宁夏、安徽、江西、湖南等省、自治区的软件业务收入增长率均高于 20%。

广东省、北京市、江苏省跻身发展的第一梯队，成为高质量发展的代表。2019 年，广东省的软件业务收入突破 1 万亿元，增长率高达 61.9%，软件业务收入占 GDP 比重达到 10.68%，高于平均水平（6.52%）；江苏省的软件企业数量达到 7409 家，新增企业 2118 家，增加数量位居第一，软件业务收入位居第三。2015 年和 2019 年我国部分省、市、自治区的软件产业发展水平如表 12-1 所示。

表 12-1　2015 年和 2019 年我国部分省、市、自治区的软件产业发展水平

区域	2015 年	2019 年	特征
高质量发展地区	北京市	广东省、北京市、江苏省	软件业务收入占 GDP 比重达到全国领先水平，单个软件企业的平均业务收入、软件的累计收入、企业数量位居全国前列
产业集聚地区	江苏省、广东省	上海市、浙江省、山东省	企业数量达到全国领先水平、各项指标处于全国中上游水平
发展潜力较大地区	辽宁省、上海市、浙江省、山东省	湖北省、陕西省、天津市	各项指标处于中游水平
发展有待加强地区	天津市、福建省、重庆市、四川省、陕西省、湖北省	重庆市、海南省、安徽省等	具备一定的产业规模，单个软件企业的平均业务收入达到全国中下游水平
基础薄弱地区	其他	广西壮族自治区、贵州省、宁夏回族自治区	各项指标落后，企业数量少

注：根据软件企业数、软件业务累计收入、软件产品收入占比、技术服务收入占比、嵌入式软件收入占比、单个软件企业平均收入、软件收入占 GDP 比重 7 项指标对发展水平进行分类。

2015 年和 2019 年 31 个省、市、自治区的软件产业发展情况和软件业务收入占 GDP 比重分别如表 12-2 和表 12-3 所示。上海、山东、浙江等省市的产业集聚优势明显。2019 年，上海市的软件业务收入占 GDP 比重达到 14.42%，仅次于北京市，软件业务收入约为 5502 亿元，单个软件企业的平均业务收入为 32365 万元，位居第一；浙江省软件企业获得的利润仅次于广东省，超过 1400 亿元，利润占收入的 26% 以上，位居第一；与

2015 年相比，2019 年山东省的软件企业数量增加了 689 家，增加数量位居第三，转型升级效果明显。

天津市、陕西省和湖北省在 5 年的发展中夯实了基础，发展潜力较大。与 2015 年相比，2019 年其软件业务收入均增长了 75%以上。2019 年，陕西省单个软件企业的平均业务收入为 29585 万元，与 2015 年相比，利润增长了 37.2%；天津市单个软件企业的平均业务收入为 28447 万元，高于平均水平（16019 万元），位居第五。

表 12-2　2015 年和 2019 年 31 个省、市、自治区的软件产业发展情况

序号	省、市、自治区	企业数量（家）		软件业务收入（万元）		增长率（%）	单个软件企业的平均业务收入（万元）		增长率（%）
		2015 年	2019 年	2015 年	2019 年		2015 年	2019 年	
1	广　东	4437	4889	71051485	115013780	61.9	16013	23525	46.9
2	北　京	2655	3200	54228650	99918093	84.3	20425	31224	52.9
3	江　苏	5291	7409	70623774	88527810	25.4	13348	11949	−10.5
4	上　海	3030	1700	33813497	55021298	62.7	11160	32365	190.0
5	浙　江	1763	1892	30374129	54604163	79.8	17229	28861	67.5
6	山　东	3750	4439	37199486	51474787	38.4	9920	11596	16.9
7	四　川	1772	1831	21259096	31715658	49.2	11997	17321	44.4
8	福　建	2398	3324	18271747	29203027	59.8	7620	8786	15.3
9	陕　西	1328	707	11397369	20916700	83.5	8582	29585	244.7
10	湖　北	2497	2476	10152365	20253508	99.5	4066	8180	101.2
11	天　津	518	623	10078453	17722619	75.8	19456	28447	46.2
12	重　庆	941	1386	8533469	15130390	77.3	9069	10917	20.4
13	辽　宁	3610	1521	30342198	15119945	−50.2	8405	9941	18.3
14	湖　南	463	641	3492194	5789540	65.8	7543	9032	19.7
15	吉　林	983	930	4405089	5548196	25.9	4481	5966	33.1
16	安　徽	418	760	2055824	4309467	109.6	4918	5670	15.3
17	海　南	122	222	427822	3451520	706.8	3507	15547	343.4
18	河　北	284	285	1844661	2704610	46.6	6495	9490	46.1
19	广　西	206	232	747207	2411993	222.8	3627	10397	186.6
20	贵　州	245	318	1102422	1833567	66.3	4500	5766	28.1

续表

序号	省、市、自治区	企业数量（家）		软件业务收入（万元）		增长率（%）	单个软件企业的平均业务收入（万元）		增长率（%）
		2015 年	2019 年	2015 年	2019 年		2015 年	2019 年	
21	江 西	135	152	863578	1166394	35.1	6397	7674	20.0
22	河 南	286	285	2785437	1132380	-59.3	9739	3973	-59.2
23	黑龙江	494	370	1506691	796270	-47.2	3050	2152	-29.4
24	云 南	106	190	442407	778974	76.1	4174	4100	-1.8
25	新 疆	111	130	454613	500485	10.1	4096	3850	-6.0
26	甘 肃	95	152	356782	412085	15.5	3756	2711	-27.8
27	内蒙古	81	50	300980	231536	-23.1	3716	4631	24.6
28	山 西	115	103	241541	237308	-1.8	2100	2304	9.7
29	宁 夏	67	80	114051	213329	87.0	1702	2667	56.7
30	青 海	21	41	12142	19759	62.7	578	482	-16.6
31	西 藏								
	合计	38222	40338	428479159	646159188	50.8	11210	16019	42.9

注：排序以 2019 年软件业务收入为依据。

整体来看，2015—2019 年，有 19 个省、市、自治区的软件业务收入占 GDP 比重增加，其中，天津市、北京市、海南省的增加值最大，上海、浙江、山东、安徽、湖北、湖南、广西、重庆、陕西、吉林等省、市、自治区的增加值也高于平均水平。部分省市通过积极谋划布局取得了较好的转型升级态势，软件和信息技术服务业的发展成效显著。海南省、陕西省、重庆市、山东省、广西壮族自治区的单个企业软件平均业务收入首次突破 1 亿元。与 2015 年相比，2019 年重庆市的软件企业数量增加了 445 家，增加数量位居第六，业务收入和利润增长率均高于平均水平；海南省的软件企业数量从 2015 年的 122 家增至 2019 年的 222 家，单个软件企业的平均业务收入从 2015 年的 3507 万元增至 2019 年的 15547 万元，增长率为 343.4%，软件业务收入增长率为 706.8%，海南省的软件业务收入排名升至第 17 位，其软件业务收入占 GDP 比重从 2015 年的 1.16% 增至 2019 年的 6.50%。安徽省、贵州省、宁夏回族自治区的软件业务收入增长率均超过 20%。其中，安徽省的企业数量增加值、软件业务收入增长率、软件业务收入占 GDP 比重的增加值均超过平均水平；贵州省的企业数量从 2015 年的 245 家增至 2019 年的 318 家。贵州省的发展基础虽然薄弱，但发展势头良好。

表 12-3　2015 年和 2019 年 31 个省、市、自治区软件业务收入占 GDP 比重

序号	省、市、自治区	2019 年比重（%）	2015 年比重（%）	增加值（%）
1	北　京	28.25	23.56	4.69
2	上　海	14.42	13.46	0.96
3	天　津	12.57	6.09	6.48
4	广　东	10.68	9.76	0.92
5	江　苏	8.89	10.07	−1.18
6	浙　江	8.76	7.08	1.68
7	陕　西	8.11	6.32	1.79
8	山　东	7.24	5.90	1.34
9	福　建	6.89	7.03	−0.14
10	四　川	6.80	7.07	−0.27
11	海　南	6.50	1.16	5.34
12	重　庆	6.41	5.43	0.98
13	辽　宁	6.07	10.58	−4.51
14	吉　林	4.73	3.13	1.60
15	湖　北	4.42	3.44	0.98
16	湖　南	1.46	1.21	0.25
17	安　徽	1.16	0.93	0.23
18	广　西	1.14	0.44	0.70
19	贵　州	1.09	1.05	0.04
20	河　北	0.77	0.62	0.15
21	黑龙江	0.58	1.00	−0.42
22	宁　夏	0.57	0.39	0.18
23	江　西	0.47	0.52	−0.05
24	甘　肃	0.47	0.53	−0.06
25	新　疆	0.37	0.49	−0.12
26	云　南	0.34	0.32	0.02
27	河　南	0.21	0.75	−0.54
28	山　西	0.14	0.19	−0.05
29	内蒙古	0.13	0.17	−0.04
30	青　海	0.07	0.05	0.02
31	西　藏			
	合　计	6.52	6.33	0.19

注：排序以 2019 年软件业务收入占 GDP 比重为依据。

12.1.2　软件名城多点开花

工业和信息化部于 2008 年正式启动建设中国软件名城，建立了部省市三方合作推进建设的机制，在内部试行了名城创建管理办法。此后，为进一步发挥地方的积极性，突出各地特色、集聚全方位资源、营造良好的发展环境，工业和信息化部于 2017 年印发《中国软件名城创建管理办法（试行）》，对中国软件名城建设的相关工作进行了细致而全面的部署。

中国软件名城的管理体系包含 3 个主要方面：第一，"创建"是名城最重要的属性，名城的创建过程主要分为申请、创建、评估、授予、发展提升 5 个环节；第二，名城的创建采用省部市三方合作推进建设的机制，在充分保障资源集聚的同时，强化了政策协同的作用；第三，采用分级建设与动态调整结合的方式。具体来讲，工业和信息化部每两年对名城进行一次评估，并动态调整评级机制，切实增强了各名城的发展韧性，为其提供了发展动力。

中国软件名城建设取得了显著成效。第一，充分调动了地方的发展积极性；第二，高效集聚了各类行政资源；第三，有效促进了产业集聚和区域协同；第四，切实带动了经济的转型升级。2019 年，13 个中国软件名城（北京市、上海市、广州市、深圳市、济南市、南京市、杭州市、成都市、福州市、厦门市、武汉市、苏州市、青岛市）的软件业务收入达到 5.4 万亿元，占全国软件业务总收入的 75%，具有良好的示范作用。特别是面对新冠肺炎疫情时，中国软件名城充分发挥带头作用，多措并举为企业复工复产保驾护航。软件名城和积极打造软件名城的城市支持复工复产的相关举措如表 12-4 所示。

表 12-4　软件名城和积极打造软件名城的城市支持复工复产的相关举措

类型	软件名城和积极打造软件名城的城市	相关举措
综合型软件名城	南京市	出台《关于促进中小微企业稳定发展的若干措施》，积极促进软件和信息技术服务业企业复工复产
	成都市	从保物资、促复工、强补贴、促就业、补短板、抓服务 6 个方面出发，助力企业恢复生产

类型	软件名城和积极打造软件名城的城市	相关举措
综合型软件名城	济南市	发布疫情对软件企业影响的调查问卷，出台 16 条措施
	广州市	发布软件和信息技术服务业供应商名单，延长公共服务平台相关申报时间
	深圳市	推广使用网络办公软件
	上海市	开通企业绿色融资渠道，开展多项疫情防控期间专项督查
	北京市	通过开展创客大赛等，鼓励软件企业进行产品及商业模式创新
	杭州市	发布《支持企业远程办公助力复工防疫产品和服务目录》
特色型软件名城	福州市	上线福州市抗"疫"相关软件查询平台
	厦门市	出台 15 条惠企政策及 28 条金融帮扶措施
	苏州市	发布 4 批抗击疫情技术产品服务清单
	武汉市	重点帮扶疫情防控医疗物资生产型企业复工
	青岛市	发布两批《疫情防控新技术新产品推介单》
积极打造软件名城的城市	无锡市	发布加快推进企业复工复产的通告
	西安市	发挥大数据在助力企业恢复生产和提高工作效率等方面的积极作用
	沈阳市	发布复工复产安全工作通知，出台支持企业经营的 17 条措施和支持企业复工复产的 30 条措施
	宁波市	成立工业企业复产指导小组
	大连市	组织梳理金融产品和服务清单，为企业提供金融服务
	天津市	搭建工业企业复工服务平台，推出工业企业复工 App

综合型软件名城：南京市印发《关于促进中小微企业稳定发展的若干措施》，并发布关于优化疫情防控措施加快复工达产的通告，积极引导企业复工复产；成都市从保物资、促复工、强补贴、促就业、补短板、抓服务 6 个方面出发，助力企业恢复生产；济南市出台 16 条措施，为企业打造高效、安全的复工环境，济南市工信局运用微信小程序开展了新冠肺炎疫情对软件企业影响的问卷调查；广州市为助力企业渡过难关，通过发布软件和信息技术服务业供应商名单、延长公共服务平台的相关申报时间两大举措，有效促进了企业快速、安全复工；深圳市在积极推广使用网络办公软件的同时，统筹工信、人社双部门的力量，合力解决重点防疫物资生产企业面临的用工难问题；上海市开展了人员安全生产培训、管理制度保障、防疫物资供应等专项督查，并为企业开通了绿色融资渠道，助力企业复工；北京市通过开展创客大赛等方式，鼓励软件企业进行产品及商业模式创新；杭州市 3 大措施并举助力企业防控疫情与恢复生产，一是通过组建

复工专班热线，了解和满足企业的需求，二是快速上线企业复工申报平台，三是发布《支持企业远程办公助力复工防疫产品和服务目录》。

特色型软件名城：福州市在其工信微信公众号中上线抗击"疫"相关软件查询平台，助力企业根据其实际复工复产需求进行产品对接；厦门市出台 15 条惠企政策及 28 条金融帮扶措施；苏州市发布 4 批抗击疫情技术产品服务清单，为各行业的复工企业提供保障；武汉市通过多元化渠道重点帮扶疫情防控医疗物资生产型企业复工；青岛市发布两批《疫情防控新技术新产品推介单》，出台缓缴社会保险费、优化退税服务、降低小微企业房租成本等 18 条政策，切实保障企业的正常运营。

积极打造软件名城的城市：无锡市发布加快推进企业复工复产的通告，通过多项措施推动企业有序恢复生产；西安市充分发挥大数据在助力企业恢复生产和提高工作效率等方面的积极作用，提供多项疫情防控产品与服务；沈阳市通过出台支持企业复工复产的 30 条措施和支持企业经营的 17 条措施，全方位为企业减负，并提供资金支持，确保企业能够正常运营；宁波市成立工业企业复产指导服务小组，为相关企业提供帮助，通过点对点精准服务的方式化解企业经营难题；大连市组织梳理金融产品和服务清单，为企业提供金融服务，还出台多项政策以稳定外贸企业与中小企业的生产和经营；天津市积极搭建了工业企业复工服务平台，并推出工业企业复工 App，高效助力企业复工复产。

12.1.3　软件名园培育加快

园区是软件产业集聚发展的主要载体，对产业的创新发展具有重要作用。2018 年，全国各类软件园区数量突破 200 个，业务收入达到 4.8 万亿元，占全国软件业务收入的 75.8%；各类软件园区集聚了约 3 万家企业，占全国软件企业数量的 75% 以上；相关企业的部分产品和解决方案达到全球领先水平，覆盖语音识别、云计算、第三方支付、5G 核心网虚拟化等领域。当前，行业发展对软件名城的产业提档升级提出了新的要求。在工业和信息化部的指导下，许多地区在软件名园建设方面展开了积极探索。

南京市明确了软件和信息技术服务业的发展主线，南京市政府发布《南京市打造软件和信息服务产业地标行动计划》，重点打造"一谷两园"。中国（南京）软件谷定位于建设中国软件名城示范区和具有国际竞争力的软件产业基地，重点布局通信软件、基础软件、工业软件、大数据、云计算、人工智能、区块链、虚拟现实等领域的发展项目，并积极创建省级高新区；而南京软件园（江北新区）与其形成优势互补，聚焦集成电路设计、健康医疗大数据、智能电网软件、区块链应用等领域，打造相关产业集群。

济南市将进一步加快提档升级，并将其作为重点发展方向，出台了《济南市加快软件名城提档升级促进软件和信息技术服务业发展的若干政策》，主要包含 5 个方面的政策措施。第一，重点建设软件公共服务平台，并对相关平台给予资金支持；第二，鼓励企业入园发展，并补贴相关企业的租金；第三，支持重点项目建设，对总投资金额在 1000 万元以上的项目，给予高额补助；第四，鼓励园区与知名科研院所及国家级智库开展多种形式的合作，共同开展战略规划、人才培训、咨询评估等专业服务；第五，加大对软件人才的保障力度，为软件高层次人才提供培训补贴。

上海市浦东软件园持续加强对园内龙头企业的技术研发、人才建设及产学研用协作机制的支持，对企业的创新型技术、产品和服务进行推广。同时，园区近年来高度重视产业链建设，在努力培育和引进技术研发和运营企业的同时，积极打造高端配套产业和服务，通过加强区内集成电路、移动互联、金融科技、人工智能等的发展，持续提高园区的创新能力、增强发展韧性。

天津市已推动成立市级基础软件创新中心，计划打造以信创产业为核心的全国领先产业基地。天津市以打造国内一流开源社区为目标，实施开源生态培育工程。同时，通过成立国家信息技术应用创新天津分联盟，实现对产学研用协作的自主创新联盟的引导和构建。此外，天津市计划重点培育云账户、360、滴滴三大千亿总部，并加快麒麟操作系统的建设与推广，加快形成国产软件中的天津产品群，构建信创产业的完整产业链，并以此为基础，打造 1~2 个特色明显、优势突出的国家软件名园。

广州市围绕推进价值创新园区建设的发展目标，强化对产业园区的运行监测，基本形成了"双核、两区、多点"的产业布局，并逐步开展软件名园的建设工作；深圳软件园持续强化软件园区的建设和创新发展，明确了五大发展重点，包括金融创投、大型仪器共享、科技项目评审、分园建设及人才队伍打造；福州软件园瞄准"高精尖"，积极引进世界 500 强、民企 500 强等知名企业，同时，启动 10 万平方米创业苗圃计划，释放产业发展创新动能；厦门软件园成立了战略发展委员会，邀请园区内 53 家龙头企业的高管担任委员，分享企业所在领域的趋势预判，加强园区企业的合作，同时，为园区内的高层次人才提供不同级别的购房补贴；西安软件园打造了包罗万象的产业公共服务平台，持续提高产业发展承载能力，以软件生态构建为核心，重点维护园区产业环境。

12.1.4　示范基地有序建设

为加快推进中国特色新型工业化进程，2009 年，工业和信息化部开始在全国组织开展"国家新型工业化产业示范基地"创建工作。作为我国制造业集聚发展的重要载体和制造强国建设的支撑力量，国家新型工业化产业示范基地在协同创新、集群集约、智能融合、绿色安全等方面具有良好的示范作用，为软件和信息技术服务业带来了新的发展契机。

全国有 9 批共 426 家工业园区（集聚区）成为国家级示范基地，其中，与软件和信息技术服务业相关的基地达到 39 家。2018 年以来，有 20 多个聚焦大数据、工业互联网的园区入选国家新型工业化产业示范基地，为助力产业升级、培育新动能、发展新经济提供了重要支撑。例如，作为厦门软件和信息技术服务业的核心载体，厦门软件园已形成大数据与人工智能、数字创意、电子商务、智慧城市与行业应用、移动互联网五大行业细分领域齐头并进的产业格局。截至 2019 年年底，园区内国家级高新技术企业达到 471 家、互联网百强企业达到 7 家、软件业务收入前百家企业达到 4 家，园区年营收额超过 1000 亿元，注册企业达到 5544 家，员工达到 11 万人。

2018 年以来，为加强对示范基地的分级、分类指导和动态管理，工业和信息化部开展了示范基地发展质量评价工作。其中，厦门软件园、青岛软件园、深圳软件园获评2018 年五星级国家新型工业化产业示范基地；北京中关村科技园区海淀园凭借雄厚的产业发展实力，连续两年获评五星级国家新型工业化产业示范基地。

近年来，北京中关村科技园区海淀园持续建设工业互联网平台，突破工业机器人等关键技术，积极推进产业跨界融合发展。园区还对战略性新兴产业进行了积极布局，重点推进人工智能、集成电路设计等领域的发展。目前，园区发展成效突出，截至 2019 年年底，销售收入超过 10000 亿元；劳动生产率高达 38 万元/人，约为全国平均水平的 3.5 倍；拥有一批创新型企业和产品，研发强度超过 3.5%，园区规上企业的专利数量占全国的 25%以上；工业增加值能耗降幅、规上企业关键工序数控化率等主要指标均高于全国平均水平。

12.2　重点省市的发展模式

"十三五"以来，全国各省、市、自治区纷纷结合地区发展特色及优势，以重点城市、重点园区、重点产业、重点企业等为依托，规划本地区的软件产业发展蓝图，通过优化发展结构、打造重点工程、开展能力建设、培育龙头企业、普及行业应用等方式，形成了许多定位明确、特色鲜明的发展模式，鼓励地方软件企业做大做强，实现可持续发展。

12.2.1　高质量发展地区的发展模式

1. 广东省：质量提升带动模式

"十三五"期间，广东省以建设国家科技产业创新中心为契机，集聚创新资源和要素、激发创新创业活力、提高自主研发能力，积极发展创新型企业、构建完整产业链，营造了良好的产业发展生态，有效提高了发展质量，初步形成以创新为主体的经济体系。

近年来，广东省陆续出台了《广东省"互联网+"行动计划（2015—2020 年）》《广东省促进大数据发展行动计划（2016—2020 年）》《广东省战略性新兴产业发展"十三五"规划》《广东省扩大和升级信息消费实施方案（2018—2020 年）》等文件，积极把握新一代信息技术全面跨界融合、智能化发展的新趋势，通过实施"互联网+"行动计划、大数据战略和网络强省战略，推进"数字广东"建设，打造绿色、互联、安全的产业生态。第一，推进信息基础设施建设，提高城镇和农村地区的光纤宽带覆盖率及传输质量，推进 5G 关键技术研发及产品应用，加快发展移动办公、移动商务等新型通信增值服务；第二，提高整机产品与核心基础软硬件的竞争力，重点发展云计算、工业互联网等领域的新技术、新应用，集中推进关键整机产品的发展；第三，发展人工智能、大数据等新兴产业，支持类人神经计算芯片、智能应用系统研究，建设支撑超大规模深度学习的新型计算集群；第四，推动"互联网+"融合发展，积极培育分享经济新模式，重点推进大数据、云计算、物联网等技术与先进制造业、现代农业、跨境电子商务等的深度融合。

广东省计划重点推进"数字政府"建设，2018 年至今，广东省陆续出台了《广东省"数字政府"建设总体规划（2018—2020 年）》《广东省"数字政府"建设总体规划（2018—2020 年）实施方案》《广东省"数字政府"改革建设 2019 年工作要点》《广东省"数字政府"改革建设 2020 年工作要点》等文件，提出通过推进"多证合一"和"企业开办"主题服务应用、建设省级集约化协同办公平台、升级优化电子证照系统等方式建设可持续的服务型政府，从而优化营商环境、提高民生服务水平、推进政务服务事项标准化、提高基础设施集约化水平。广东省战略政策汇总如表 12-5 所示。

表 12-5　广东省战略政策汇总

发布时间	文件名称
2015 年 9 月	广东省"互联网+"行动计划（2015—2020 年）
2016 年 4 月	广东省促进大数据发展行动计划（2016—2020 年）
2017 年 9 月	广东省战略性新兴产业发展"十三五"规划
2018 年 3 月	广东省深化"互联网+先进制造业"发展工业互联网实施方案及配套政策措施
2018 年 4 月	广东省扩大和升级信息消费实施方案（2018—2020 年）
2018 年 8 月	广东省新一代人工智能发展规划
2018 年 8 月	广东省推进电子商务与快递物流协同发展实施方案
2018 年 10 月	广东省"数字政府"建设总体规划（2018—2020 年）
2018 年 11 月	广东省"数字政府"建设总体规划（2018—2020 年）实施方案
2019 年 4 月	广东省"数字政府"改革建设 2019 年工作要点
2019 年 5 月	广东省超高清视频产业发展行动计划（2019—2022 年）
2019 年 5 月	广东省加快 5G 产业发展行动计划（2019—2022 年）
2020 年 2 月	广东省"数字政府"改革建设 2020 年工作要点

2. 北京市：优化结构带动模式

"十三五"期间，北京市以产业结构优化升级为核心，聚焦产业链、创新链的高端环节和关键领域，通过实施"大数据、大软件、大应用"的产业生态战略，增加自主创新供给和数据信息消费、扩大信息经济规模，促进软件、数据和信息等创新资源要素向各领域加速渗透。

近年来，北京市陆续出台了《北京市"十三五"时期软件和信息服务业发展规划》《北京市大数据和云计算发展行动计划（2016—2020 年）》《北京市"十三五"时期工业转型升级规划》《北京市推进两化深度融合推动制造业与互联网融合发展行动计划》等文件，通过实施"云网端"一体化战略、产业跨界融合升级大软件驱动战略、服务信息社会建设大应用带动战略，进一步巩固并提高软件和信息技术服务业在全市经济发展中的地位，形成与科技创新中心功能定位相适应的创新型产业发展格局。北京市还开展了新型产业生态圈培育、祥云工程 3.0 升级、京津冀大数据综合试验区建设、自主可控技术创新、两化融合强基、开源软件系统推广、知识产权和标准创新突破、产业国际化拓展八大重点行动，全面提高产业创新能力、丰富创新层次，提高北京市对国际高端业务的承接力。此外，北京市强化了金融政策对产业发展的支持。第一，围绕产业生态构建、核心技术突破、重大产业应用等方向，注资各类政府投资基金；第二，鼓励龙头企业和投资机构设立各类基金，支持创新能力强、带动效应好的中小企业创业；第三，制定政府采购清单，完善相关配套服务措施，激发产业创新活力；第四，鼓励企业通过扩大股权、债券等方式拓宽融资渠道。

北京市计划在 5G、机器人和北斗导航等领域加快布局。2019 年 1 月，北京市印发《北京市 5G 产业发展行动方案（2019—2022 年）》，提出将通过实施"一五五一"工程，构筑高端的 5G 产业体系。2019 年 12 月，北京市出台《北京市机器人产业创新发展行动方案（2019—2022 年）》，提出实施"五四三二"工程，构建有特色的机器人产业发展生态。2020 年 2 月，北京市发布《北京市关于促进北斗技术创新和产业发展的实施方案（2020—2022 年）》，提出充分发挥北京市在北斗导航与位置服务技术创新方面的资源优势，加强关键技术和核心部件研发攻关，引导人才、技术、资本等要素的发展。北京市战略政策汇总如表 12-6 所示。

表 12-6　北京市战略政策汇总

发布时间	文件名称
2016 年 8 月	北京市"十三五"时期软件和信息服务业发展规划
2016 年 8 月	北京市大数据和云计算发展行动计划（2016—2020 年）
2016 年 12 月	北京绿色制造实施方案
2017 年 1 月	关于全面加强电子商务领域诚信建设的指导意见
2017 年 4 月	京津冀协同推进北斗导航与位置服务产业发展行动方案（2017—2020 年）
2017 年 4 月	北京市"十三五"时期工业转型升级规划
2017 年 5 月	"智造 100"工程实施方案
2017 年 8 月	北京市推进两化深度融合推动制造业与互联网融合发展行动计划
2017 年 9 月	北京市机器人产业创新发展路线图
2019 年 1 月	北京市 5G 产业发展行动方案（2019—2022 年）
2019 年 5 月	北京市超高清视频产业发展行动计划（2019—2022 年）
2019 年 7 月	互联网信息领域开放改革三年行动计划
2019 年 8 月	北京市大数据培训基地管理办法（试行）
2019 年 12 月	关于通过公共数据开放促进人工智能产业发展的工作方案
2019 年 12 月	北京市机器人产业创新发展行动方案（2019—2022 年）
2020 年 2 月	北京市关于促进北斗技术创新和产业发展的实施方案（2020—2022 年）

3. 江苏省：两化融合带动模式

"十三五"期间，江苏省围绕制造强省和智慧江苏建设，全面推进信息化和工业化深度融合，加快推动新一代信息技术和互联网技术向研发设计、加工制造、生产管控、供应链管理、市场服务等环节渗透，打造先进制造业基地，形成竞争新优势。

近年来，江苏省陆续出台了《江苏省企业互联网化提升计划》《江苏省信息化和工业化深度融合发展规划（2016—2020 年）》《关于推进制造业与互联网融合发展的实施意见》《智慧江苏建设三年行动计划（2018—2020 年）》《关于进一步加快智能制造发展的意见》等文件，推进制造业与互联网融合发展平台建设，培育制造业与互联网融合发展新模式，加快制造装备智能化升级，提高制造业与互联网融合发展新模式的服务能力，提高工控安全和基础设施保障水平。第一，推进简政放权、放管结合，优化服务改革、放宽新产品、新业态市场准入限制；第二，加强对制造业与互联网融合发展关键环节和重点领域的财政支持，积极支持"互联网+先进制造"特色基地、制造业"双创"公共服务平台建设；第三，强化税收支持，支持重点企业开展信用贷款、融资租赁、质押担保等金融产品升级和服务创新工作；第四，完善生产要素保障，积极盘活闲置的工业厂房、企业库房和物流设施等资源，对企业办公用房、水电、网络等费用给予补助；第五，深化人才体制机制改革，在重点院校、大型企业和产业园区建设一批产学研用协作的专业人才培养基地，完善激励创新的股权、期权等风险共担和收益分享机制，支持制造业与互联网跨界人才创新创业。

江苏省计划大力推进工业互联网发展，积极建设工业互联网综合创新平台、关键技术试验平台和服务资源池，支持制造企业构建面向生产制造流程的无线传感网、智能控制网、视频监控网、物流配送网等工业应用网络，开展工业互联网创新应用示范。预计2025年，江苏省将实现工业互联网平台在重点行业的全覆盖，规上企业的工业互联网应用覆盖率将超过九成。江苏省战略政策汇总如表 12-7 所示。

表 12-7　江苏省战略政策汇总

发布时间	文件名称
2016 年 3 月	江苏省企业互联网化提升计划
2016 年 7 月	江苏省信息化和工业化深度融合发展规划（2016—2020 年）
2016 年 11 月	江苏省"十三五"战略性新兴产业发展规划
2016 年 12 月	关于推进制造业与互联网融合发展的实施意见
2017 年 12 月	制造业"双创"平台建设三年行动计划
2017 年 12 月	江苏省深入推进信息化和工业化融合管理体系的实施意见
2017 年 12 月	加快推进"企业上云"三年行动计划
2018 年 3 月	关于加快推进"互联网+"高效物流行动的实施意见
2018 年 5 月	江苏省新一代人工智能产业发展实施意见
2018 年 6 月	江苏省智能制造示范工厂建设三年行动计划（2018—2020 年）
2018 年 6 月	关于加快培育先进制造业集群的指导意见
2018 年 7 月	关于组织实施江苏省工业互联网创新发展"365"工程的通知
2018 年 10 月	智慧江苏建设三年行动计划（2018—2020 年）
2018 年 10 月	江苏省增材制造产业发展三年行动计划（2018—2020 年）
2018 年 11 月	江苏省智能制造示范区培育实施方案（试行）
2018 年 11 月	江苏省智能制造领军服务机构遴选培育实施方案（试行）
2018 年 11 月	关于促进和规范江苏省民用无人机制造业发展的意见
2018 年 12 月	江苏省机器人产业发展三年行动计划（2018—2020 年）

发布时间	文件名称
2018 年 12 月	关于进一步加快智能制造发展的意见
2019 年 1 月	江苏省落实《工业互联网 App 培育工程实施方案（2018—2020 年）》的推进计划
2019 年 6 月	江苏省推进车联网（智能网联汽车）产业发展行动计划
2019 年 9 月	江苏省工业设计高质量发展三年行动计划（2019—2021 年）
2020 年 2 月	江苏省超高清视频产业发展行动计划

12.2.2 产业集聚地区的发展模式

1. 上海市：重点工程带动模式

"十三五"期间，上海市以提高工业软件支撑能力、行业软件核心竞争力、互联网跨界融合能力、新兴技术引领带动能力为发展重点，通过实施一系列重点工程，加强自主研发、集成创新和引进吸收，推动了产业从规模扩大向质量提高发展，促进了重点领域、交叉融合领域的多点突破和融合互动。

近年来，上海市陆续出台了《上海促进软件和信息服务业发展"十三五"规划》《关于本市进一步鼓励软件和集成电路产业发展的若干政策》《上海市软件和集成电路产业发展专项支持实施细则》等文件，积极部署并实施了工业互联网支撑、软件产业创新、"互联网+"产业培育、"云海计划"升级、数据服务能力提高、领军企业培育、软件贸易和服务外包促进、信息安全保障八大重点工程。第一，通过制定促进产业发展的相关政策及资金、创新、人才和产业化等方面的配套办法，优化产业政策体系，提高市场培育服务水平；第二，引导投资企业、金融机构、民间资本等各类社会资本投资软件和信息技术服务业，发挥资本市场的资源配置和直接融资作用，拓宽企业融资渠道；第三，以集聚创新要素、搭建服务平台、推动区域合作、引导差异发展等为切入点，优化产业布局；第四，引进并培育一批领军人才，推动人才培养国际合作和资质互认，优化人才队伍结构。此外，上海市还发布了人工智能、工业互联网、信息化建设和应用、重点技术改造等细分领域的专项实施细则，采用无偿资助、奖励、政府购买服务等方式，支持企业在核心领域的自主创新，优化产业发展环境，加快全产业链高端化发展。

上海市计划在推动 5G 建设和促进首版次软件产品研发及应用方面加快部署。第一，实现数字化、网络化、智能化转型升级，上海市于 2019 年 7 月出台《关于加快推进本市 5G 网络建设和应用的实施意见》，提出 2021 年，全市将累计建设 3 万个 5G 基站，培育 100 家应用领域创新型企业；第二，激发软件企业研发及用户使用首版次软件产品的积极性，上海市于 2020 年 1 月印发《上海市首版次软件产品专项支持办法》，将人工智能等核心软件、操作系统等基础软件及工业软件、大型行业应用软件、信息安全产品软件、支撑类软件列为支持的重点。上海市战略政策汇总如表 12-8 所示。

表 12-8　上海市战略政策汇总

发布时间	文件名称
2015 年 5 月	上海市重点技术改造专项支持实施细则
2017 年 1 月	上海促进软件和信息服务业发展"十三五"规划
2017 年 4 月	关于本市进一步鼓励软件和集成电路产业发展的若干政策
2017 年 10 月	上海市软件和集成电路产业发展专项支持实施细则
2017 年 12 月	上海市软件和信息服务业园区建设指引（2017 年版）
2017 年 12 月	上海市人工智能创新发展专项支持实施细则
2018 年 11 月	上海市推进新一代信息基础设施建设助力提升城市能级和核心竞争力三年行动计划（2018—2020 年）
2018 年 12 月	上海市工业互联网创新发展专项支持实施细则
2019 年 2 月	上海市信息化建设和应用专项支持实施细则
2019 年 7 月	关于加快推进本市 5G 网络建设和应用的实施意见
2020 年 1 月	上海市首版次软件产品专项支持办法

2. 浙江省：能力建设带动模式

"十三五"期间，浙江省面对转型升级的迫切需求，将软件和信息技术服务业作为引领性万亿级产业进行培育，积极提高软件企业的研发能力、软件产品和服务质量、软件开发人员素质，促进软件开发资源的开放共享。

近年来，浙江省陆续出台了《关于进一步加快软件和信息服务业发展的实施意见》《浙江省软件产业创新能力提升三年行动计划》等文件，通过加强重点能力建设，突破核心技术、深化融合应用、优化产业布局、培育新兴业态，构建具有国际竞争力的产业生态体系。第一，提高软件开发能力，引入国内外顶尖的软件企业，提高省内软件企业的软件开发能力；第二，提高软件服务能力，依托阿里云等平台建立软件应用商店，鼓励软件企业积极开发适合在云上运行的软件，鼓励信息技术服务企业开展信息技术服务标准（ITSS）认证，加强软件开发和服务标准规范建设；第三，加强软件开发人才培养，联合本地高校、骨干软件企业、培训机构等，打造多个面向全省的软件实训基地，建立软件开发人才专业信用评价体系；第四，打造开放共赢的开发者生态，支持开源社区建设，促进创新资源要素的集聚、共享和开放，定期举办大型软件竞赛活动，激发创新热情。2018—2020 年，浙江省每年投资 1 亿元用于促进软件和信息技术服务业发展，每年在软件和信息技术服务领域实施不少于 50 项省重大科技项目。预计 2022 年，浙江省软件和信息技术服务业收入将突破 1 万亿元，规上软件企业数量将超过 3000 家。

浙江省计划聚焦人工智能、5G 等领域进行发展。2019 年 2 月，浙江省印发《浙江省促进新一代人工智能发展行动计划（2019—2022 年）》，提出将从技术、硬件、产品、应用、人才等方面发展人工智能，打造全国领先的新一代人工智能核心技术引领区、产业发展示范区和创新发展新高地。2019 年 4 月，浙江省发布《关于加快推进 5G 产业发展的实施意见》，提出要促进 5G 在工业制造、城市治理、民生服务、文化娱乐等领域的广泛应用，形成一批可复制、可推广的典型案例。浙江省战略政策汇总如表 12-9 所示。

表 12-9　浙江省战略政策汇总

发布时间	文件名称
2017 年 3 月	浙江省数据中心"十三五"发展规划
2017 年 4 月	关于深化制造业与互联网融合发展的实施意见
2017 年 4 月	浙江省"企业上云"行动计划（2017 年）
2017 年 8 月	化工制造业改造提升实施方案（2017—2020 年）
2017 年 8 月	橡胶和塑料制品制造业改造提升实施方案（2017—2020 年）
2017 年 9 月	纺织制造业改造提升实施方案（2017—2020 年）
2017 年 9 月	化纤制造业改造提升实施方案（2017—2020 年）
2017 年 9 月	服装制造业改造提升实施方案（2017—2020 年）
2017 年 12 月	浙江省新一代人工智能发展规划
2018 年 1 月	关于进一步加快软件和信息服务业发展的实施意见
2018 年 8 月	浙江省软件产业创新能力提升三年行动计划
2018 年 8 月	关于加快发展工业互联网促进制造业高质量发展的实施意见
2019 年 2 月	浙江省促进新一代人工智能发展行动计划（2019—2022 年）
2019 年 4 月	关于加快推进 5G 产业发展的实施意见

3. 山东省：多点布局带动模式

"十三五"期间，山东省明确主攻方向，集中力量培育新一代信息技术、智能制造、数字政府等，打造若干核心节点和发展高地，塑造竞争新优势。同时，依托高新技术产业基地和战略性新兴产业示范基地、新旧动能转换综合试验区、战略性新兴产业集聚发展试点区域等，培育了一批规模优势突出、创新能力强、示范带动作用好的产业集聚区。

近年来，山东省陆续出台了《山东省新一代信息技术产业专项规划（2018—2022年）》《数字山东发展规划（2018—2022年）》等文件，全面布局大数据、云计算、人工智能等新一代信息技术的发展，打造核心竞争优势，推动区域产业链上下游分工协作、共同发展，积极加强数字基础设施、数据资源、网络安全等的支撑作用，发展数字经济。山东省还积极推动工业企业降本提质增效，发布《山东省智能制造"1+N"带动提升行动实施方案（2018—2020年）》《山东省深化"互联网＋先进制造业"发展工业互联网的实施方案》等文件，通过实施新旧动能转换，树立和培育一批重点产业的智能制造标杆企业，加快推动全省制造业实现高质量发展。在区域布局方面，山东省立足济南市、青岛市和烟台市的发展优势，打造了三大核心区：第一，助力济南市的国际软件名城建设；第二，支持青岛市的"一带一路"沿海重要节点城市和国际知名的互联网工业城市建设；第三，支持烟台市打造具有全国影响力的智能制造先进技术示范中心。预计2022年，山东省信息技术产业占全省工业产业的比重将达到15%以上，在集成电路、大数据、云计算、高端软件、工业互联网等领域形成一批具有引领性的技术、产品、企业。

山东省计划以构建高端产业生态为主攻方向，加快以5G、人工智能、工业互联网、物联网等新一代信息技术的新型基础设施建设。2020年3月，山东省发布《关于山东省数字基础设施建设的指导意见》，提出发展关键基础软件、高端工业软件、新兴平台软件、行业应用软件、嵌入式软件，以及建设泛在连接的信息通信网络、构建高效协同的数据处理体系、布局全域感知的智能终端设施、升级智能融合的传统基础设施、打造安全可信的防控设施体系五大重点任务。山东省战略政策汇总如表12-10所示。

表12-10　山东省战略政策汇总

发布时间	文件名称
2016年10月	关于促进大数据发展的意见
2017年12月	关于促进山东省大数据产业加快发展的意见

发布时间	文件名称
2018 年 1 月	山东新旧动能转换综合试验区建设总体方案
2018 年 6 月	山东省智能制造"1+N"带动提升行动实施方案（2018—2020 年）
2018 年 10 月	山东省高端装备制造业发展规划（2018—2025 年）
2018 年 11 月	山东省推进互联网协议第六版（IPv6）规模部署行动计划的实施方案
2018 年 11 月	山东省新一代信息技术产业专项规划（2018—2022 年）
2019 年 1 月	关于促进全省移动互联网健康有序发展的实施意见
2019 年 1 月	关于深化产教融合推动新旧动能转换的实施意见
2019 年 2 月	数字山东发展规划（2018—2022 年）
2019 年 3 月	数字山东 2019 行动方案
2019 年 3 月	山东省数字政府建设实施方案（2019—2022 年）
2019 年 5 月	关于大力推进"现代优势产业集群+人工智能"的指导意见
2019 年 7 月	山东省深化"互联网＋先进制造业"发展工业互联网的实施方案
2019 年 11 月	关于加快 5G 产业发展的实施意见
2019 年 11 月	山东省推进 5G 产业发展实施方案
2020 年 1 月	关于加快推动软件产业高质量发展的实施意见
2020 年 3 月	关于山东省数字基础设施建设的指导意见

12.2.3　发展潜力较大地区的发展模式

1. 湖北省：创新发展带动模式

"十三五"期间，湖北省围绕新一代信息技术、高端装备制造、新材料、数字创意等领域，加大创新支持力度，集中力量突破了一批核心技术。同时，湖北省积极推动软件与硬件、应用与服务、行业与服务的深度融合，产业发展空间进一步扩大。

近年来，湖北省陆续出台了《湖北省人民政府办公厅关于进一步推进软件和信息技术服务业发展的意见》《湖北省软件和信息技术服务业"十三五"发展规划》《湖北省"十三五"产业创新能力发展和建设规划》等文件，聚焦人工智能、集成电路、云计算、大数据、北斗导航、汽车电子、光通信、增材制造、智能机器人等领域，提高技术创新水平，完善技术服务体系。第一，面向战略性新兴产业和湖北省优势特色领域，加强企业技术中心建设和工程研究中心建设，强化关键技术攻关、实验研究及重大科技成果的工程化验证；第二，持续推进东湖高新区、荆门高新区、武汉市江岸区和罗田县等国家双创示范基地建设，探索并向省内推广相关成功模式和典型经验；第三，推动政府资源开放，集聚政策宣贯、创业投资、金融机构、优质人才、中介服务等资源，为行业提供服务；第四，充分发挥省股权投资引导基金和创业投资引导基金的作用，通过政府引导、民间参与、市场化运作，搭建债权融资服务、股权融资服务、增值服务三大服务体系。当前，湖北省软件和信息技术服务业企业专利授权数量已达到每年 5000 件，软件著作权数量达到每年 2 万件。

湖北省计划以 5G 产业发展为契机，推动全省的数字化、网络化、智能化转型。2019 年 8 月，湖北省出台《湖北省 5G 产业发展行动计划（2019—2021 年）》，指出 2021 年，全省将累计投资 600 亿元，建设超过 5 万个 5G 基站，培育规上制造企业超过 20 家。湖北省战略政策汇总如表 12-11 所示。

表 12-11　湖北省战略政策汇总

发布时间	文件名称
2014 年 3 月	湖北省人民政府办公厅关于进一步推进软件和信息技术服务业发展的意见
2015 年 12 月	关于加快推进"互联网+"行动的实施意见
2016 年 9 月	关于加快推进新一轮技术改造和设备更新促进工业转型升级的意见
2016 年 9 月	关于加快促进云计算创新发展培育信息产业新业态的实施意见
2017 年 2 月	湖北省软件和信息技术服务业"十三五"发展规划
2017 年 12 月	湖北省"十三五"产业创新能力发展和建设规划
2018 年 4 月	湖北省工业经济稳增长快转型高质量发展工作方案（2018—2020 年）
2018 年 12 月	中国（武汉）跨境电子商务综合试验区实施方案
2019 年 1 月	推进数字政府建设的指导意见
2019 年 8 月	湖北省 5G 产业发展行动计划（2019—2021 年）

2. 陕西省：行业应用带动模式

"十三五"期间，陕西省重点推进网络安全、智慧矿山、电力装备、旅游休闲、水利交通、健康医疗、石油化工等领域的应用软件开发及产业化发展。同时，积极实施"互联网+"行动计划，加快互联网从消费领域向生产领域拓展，重点发展政府服务、协同制造、现代农业、电子商务、普惠金融、便捷交通、益民服务、文化旅游、教育培训等领域的应用，促进互联网与陕西优势产业深度融合。

近年来，陕西省陆续出台了《促进和规范健康医疗大数据应用发展实施方案》《推进电子商务与快递物流协同发展的实施意见》《关于加快推进全省新型智慧城市建设的指导意见》《关于进一步扩大和升级信息消费持续释放内需潜力的实施意见》《关于促进"互联网+医疗健康"发展的实施意见》《关于深化"互联网+先进制造业"发展工业互联网的实施意见》等文件，通过推进基础设施建设、促进数据互通共享、引导应用模式创新、开展优政惠民工程建设等方式，全面推动云计算、大数据、物联网、人工智能等在各重点领域的广泛应用。

陕西省计划紧抓国家推进煤炭工业总量去产能向结构性优化产能转变的机遇，推动能源工业快速增长。同时，大力推进汽车、先进装备制造、新一代信息技术、新材料、医药、现代化工等新型支柱行业的发展。陕西省战略政策汇总如表 12-12 所示。

表 12-12　陕西省战略政策汇总

发布时间	文件名称
2016 年 9 月	陕西省"十三五"战略性新兴产业发展规划
2018 年 1 月	促进和规范健康医疗大数据应用发展实施方案
2018 年 4 月	推进电子商务与快递物流协同发展的实施意见
2018 年 9 月	关于加快推进全省新型智慧城市建设的指导意见
2018 年 10 月	关于进一步扩大和升级信息消费持续释放内需潜力的实施意见
2019 年 1 月	关于促进"互联网+医疗健康"发展的实施意见
2019 年 7 月	2019 年工业稳增长促投资推动高质量发展的若干措施
2019 年 8 月	关于深化"互联网+先进制造业"发展工业互联网的实施意见

3. 天津市：龙头企业带动模式

"十三五"期间，天津市瞄准 IC 设计、互联网、工业 App、大数据、云计算、游戏动漫和网络视听等重点领域，加快完善产业链条，培育了一批创新能力强、品牌形象优、特色鲜明的骨干企业。同时，积极促进软件和信息技术服务业与各领域的深度融合，加快技术、产业、应用和安全的协同发展，增强产业集聚效应。

近年来，天津市陆续出台了《天津市工业经济发展"十三五"规划》《天津市加快推进智能科技产业发展的若干政策》《天津市软件和信息技术服务业发展三年行动方案（2018—2020 年）》等文件，通过为企业研发提供补助、促进关键产品适配应用、提供重点项目配套资金等方式，以龙头企业、骨干项目带动产业链延伸，引导软件资源定向集聚，促进产业规模化发展。例如，天津市对上一年收入首次超过 1 亿元和 10 亿元，并承诺 3 年内保持增长的软件和信息技术服务业企业，根据情况给予不同数额的一次性奖励，用于奖励核心研发人员或作为研发投资；对获得国家"核高基"重大专项、国家软件和信息技术服务领域试点示范应用等荣誉的项目，给予不同数额的补助。当前，天津市全力支持飞腾 CPU 和麒麟操作系统的研发及产业化，国产数据库龙头企业南大通用在金融、电信、政务、国防等领域均有涉及，使天津市在安全 CPU、安全操作系统、安全数据库三大领域处于优势地位。

天津市计划在京津冀协同发展的战略机遇下，重点布局人工智能、车联网、5G 等领域的发展。2018 年 10 月，出台《天津市新一代人工智能产业发展三年行动计划（2018—2020 年）》，提出推动 35 项人工智能产业重大项目的实施。2019 年 12 月，出台《天津市车联网（智能网联汽车）产业发展行动计划》，提出培育一批实力较强的龙头企业，打造 2～3 个国内领先的产业集聚区。2020 年 2 月，发布《关于加快推进 5G 发展的实施意见》，提出 2022 年年底，全市 5G 产业规模将突破 300 亿元，并培育 5 家以上具有核心竞争力的优势企业。天津市战略政策汇总如表 12-13 所示。

表 12-13　天津市战略政策汇总

发布时间	文件名称
2016 年 11 月	天津市工业经济发展"十三五"规划
2017 年 10 月	天津市"杀手锏"产品认定补贴办法
2018 年 5 月	天津市加快推进智能科技产业发展的若干政策
2018 年 7 月	天津市软件和信息技术服务业发展三年行动方案（2018—2020 年）
2018 年 10 月	天津市新一代人工智能产业发展三年行动计划（2018—2020 年）
2019 年 12 月	天津市车联网（智能网联汽车）产业发展行动计划
2020 年 2 月	关于加快推进 5G 发展的实施意见

12.2.4　发展有待加强地区的发展模式

1. 重庆市：先进制造带动模式

"十三五"期间，重庆市立足制造业，推动互联网、大数据、人工智能与实体经济深度融合,着力优化产业结构、构建产业生态、发展先进生产方式、促进产业园区转型,在提高工业经济总量的同时,推动发展质量的持续提高,促进制造业整体向智能化迈进。

近年来,重庆市陆续出台了《重庆市制造业与互联网融合创新实施方案》《重庆市以大数据智能化为引领的创新驱动发展战略行动计划(2018—2020 年)》《重庆市深化"互联网+先进制造业"发展工业互联网实施方案》《重庆市发展智能制造实施方案(2019—2022 年)》《重庆市推动制造业高质量发展专项行动方案(2019—2022 年)》等文件,巩固智能产业、汽车和摩托车产业两大支柱产业集群,壮大装备产业、材料产业、生物医药产业、消费品产业、农副食品加工产业和技术服务产业集群。第一,依托电子信息产业,通过集成电路、智能终端、智能传感器及仪器仪表等领域的重点工程建设,延展和完善产业链条,扩大软件和信息技术服务业的整体规模;第二,积极推动整车产品向智能化、绿色化、网联化转型,加快整车产品的研发与投放,提升先进汽车电子、新能源汽车、辅助驾驶系统等关键零部件的本地配套能力。第三,聚焦智能机器人、智能制造、轨道交通、航空航天、能源等领域,积极引进和培育高端装备产品,带动原有产品向智能化、系统化转型升级。

重庆市计划在 5G、汽车电子、工业软件、高端行业应用软件等领域深化布局。2019 年 12 月,出台《重庆市加快推动 5G 发展行动计划(2019—2022 年)》,提出 2022 年,全市将建成 5G 基站超过 10 万个,5G 产业的主营业务收入将突破 1000 亿元,引进和培育 5G 应用领域创新型企业数量将突破 100 家。2020 年 1 月,发布《重庆市汽车电子产业发展指导意见》,提出 2025 年,全市汽车电子产业的销售收入将超过 800 亿元。2020 年 4 月,发布《重庆市促进软件和信息服务业高质量发展行动计划(2020—2022 年)》,将工业软件、高端行业应用软件、面向移动智能终端和智能网联汽车的信息技术服务、自主基础软件等列为发展重点。重庆市战略政策汇总如表 12-14 所示。

表 12-14　重庆市战略政策汇总

发布时间	文件名称
2016 年 10 月	重庆市制造业与互联网融合创新实施方案
2017 年 8 月	重庆市"十三五"信息化规划
2018 年 3 月	重庆市以大数据智能化为引领的创新驱动发展战略行动计划(2018—2020 年)
2018 年 5 月	重庆市深化"互联网+先进制造业"发展工业互联网实施方案
2018 年 12 月	重庆市发展智能制造实施方案(2019—2022 年)

发布时间	文件名称
2019 年 1 月	关于推进 5G 通信网建设发展的实施意见
2019 年 5 月	重庆市推动制造业高质量发展专项行动方案（2019—2022 年）
2019 年 7 月	关于加快电子商务产业发展的意见
2019 年 11 月	关于进一步促进区块链产业健康快速发展有关工作的通知
2019 年 12 月	重庆市加快推动 5G 发展行动计划（2019—2022 年）
2020 年 1 月	重庆市汽车电子产业发展指导意见
2020 年 4 月	重庆市促进软件和信息服务业高质量发展行动计划（2020—2022 年）
2020 年 4 月	关于保障 5G 网络基础设施建设的通知

2. 海南省：产业园区带动模式

"十三五"期间，海南省重点建设了八大园区，包括 3 个省级工业园区，即洋浦经济开发区、老城经济开发区和东方工业园区，以及 5 个高新技术产业和信息产业园区，即海口国家高新技术产业开发区、海南生态软件园、美安生态科技新城、三亚创意产业园和海南清水湾国际信息产业园。其中，海南生态软件园是海南省发展软件和信息技术服务业的最大载体。

近年来，海南省陆续出台了《海南省新型工业及信息产业"十三五"发展规划》《海南省互联网产业"十三五"发展规划指导意见》《海南省信息基础设施水平巩固提升三年专项行动方案（2018—2020 年）》《海南省促进创业投资持续健康发展的实施方案》《海南省优化营商环境行动计划（2019—2020 年）》等文件，通过增加投资、设立园区建设专项资金、改善园区基础设施，以及推行"多规合一"、创新园区管理体制等举措，促进园区产业集聚与持续发展。当前，海南生态软件园已入驻超过 3500 家互联网及软件企业，吸引了腾讯、百度、华为、东软、中软及印度 NIIT 等国内外知名企业落户。海南生态软件园具有重要地位，其互联网企业数量占全省企业数量的 50%左右；2018年创造税收 20.28 亿元，占全省互联网企业税收的 2/3 以上。在海南省互联网企业的纳税额排名中，前 9 名均来自海南生态软件园。

海南省计划加快跨境电子商务、"互联网+医疗健康"及 5G 等领域的布局。2018年 6 月，海南省出台《海南省人民政府办公厅关于进一步推进跨境电子商务发展的意见》，提出以海口综合保税区和洋浦保税港区跨境电商综合示范区为载体，推进"两平台六体系"建设。2019 年 3 月，海南省出台《海南省促进"互联网+医疗健康"发展实施方案》，将加快医疗健康与互联网深度融合。2019 年 11 月，海南省印发《海南省加快 5G 网络建设政策措施》，提出加速全省 5G 网络建设，发挥 5G 网络对海南经济社会发展的重要驱动作用。海南省战略政策汇总如表 12-15 所示。

表 12-15 海南省战略政策汇总

发布时间	文件名称
2016 年 11 月	海南省新型工业及信息产业"十三五"发展规划
2016 年 12 月	海南省互联网产业"十三五"发展规划指导意见
2018 年 6 月	海南省人民政府办公厅关于进一步推进跨境电子商务发展的意见
2018 年 7 月	海南省信息基础设施水平巩固提升三年专项行动方案（2018—2020 年）
2018 年 10 月	海南省促进创业投资持续健康发展的实施方案
2019 年 3 月	海南省促进"互联网+医疗健康"发展实施方案
2019 年 7 月	海南省优化营商环境行动计划（2019—2020 年）
2019 年 11 月	海南省加快 5G 网络建设政策措施

3. 安徽省：集聚效应带动模式

"十三五"期间，安徽省聚焦智能家电、芯片、新能源汽车、工业机器人和人工智能等领域，以合肥市为核心，以沿江城市为依托，通过合理布局产业基地优化行业布局。安徽省产业发展的整体性较强，目前已形成特色突出、协调发展的产业格局。

近年来，安徽省陆续出台了《安徽省"十三五"软件和大数据产业发展规划》《安徽省"十三五"信息化发展规划》《支持数字经济发展若干政策》《关于推进重大新兴产业基地高质量发展若干措施的通知》等文件，全力推进产业集聚。《安徽省新一代人工智能产业发展规划（2018—2030 年）》《支持机器人产业发展若干政策》《安徽省半导体产业发展规划（2018—2021 年）》《"皖企登云"行动计划（2018—2020 年）》等文件对软件和信息技术服务业细分领域的发展进行了部署。当前，合肥市积极创建"中国软件名城"，推动了特色产业园区建设，形成了"一城多园"的软件和大数据产业格局；芜湖、马鞍山聚焦动漫、游戏、互联网、电子商务、移动支付、云计算等领域，建设软件特色园区；铜陵将环境监测、智能交通、网游平台、电子政务等作为发展重点，培育众多特色软件产品；淮南、宿州依托资源优势，实现传统产业改造升级，布局数据中心、生物医疗、电子商务、终端制造等特色领域的发展；黄山、池州充分发挥文化旅游和信息产业特色，建设了一批特色产业园区，培育和扶持了一批优势企业。

安徽省计划持续推进"数字江淮"建设，结合区位优势、产业特色、基础条件，形成具有本地特色的优势产业集群，并于 2019 年 7 月开展安徽省"十四五"加快"数字江淮"建设研究。安徽省还积极布局 5G 和人工智能的发展，于 2020 年 3 月发布了《关于支持人工智能产业创新发展若干政策的通知》，随后通过了《支持 5G 发展若干政策》和《安徽省 5G 发展规划纲要（2019—2022 年）》。安徽省战略政策汇总如表 12-16 所示。

表 12-16　安徽省战略政策汇总

发布时间	文件名称
2017 年 2 月	安徽省"十三五"软件和大数据产业发展规划
2017 年 6 月	安徽省"十三五"信息化发展规划
2018 年 2 月	安徽省半导体产业发展规划（2018—2021 年）
2018 年 5 月	安徽省新一代人工智能产业发展规划（2018—2030 年）
2018 年 7 月	"皖企登云"行动计划（2018—2020 年）
2018 年 10 月	支持机器人产业发展若干政策
2018 年 10 月	支持数字经济发展若干政策
2019 年 5 月	关于推进重大新兴产业基地高质量发展若干措施的通知
2020 年 3 月	关于支持人工智能产业创新发展若干政策的通知
2020 年 3 月	支持 5G 发展若干政策
2020 年 4 月	安徽省 5G 发展规划纲要（2019—2022 年）

12.2.5　基础薄弱地区的发展模式

1. 广西壮族自治区：对外合作带动模式

"十三五"期间，广西壮族自治区以中国—东盟信息港建设为契机，凭借区位、语言、人文渊源、政策叠加等独特优势，大力挖掘东盟新一代信息技术产业的巨大市场机遇和发展空间，承接全国前景良好、转型效果突出、代表未来发展方向的高端产业转移，并通过面向东盟的对外开放和区域合作实现新一代信息技术产业的"自主国际化"发展。

近年来，广西壮族自治区陆续出台了《广西新一代信息技术产业发展"十三五"规划》《广西工业高质量发展行动计划（2018—2020 年）》《广西产业大招商三年行动计划（2018—2020 年）》《广西数字经济发展规划（2018—2025 年）》等文件，推进信息技术与制造技术及社会各行业、各领域的深度融合，不断吸引国内信息产业、技术、产品、服务，打造面向东盟的信息技术产业高地。第一，加强与北京市、深圳市、广州市、上海市等新一代信息技术产业发展领先地区的合作，依托中关村国家自主创新示范区、深圳国家自主创新示范区等，批量引入新一代信息技术相关企业，促进集聚发展；第二，实施龙头企业精准招商计划，引入一批大数据、云计算、电子商务、北斗导航、集成电路、高端软件等重点领域的知名企业，并发挥其带动作用，引进上下游企业，提高产业集中度；第三，建设中国—东盟知名品牌推广服务平台，引导区域认证制度建设，成功推动中国与东盟知名品牌的互认；第四，发挥中国—东盟博览会、中国—东盟商务与投资峰会等活动的国际影响力，积极引进世界 500 强企业和龙头企业。

广西壮族自治区计划重点依托工业互联网技术，完成汽车、机械、铝业、冶金及有色金属、化工、糖业等传统行业的数字化、智能化转型，推动新一代信息技术、高端装备制造、新能源汽车等战略性新兴产业的发展。2019 年 9 月，广西壮族自治区通信管理局印发《广西推进工业互联网发展行动计划（2019—2020）》，提出将推动工业企业运用工业互联网转型升级，促进实体经济高质量发展。广西壮族自治区战略政策汇总如表 12-17 所示。

表 12-17　广西壮族自治区战略政策汇总

发布时间	文件名称
2017 年 2 月	广西新一代信息技术产业发展"十三五"规划
2018 年 6 月	广西无人机产业发展"十三五"规划
2018 年 7 月	广西机器人产业发展"十三五"规划
2018 年 7 月	广西工业高质量发展行动计划（2018—2020 年）
2018 年 8 月	广西产业大招商三年行动计划（2018—2020 年）
2018 年 9 月	广西数字经济发展规划（2018—2025 年）
2019 年 9 月	广西推进工业互联网发展行动计划（2019—2020 年）
2019 年 12 月	推动我区工业设计发展若干政策措施

2. 贵州省：工业转型带动模式

"十三五"期间，贵州省加快发展先进制造业，以"千企改造"工程为载体，以"万企融合"行动为抓手，积极推进互联网、大数据、人工智能等信息技术与实体经济深度融合。同时，以工业互联网平台为核心，通过鼓励工业企业登云用云，促进企业管理模式优化，降低生产成本，提高产品质量，切实提高企业效益。

近年来，贵州省陆续出台了《贵州省"十三五"信息化规划》《贵州省实施"万企融合"大行动打好"数字经济"攻坚战方案》《贵州省绿色制造三年行动计划（2018—2020年）》等文件，围绕大扶贫、大数据、大生态三大战略，构建上中下游产业有效衔接、功能配套完善的产业集群，打造以高端化、绿色化、集约化为基本特征的现代工业体系。同时，贵州省对煤炭、电力、化工、冶金、建材等传统行业进行改造升级，设立煤炭安全生产及智能化、制造业智能制造、有色产业产线质量数字化管控等项目，积极推动企业数字化转型和智能化发展。

贵州省计划重点推进5G建设，并持续深化相关场景的融合应用。2019年9月，贵州省发布《关于加快推进全省5G建设发展的通知》，提出2019—2022年完成200亿元的5G建设投资，全省5G基站数量达到3.2万个，并持续推进5G与基础能源、现代化工、先进装备制造、优质烟酒、大数据电子信息、清洁高效电力、生态特色食品、健康医药、新型建材、基础材料十大千亿级工业产业的融合。贵州省战略政策汇总如表12-18所示。

表12-18　贵州省战略政策汇总

发布时间	文件名称
2014年2月	贵州省大数据产业发展应用规划纲要（2014—2020年）
2017年1月	关于深入推进"互联网+政务服务"工作的实施意见
2017年9月	贵州省"十三五"信息化规划
2018年2月	贵州省实施"万企融合"大行动打好"数字经济"攻坚战方案
2018年4月	贵州省绿色制造三年行动计划（2018—2020年）
2018年5月	关于进一步扩大和升级信息消费的实施意见
2018年6月	关于促进大数据云计算人工智能创新发展加快建设数字贵州的意见
2018年8月	贵州省推动大数据与工业深度融合发展工业互联网实施方案
2018年12月	贵州省十大千亿级工业产业振兴行动方案
2019年9月	关于加快推进全省5G建设发展的通知

3. 宁夏回族自治区：特色试点带动模式

"十三五"期间,宁夏回族自治区聚焦"政务民生信息化的宁夏特色、信息经济发展的宁夏品牌、中阿网上丝绸之路的宁夏枢纽"3个发展方向,积极推进各级政府治理体系和治理能力现代化建设,围绕产业发展及经济转型升级需求,针对不同企业、行业、区域等,持续强化分类指导和分步实施政策,打造资源互济、经济互补、产业差序互动的发展格局。

近年来,宁夏回族自治区陆续出台了《宁夏信息化"十三五"发展规划》《加快推进"数字政府"建设工作方案》等文件,提高政府治理能力,探索电子政务发展模式,支持煤炭产业结构优化升级、提高电力行业管理水平;实现转型升级、建材工业改造升级和提质增效、化工行业智能化发展、装备制造高端化转变等;支持科研攻关、增加研发投资、强化人才培养。

宁夏回族自治区计划加快5G网络及示范应用建设。2020年1月,宁夏回族自治区人民政府出台《关于促进5G网络建设发展的实施意见》,提出将5G网络建设纳入"十四五"规划统筹推进实施,并计划重点开展"5G+智慧农业""5G+智能制造""5G+智慧城市""5G+智慧教育"等示范应用建设。宁夏回族自治区战略政策汇总如表12-19所示。

表12-19 宁夏回族自治区战略政策汇总

发布时间	文件名称
2016年11月	宁夏信息化"十三五"发展规划
2017年3月	宁夏回族自治区"十三五"工业发展及两化融合发展规划
2019年2月	宁夏回族自治区"互联网+医疗健康"示范区建设实施方案
2019年7月	加快推进"数字政府"建设工作方案
2020年1月	关于促进5G网络建设发展的实施意见

12.3 副省级中心城市的发展情况和发展模式

15个副省级中心城市对软件和信息技术服务业的发展具有带动作用。深圳、南京、杭州、广州、成都、青岛等副省级中心城市充分发挥其在人才、创新、资源等方面的优势,形成了各自的发展特色,提高了质量和效益提升,带动了周边地区的发展。

12.3.1　副省级中心城市的发展情况

2019 年 1 月至 11 月副省级中心城市的软件产业主要经济指标如表 12-20 所示。深圳市、南京市、杭州市、广州市、成都市、济南市、青岛市、武汉市、西安市和厦门市 10 个副省级中心城市的软件业务收入超过 1000 亿元，深圳市的软件业务收入约为 6065.6 亿元，位居第一；宁波市和大连市的软件业务收入增长较快，同比增长率超过 20%；杭州市和深圳市的利润均超过 1000 亿元，广州市和南京市的利润均超过 500 亿元；西安市和济南市的利润增长较快，同比增长率分别为 37.2% 和 27.9%。

表 12-20　2019 年 1 月至 11 月副省级中心城市的软件产业主要经济指标

序号	城市	企业数量（家）	软件业务收入		利润	
			本期累计（万元）	同比增长率（%）	本期累计（万元）	同比增长率（%）
1	深圳市	2000	60656377	11.2	12216703	14.5
2	南京市	2100	45204070	14.0	5272000	10.8
3	杭州市	701	44539807	15.0	13025438	5.9
4	广州市	2189	41782020	18.8	6162373	18.5
5	成都市	1775	30349607	12.5	3935780	12.6
6	济南市	1857	25738344	15.8	1441443	27.9
7	青岛市	1830	22681123	16.6	1870678	12.1
8	武汉市	2403	19692016	17.9	2017967	4.9
9	西安市	707	20916700	17.9	1452100	37.2
10	厦门市	1851	14999812	15.2	998693	11.2
11	沈阳市	1163	9791430	8.7	552676	17.2
12	宁波市	710	7515365	26.5	1091692	9.4
13	大连市	452	5129886	21.0	317793	17.5
14	长春市	431	1373816	10.7	219732	13.1
15	哈尔滨市	300	771992	-9.2	98044	-0.6
	合计	20469	351142365	14.9	50673112	12.3

12.3.2　代表性副省级中心城市的发展模式

1. 深圳市：多元优势基础带动模式

作为我国经济的中心城市和国家自主创新示范区，深圳市具有多元优势。第一，经济实力雄厚，地区生产总值位居全国第三，外贸出口总额位居第一，人均地区生产总值、每平方公里 GDP 产出和地方财政收入均处于领先地位，经济效益位居全国前列；第二，创新能力强，深圳市的新兴产业增加值占区域生产总值的 40%以上，拥有国家超级计算深圳中心等大量的优秀科技单位；第三，营商环境良好，近年来，深圳市陆续出台和实施了"营商环境改革 20 条""降低实体经济成本 28 条""扩大工业有效投资 26 条""外贸稳增长 25 条""加强知识产权保护 36 条"等系列措施，构筑了良好的企业发展环境，持续提高城市的市场化、国际化、法制化程度。目前，前海蛇口自贸片区在金融制度创新、法治理念增强、投资环境开放等方面已接近国际领先水平。

当前，数字经济已成为发展的重要动力，引领了深圳市的经济发展。统计数据显示，2018 年，深圳市的计算机设备、通信设备及其他电子设备制造企业的产值增幅为 12.2%，突破 2 万亿元。深圳市软件行业协会的数据显示，深圳市软件和信息技术服务业总收入在 2018 年突破 6200 亿元。

近年来，深圳市持续深化在数字经济领域的布局，政策和资金支持力度不断加大。2018 年，深圳市出台了战略性新兴产业发展专项资金扶持政策，适用于数字经济等重点发展领域。此外，深圳市工业和信息化局还在 2019 年 5 月发布了首批数字经济产业扶持计划申请指南。在技术创新的驱动下，深圳市的数字经济发展取得了显著成效。特别是在智慧城市、人工智能、5G、可穿戴设备等领域涌现出了一大批处于全球领先地位的企业。例如，深圳云天励飞公司通过为城市提供芯片、算法、数据、应用和服务等方面的解决方案，建成了国内最大规模的动态人像识别系统，2015 年以来，该系统已协助深圳龙岗区公安系统找回失踪儿童和走失老人上百名，破获各类案件超过 1 万起。

2. 南京市：产业形态转型带动模式

2010 年，工业和信息化部正式认定南京市为中国软件名城，带动了南京市软件和信息技术服务业的快速发展。经过多年的发展，南京市的软件从业人员数量已突破 80

万人，南京市的软件产业规模位居全国第四，位居江苏省第一。近年来，南京市软件和信息技术服务业的规模不断扩大、产业结构持续优化、收入不断增加。南京市软件产业逐渐从"以产品为中心"向"以网络化、平台化服务为中心"转型。

目前，南京市形成了以中国（南京）软件谷、南京软件园和江苏软件园三大国家级软件园为重点，以新城科技园、徐庄软件园、江东软件城、白下高新园、麒麟科创园等省级园区为支撑的布局。三大国家级软件园的产业规模在全市占比超过 70%。中国（南京）软件谷聚焦通信软件、大数据、云计算、信息安全、人工智能等领域，打造创新型产业集群；南京软件园明确发展定位，将集成电路设计、信息技术应用、区块链和工业互联网作为发展重点；江苏软件园则聚焦智慧应用、移动互联网等，打造相关产业集群。

目前，南京市的软件企业数量已突破 5000 家，包括南瑞、熊猫电子等 8 家软件业务收入前百家企业，以及苏宁、途牛等 4 家中国互联网百强企业。另外，在世界 500 强企业中，已有超过 30 家企业落户南京市。阿里巴巴江苏总部、腾讯云计算基地、小米华东总部、网易南京数字产业基地、字节跳动南京研发中心、中软国际解放号总部、华为江苏鲲鹏基地、龙芯中科南方总部等相继落户南京，持续为产业发展提供动力。

3. 杭州市：数字经济发展带动模式

近年来，数字经济对杭州市的经济增长贡献率保持在 50%左右，成为带动经济发展的新引擎。2014—2018 年，杭州市数字经济核心产业的年均增长率高达 22%。2018 年，杭州市数字经济的发展取得了重要突破，主营业务收入超过 1 万亿元，数字经济增加值达到 3356 亿元，约占其生产总值的 1/4。

杭州市数字经济的发展思路主要有 3 条。第一，重点提高创新能力和产业能级。近年来，杭州市加强电子商务、大数据、云计算等优势产业的发展，着力发展集成电路等基础产业，积极推动数字技术与先进制造技术的深度融合应用，先后推动了之江实验室、西湖大学、阿里巴巴达摩院等项目的落地。第二，持续深化"互联网+制造"，通过实施传统制造业改造提升行动计划，走从"机器换人"到"工厂物联网"再到"企业上云""ET 工业大脑"的特色智能制造发展之路。第三，以城市数字化为契机，打造独特的数字治理发展模式，杭州市于 2016 年启动"城市大脑"建设，吸引了阿里巴巴、海康威视、浙江中控、大华、华数传媒、银江股份、华三通信等知名企业的参与，还集聚了一批优秀的中小企业。

杭州市计划持续推进制造业高质量发展，实施"新制造业计划"。同时，杭州市计划加快培育和引进战略性新兴产业。第一，发展集成电路、生物医药、新能源、新材料、高端装备等重点领域，计划每年招引超过 100 个相关项目；第二，全面发展战略性新兴产业，计划经过 5 年的发展，实现全市战略性新兴产业增加值占比突破 50%；第三，升级优势传统产业，利用信息技术改造治理传统企业，淘汰落后产能。

4. 广州市：科技实力提高带动模式

作为中国软件名城，广州市拥有超过 2000 家软件和信息技术服务业企业，企业数量位居全国第三，占全国企业总数的 5.5%，具有良好的产业发展基础。2018 年，广州市软件和信息技术服务业收入约占全国收入的 5.8%，高达 3605 亿元。广州市规模超过 1 亿元的软件和信息技术服务业企业达到 621 家，约占广州市企业数量的 30%。此外，广州市先后荣获国家软件产业基地、国家软件出口创新基地、国家 863 软件专业孵化基地等称号，并排在中国城市信息化 50 强的第二名、"互联网+"百强城市榜的前三名，两化融合发展指数超过 90，达到全国领先水平。

传统企业的改造升级将催生大量信息化需求，广州市软件和信息技术服务业的快速发展，离不开其在制造、商贸、化工等领域的大量实力雄厚的企业。当前，广州市在通信导航、智能制造、智慧城市、互动娱乐等细分领域涌现了一批技术先进、竞争力强的龙头企业，形成了良好的产业发展态势，进一步助推了传统产业的转型升级。

近年来，广州市通过在政策层面加强支持和引导，积极促进了其科技创新实力的提高。第一，设立了粤港澳大湾区（粤穗）开放基金，每年投资 6000 万元；第二，支持重点领域的核心技术攻关，单个项目的金额超过 1000 万元。目前，广州市在创新能力建设方面取得了突出成绩。广州市的国家重点实验室数量达到 20 个、省级重点实验室数量达到 234 个。此外，广州市的科技和服务发展不断优化，在科技成果转化方面取得了显著成效，成立了 50 家各具特色的新型研发机构。目前，广州市科技企业孵化器数量已达到 339 家，其中有 5 家获得了 2018 年国家级考核评价 A 类评级。

广州市计划紧抓粤港澳大湾区发展机遇，充分发挥"中国软件名城"的基础优势，把握产业发展新趋势、新特点，以提高自主创新能力、加大企业引培力度、培育产业生态体系、强化应用示范引导、推进园区载体建设、加大人才支持力度、扶持产业发展 7 个方面为切入点，推动软件和信息技术服务业的发展。

5. 成都市：政策引导支持带动模式

成都市是中部和西部地区唯一的"中国软件名城"，在引领带动中部和西部地区软件产业发展方面发挥了重要作用。成都市的软件产业主营收入在 2018 年达到 4000 亿元，占全国软件产业总收入的 4.9%，约占中部和西部地区的 1/3，占西部地区的 40%，占四川省的 96.0%。

当前，成都市已将软件和信息技术服务业视为支柱产业，并针对人才培养、企业培育、园区建设等出台了一系列政策措施，促进了产业的高质量发展。第一，引进更多软件人才，实施"蓉贝"软件人才百千万引育计划，与软件产业的领军人才、技术领衔人、资深工程师等签订协议，为其提供全方位的支持，并建立高质量人才库；第二，助力龙头企业发展，通过为企业提供一次性资金补贴等方式，加大对"首版次"软件产品的认定力度，强化产融合作，支持设立软件产业投资基金，对有实力、有意向上市的企业给予资金支持；第三，创建知名软件园区，奖励获得"国家新型工业化产业示范基地"等称号的软件基地或园区；第四，提高服务保障能力，破除市场准入限制，助力软件企业享受各类税收优惠政策，为在成都举办的各类大型会议和活动等提供一定的资金支持。

成都市计划实施"三步走"发展战略，持续提高其软件产业的发展水平和综合竞争力。第一，以提质增效为重点；第二，实现规模跨越；第三，打造软件名城。成都市于 2019 年 12 月发布了《成都市软件产业高质量发展规划（2019—2025）》和《关于促进软件产业高质量发展的专项政策措施》两大纲领性文件，提出了其宏观发展目标，即 2025 年，实现全市软件产业主营业务收入翻倍，突破 8000 亿元，并使成都市进入国内软件产业领先城市的第一梯队。

6. 青岛市：产业聚合效应带动模式

经过 10 年的发展，青岛市的软件业务收入从 2009 年的 113 亿元增至 2019 年的

2300 亿元。青岛市软件产业的发展速度高于多个副省级中心城市。2020 年 1 月，工业和信息化部正式授予青岛市"中国软件特色名城"称号。总体来看，青岛市的优秀发展成绩离不开政府多年来的积极培育。

在产业的发展过程中，明确战略定位和方向至关重要，青岛市于 2018 年 5 月提出了"五名"概念，即以加快培育软件产业的名品、名企、名园、名展、名人为依托，创建高标准的中国软件名城。后来，青岛市政府从多个维度加大了对软件产业的资金扶持力度，软件产业奖励和补助金额逐年增加。第一，重点支持规上软件企业、领军和高成长性软件企业的发展；第二，重点支持引进知名软件企业；第三，重点支持打造标志性软件产品；第四，重点支持创建国内外标准；第五，重点支持行业系统解决方案能力建设。

目前，青岛市的软件和信息技术服务业企业数量达到 1830 家，覆盖了工业软件、人工智能、大数据、云计算、区块链等领域，从业人员数量达到 26.9 万人。有 5 家青岛市的企业入选中国软件和信息技术服务综合竞争力百强企业。此外，青岛市还形成了"东园、西谷、北城"产业集聚区（崂山国家通信产业园、西海岸青岛信息谷、高新区青岛软件城）。青岛光谷软件园是西海岸新区软件产业的核心载体，已吸引科大讯飞、山东矿机集团、地球软件等 800 多家优质企业，为产业集聚创新注入了强劲的新动能。

工业互联网已成为青岛软件产业的优势领域，拥有以海尔 COSMOPlat 为代表的、具有全球影响力的工业互联网平台。目前，海尔 COSMOPlat 凭借 3.3 亿名注册用户，成为全球最大的大规模定制解决方案平台，为全球的 4.3 万家企业提供服务。2018 年，青岛市的工业软件、云服务、装备自动控制产品等工业互联网相关业务的收入突破 800 亿元，占软件产业总收入的 39%，形成了一大批面向智能工厂、数字化车间的成熟工业 App 和解决方案。青岛市将工业互联网视为其未来发展的重中之重，于 2020 年 4 月出台《青岛市工业互联网三年攻坚实施方案（2020—2022 年）》，提出到 2022 年建成世界工业互联网之都。

第13章

我国软件企业的发展情况

近年来，我国软件龙头企业充分发挥了带动作用，盈利能力与核心竞争力持续提高，促进产业整体从量增向质优阶段持续迈进。软件业务收入前百家企业虽然仅占软件企业数量的 0.3%，但是却创造了 13.3% 的软件业务收入，并提供了 15% 的就业机会。当前，大数据、工业互联网、人工智能、云计算等已成为发展重点，部分企业因布局较早，积累了较强的核心技术，具有一定的先发优势，发展势头良好。

13.1 软件企业的发展概况

当前，我国软件企业的数量持续增加，对产业的发展具有引领作用，软件企业的自主创新能力显著提高，在操作系统、数据库、工业软件等关键领域取得了重要突破。同时，知识型劳动者、应用软件服务商、数据价值增值服务商等加速向平台企业集聚，进一步促进了供应链、用户与创新的多维度协同，以大型平台企业为核心的软件生态逐渐显现。近年来，在国家政策的支持和引导下，软件产业的人才环境较好，促进企业发展的内生动力不断提高。

13.1.1　规模效益稳步提高

2019 年，全国软件和信息技术服务业规上企业数量达到 40857 家，与 2017 年相比，增加了 5083 家。2017—2019 年我国软件和信息技术服务业规上企业数量如图 13-1 所示。

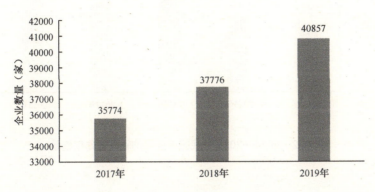

图 13-1　2017—2019 年我国软件和信息技术服务业规上企业数量

13.1.2　技术创新成效显著

近年来，随着研发投资的不断增加，软件企业的自主创新能力显著提高。工业和信息化部的数据显示，2018 年，软件和信息技术服务业的技术创新指数达到 152.2，比 2017 年高 17.9；企业平均软件著作权指标比 2017 年高 60.8；企业平均软件著作权数量达到 14.4 件，比 2017 年多 3.4 件。2014—2018 年我国企业平均软件著作权数量如图 13-2 所示。2018 年，软件和信息技术服务业的研发投资强度高达 7.9%，分别比工业平均水平和全国平均水平高 6.8 个和 5.7 个百分点；发明专利数量创新高，达到 12.4 万件，占软件和信息技术服务业发明专利数量的 43.2%，比全国平均水平高 25 个百分点。近年来，我国企业在操作系统、数据库、工业软件等关键领域取得了大量突破：基于开源的 Linux 自主操作系统的应用范围和软硬件适配性不断突破；掌握了自主流数据库技术与库内人工智能技术；我国主导制定的《SQL9075 2018 流数据库》成为国际标准，打破了欧美国家对数据库技术的长期垄断；自主研发的 PolarDB 云原生数据库成功当选世界互联网大会领先科技成果。

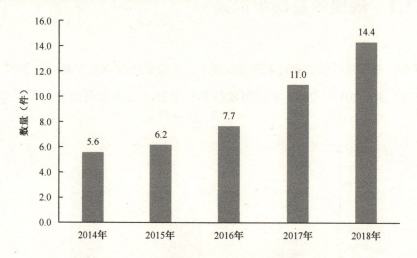

图 13-2 2014—2018 年我国企业平均软件著作权数量

13.1.3 企业云化转型加速

当前，知识型劳动者、应用软件服务商、数据价值增值服务商等加速向平台集聚，促进了供应链、用户与创新的多维度协同，以大型平台企业为核心的软件生态逐渐显现。数据显示，云服务和平台运营已成为软件企业业务收入的重要来源，约占软件企业业务收入的1/5。这使软件产业发生了许多变化：第一，商业模式变化，从一次性付费获得长期使用权向按需付费获得阶段性使用权变化；第二，产品形态变化，从单机使用向联网使用变化；第三，服务模式变化，从以产品销售为目标向以客户的长期留存为目标变化。

软件企业在各领域的支撑服务持续深化。2018 年，电子商务网络零售额占社会消费品零售额的比例提高了 4 个百分点，达到23.6%。数据显示，我国电子商务普及率持续提高，电子商务平台对传统产业转型升级的服务能力不断增强。随着我国企业的工业控制系统、工业软件、智能制造装备等集成解决方案的成熟，工业云平台、先进过程控制系统、调度优化系统等迅速发展，软件产业逐渐成为推动制造业数字化、网络化、智能化转型的重要力量。

13.2　龙头企业的发展态势

"十三五"期间，面对复杂多变的国内外环境和持续增加的经济下行压力，通过对工业和信息化部发布的历年软件业务收入前百家企业的动态分析发现，我国软件龙头企业在"十三五"期间不断强化科技创新，加快转型升级步伐，加快拓展融合应用，整合上下游和跨领域资源，强化产业链协作，带动产业迈入高质量发展的新阶段。

13.2.1　收入规模逐渐扩大

"十三五"期间，随着我国软件和信息技术服务业的快速发展，以及以 5G 和人工智能技术为核心的全球新一轮科技革命和产业革命的不断深入，我国软件产业进入快速发展期，龙头企业的业务规模迅速扩大。2018 年，软件业务收入前百家企业的软件业务收入为 8212 亿元，与 2015 年相比，增加了 2207 亿元，年复合增长率高达 11%。2019 年，在软件业务收入前百家企业中，收入超过 100 亿元的企业有 14 家，与 2015 年相比，增加了 7 家；2019 年，软件业务收入超过 30 亿元的企业有 59 家，与 2015 年相比，增加了 17 家。另外，随着技术水平和产品价值增值能力的不断提高，企业盈利能力逐渐提高。2018 年，软件业务收入前百家企业共创造利润 1963 亿元，与 2016 年相比，增加了 439 亿元，年复合增长率约为 8.8%。

13.2.2　企业集聚效应显著

软件产业是典型的知识密集型、人才密集型和资本密集型产业，其发展过程中的集聚效应是产业技术创新和产业规模增长的重要内生动力。作为我国软件产业的创新主力军和产值压舱石，龙头企业的集聚分布特征明显。2019 年，我国软件业务收入前百家企业主要分布在全国 17 个省市，北京市有 31 家，广东省有 19 家，上海市有 10 家，浙江省有 9 家，江苏省有 9 家，山东省有 5 家，福建省有 4 家，四川省有 3 家。天津、辽宁、吉林、湖北、湖南、安徽、江西、重庆、云南等省市也有 1~2 家企业。与 2016年相比，虽然同样分布在 17 个省市，但企业进一步向发达省市集中，在软件业务收入前百家企业中，有 89 家分布在我国东部地区，北京市和广东省的企业数量保持全国领先，上海市、浙江省和天津市的企业数量均实现了较明显的增加。

2016 年和 2019 年我国部分省市的软件业务收入前百家企业如表 13-1 所示。在北京、广东、上海等软件业务收入前百家企业较多的省市发展持续领先的同时，第三梯队省市也展现出巨大的发展潜力。作为中部地区的能源大省，安徽省拥有聚焦智能语音技术及语音信息服务的科大讯飞股份有限公司，其在软件业务收入前百家企业中的排名从 2016 年的第 54 位上升至 2019 年的第 22 位，相关技术产品广泛应用于智慧教育、智慧司法、智慧医疗、智慧城市、智能汽车、智能服务等领域。天津市和云南省具有较大的发展潜力。天津市拥有聚焦智能安防的天地伟业技术有限公司和高性能计算领域领军企业曙光信息产业股份有限公司。天地伟业技术有限公司在软件业务收入前百家企业中的排名从 2016 年的第 85 位上升至 2019 年的第 74 位；曙光信息产业股份有限公司于 2018 年首次上榜，2019 年排在第 53 位。在国家政策和各级政府的共同支持下，软件业务收入前百家企业的引领示范作用不断增强，区域布局呈现分布广泛但集聚明显的特点。云南省拥有专注于智慧城市及云平台技术的南天电子信息产业股份有限公司，其在软件业务收入前百家企业中的排名从 2016 年的第 86位上升至 2019 年的第 67 位，相关技术和业务覆盖电信、医药、税务、石油、电力、制造等领域。

表 13-1　2016 年和 2019 年我国部分省市的软件业务收入前百家企业

序号	省市	2016 年企业数量（家）	2019 年企业数量（家）	减少企业	增加企业
1	北京	33	31	同方股份有限公司、金山软件有限公司、北京中电普华信息技术有限公司、北京中油瑞飞信息技术有限责任公司、北京华胜天成科技股份有限公司、广联达软件股份有限公司、北京四方继保自动化股份有限公司、北大方正集团有限公司、博雅软件股份有限公司	国网信息通信产业集团、北京千方科技股份有限公司、广联达科技股份有限公司、北京和利时系统工程有限公司、网神信息技术（北京）股份有限公司、北京天融信科技有限公司、北京科东电力控制系统有限责任公司
2	广东	19	19	中兴通讯股份有限公司、深圳市华讯方舟科技有限公司、深圳市金证科技股份有限公司、深圳市欧珀通信软件有限公司、东莞市步步高通信软件有限公司、广州杰赛科技股份有限公司	广东省通信产业服务有限公司、深圳市云中飞网络科技有限公司、深信服科技股份有限公司、广州品唯软件有限公司、维沃移动通信（深圳）有限公司、蓝盾信息安全技术股份有限公司
3	上海	7	10	上海贝尔软件有限公司	网宿科技股份有限公司、上海中通吉网络技术有限公司、上海汉得信息技术股份有限公司、携程旅游网络技术（上海）有限公司
4	江苏	10	9	江苏集群信息产业股份有限公司、恒宝股份有限公司、江苏国光信息产业股份有限公司	浩鲸云计算科技股份有限公司、无锡华云数据技术服务有限公司
5	浙江	8	9	浙大网新科技股份有限公司	新华三技术有限公司、杭州士兰微电子股份有限公司
6	山东	5	5		
7	福建	4	4	国网信通亿力电力科技股份有限公司	厦门市美亚柏科信息股份有限公司
8	四川	3	3		

序号	省市	2016 年 企业数量（家）	2019 年 企业数量（家）	减少企业	增加企业
9	天津	1	2		曙光信息产业股份有限公司
10	湖北	2	1	武汉天喻信息产业股份有限公司	
11	湖南	1	1	株洲中车时代电气股份有限公司	株洲南车时代电气股份有限公司
12	辽宁	2	1	东软集团股份有限公司	
13	吉林	1	1		
14	安徽	1	1		
15	江西	1	1		
16	云南	1	1		
17	重庆	1	1		

注：排序以 2019 年软件业务收入前百家企业数量为依据。

13.2.3　新兴领域布局深化

当前，以人工智能、云计算、区块链等为代表的新一代信息技术蓬勃发展，"软件定义"正全面融入经济社会各领域，软件产业迎来技术融合突破、应用纵深扩展、生态迭代孵化的新时期。"十三五"期间，我国软件产业龙头企业业务布局持续深化，新兴技术与行业应用处于主导地位。2016—2019 年，我国软件业务收入前百家企业的主要业务分布较为稳定，云计算平台、大数据和行业应用软件是企业的主要业务。2016 年和 2019 年我国软件业务收入前百家企业的业务分布如图 13-3 所示。2019 年，在软件业务收入前百家企业中，涉及云计算平台、大数据和行业应用软件业务的企业分别有 49家、41 家和 72 家。与 2016 年的软件业务收入前百家企业相比，2019 年，聚焦云计算、大数据、人工智能等新兴信息技术领域的阿里云计算有限公司、北京小米移动软件有限公司、北京京东尚科信息技术有限公司的排名分别上升了 44 位、25 位和 42 位，直接进入前 10 名。在此背景下，我国软件龙头企业在云计算、大数据、人工智能等新兴信息技术领域不断取得世界级创新成果并形成了技术优势。同时，我国积极布局数字经济发展，加快金融、交通、物流、医疗、工业等领域的数字化转型，不断拓宽软件生态边界。

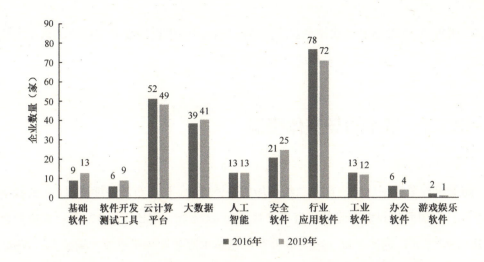

图 13-3　2016 年和 2019 年我国软件业务收入前百家企业的业务分布

我国软件龙头企业不断在安全软件领域及相对薄弱的操作系统、数据库、中间件、软件开发测试工具等基础软件领域加强布局。与 2016 年相比，2019 年，在基础软件、软件开发测试工具、安全软件领域进行布局的软件业务收入前百家企业分别增加了 4 家、3 家、4 家。当前，国内企业的市场占有率已超过 50%。在终端安全软件方面，国内企业在病毒库、恶意特征库、威胁情报库等方面的技术积累已达到国际领先水平；在操作系统方面，国内开发了麒麟、深度、UOS 等自主操作系统，其市场占有率不断提高，华为也完成了鸿蒙移动操作系统开发，并逐步扩大应用范围，有望打破国外的长期垄断；在数据库方面，阿里云自主研发的 PolarDB 云原生数据库可兼容 MySQL、PostgreSQL 和 Oracle 等传统数据库，2018 年，阿里云在 DBMS 市场份额排名中位居第 9。

13.3　软件企业的融资情况

受资本市场整体低迷的影响，我国软件产业融资事件减少。2019 年，国内软件和信息技术服务业企业的融资事件数量同比下降约 43.85%。其中，数据处理与外包服务、信息科技咨询与其他服务企业的融资事件数量最多。从轮次来看，资本高度关注处于发展初期的潜力较大的企业；从区域分布来看，约有 70%的融资事件分布在北上广地区。

当前，国内 A 股市场上市软件企业经营情况良好，科创板的设立与注册制试点为软件企业的发展提供了强大的资本市场直接融资保障。

13.3.1　资本市场整体降温

随着机构募资困境的出现及二级市场的整体疲软，资本市场持续降温。数据显示，2019 年，我国股权投资市场的投资事件数量为 8234 起，同比下降 17.8%；总投资金额为 7630.94 亿元，同比下降 30%。软件和信息技术服务业融资事件大幅减少。Wind 的数据显示，2019 年，国内软件和信息技术服务业企业的融资事件数量为 2409 起，同比下降约 43.85%。2016—2019 年我国软件和信息技术服务业企业融资事件数量如图 13-4 所示。

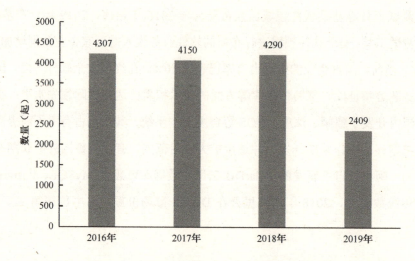

图 13-4　2016—2019 年我国软件和信息技术服务业企业融资事件数量

2019 年，数据处理与外包服务、信息科技咨询与其他服务企业的融资事件数量为 1613 起，占总数的 66.96%；互联网软件与服务企业的融资事件数量为 722 起，占总数的 29.97%；应用软件、系统软件、家庭娱乐软件企业的融资事件数量为 74 起，占总数的 3.07%。

13.3.2　早期项目较受青睐

资本高度关注处于发展初期的潜力较大的企业。2016—2019 年软件和信息技术服务业融资阶段分布如图 13-5 所示。2019 年，软件和信息技术服务业融资多发生在早期，早期融资项目数量（种子轮、天使轮、Pre-A 轮、A 轮和 A+轮等）约占融资项目数量的 59.57%。

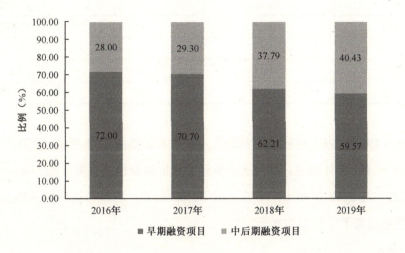

图 13-5　2016—2019 年软件和信息技术服务业融资阶段分布

北京市充分发挥中国软件名城在人才、资源、要素等方面的集聚作用。2019 年，北京市的投融资事件数量约占全国总量的 30%以上；上海市的企业数量多、细分领域强，投融资活动相对活跃；广东省凭借广州市和深圳市等电子信息产业重镇的雄厚基础和先发优势，成为全国第三大工业互联网领域投融资集聚地。此外，浙江省和江苏省的投融资也较为活跃。

13.3.3　科创板带来新的发展契机

当前，国内 A 股市场的上市软件企业数量突破 522 家，总市值突破 2 万亿元。市值排名前 10 的企业为金山、用友、恒生电子、深信服、科大讯飞、广联达、同花顺、宝信、中国软件和卫宁健康。A 股市场市值排名前 20 的软件企业如表 13-2 所示。

表 13-2　A 股市场市值排名前 20 的软件企业

排名	企业	排名	企业
1	金山	11	启明星辰
2	用友	12	东华软件
3	恒生电子	13	天下秀
4	深信服	14	千方科技
5	科大讯飞	15	虹软科技
6	广联达	16	石基信息
7	同花顺	17	四维图新
8	宝信	18	拉卡拉
9	中国软件	19	优刻得
10	卫宁健康	20	易华录

2016—2019 年国内上市软件企业的收入和增长率如图 13-6 所示，软件产业估值情况如图 13-7 所示。总体来看，国内上市软件企业的经营情况良好，2019 年，收入达到 3786.94 亿元，与 2018 年相比，增长了 10.58%。另外，资本市场持续关注上市软件企业，其估值远远高于市场平均水平。

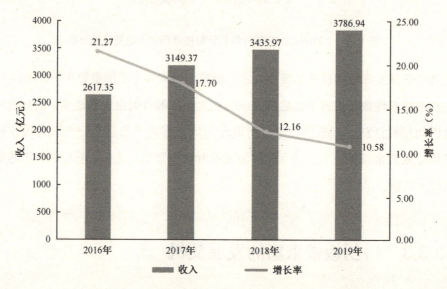

图 13-6　2016—2019 年国内上市软件企业的收入和增长率

2019 年以来，科创板的设立与注册制试点为软件产业的发展提供了资本市场直接融资保障。从 2019 年 6 月科创板设立到 2020 年 3 月底，该板块共披露了 223 家受理企业信息，其中 94 家企业已完成注册。软件和信息技术服务业的注册企业有 17 家，占总数的 18.1%。科创板软件和信息技术服务业注册企业如表 13-3 所示。

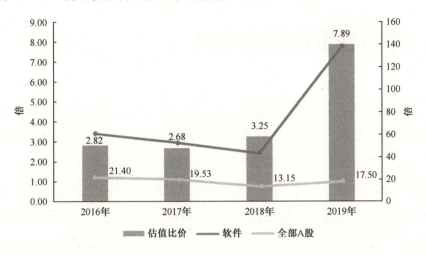

图 13-7　2016—2019 年软件产业估值情况

表 13-3　科创板软件和信息技术服务业注册企业

企业名称	领域	保荐机构	更新时间
财富趋势	证券行情交易系统软件	银河证券	2020 年 3 月
罗克佳华	物联网、大数据和人工智能	光大证券	2020 年 2 月
开普云	电子政务	国金证券	2020 年 1 月
龙软科技	地理信息系统平台	民族证券	2019 年 12 月
当虹科技	智能视频	中信证券	2019 年 11 月
卓易信息	云计算设备与平台	中信建投	2019 年 11 月
普元信息	软件基础平台	民生证券	2019 年 11 月
金山	办公软件	中金公司	2019 年 10 月
安恒信息	网络信息安全	国泰君安	2019 年 10 月
致远互联	协同管理平台及云服务	中德证券	2019 年 10 月
宝兰德	智能运维	东兴证券	2019 年 10 月
晶丰明源	电源管理驱动类芯片	广发证券	2019 年 9 月
山石网科	网络安全	中金公司	2019 年 9 月
安博通	网络安全	天风证券	2019 年 8 月
柏楚电子	激光切割控制系统	中信证券	2019 年 7 月
航天宏图	遥感和北斗导航卫星应用	国信证券	2019 年 7 月
虹软科技	人工智能	华泰联合证券、中信建投	2019 年 7 月

13.4　软件企业的发展方向

软件产业的竞争主要体现为企业对核心技术、生态伙伴、供应链和产业链的掌控能力及融资能力等的竞争。微软、谷歌、苹果等企业不仅建立了完整的产业链，带动手机、汽车等厂商融入其生态圈，还拥有对产业链、价值链的高度掌控力，并吸引了全球大量资本的关注，市值突破 1 万亿美元。我国亟须通过打造能够自主构建软件生态的大型企业、增加企业的研发投资、调动社会资本投资积极性等方式，实现软件产业的高质量发展。

13.4.1　打造能够自主构建软件生态的大型企业

在 Software Magazine 发布的 2018 年世界软件企业 500 强中，前 10 强为美国的 IBM、微软、甲骨文、苹果、惠普、戴尔，爱尔兰的埃森哲、德国的 SAP、瑞典的爱立信和印度的塔塔。IBM 的软件业务收入约为 72.8 亿美元，是华为的 2.1 倍，是海尔的 10.8 倍。谷歌、微软、苹果等国际软件龙头企业凭借领先优势加快布局产业生态，具有"赢者通吃"的特征，模糊了垄断与竞争的传统界限，拥有对产业链、价值链的高度掌控力。生态系统竞争已经成为产业竞争的制高点，我国应打破以"点"分布的软件产业发展思路，强化产业链协同发展，积极打造体量规模大、带动效应强，以及能够自主构建软件生态的大型企业，加快构建软件生态。

13.4.2　增加企业的研发投资

普华永道的报告显示，在全球研发支出前 10 强企业中有 7 家企业来自美国。其中，有 3 家软件企业，即亚马逊（第一）、Alphabet（第二）和微软（第六）。2019 年，中国软件业务收入前百家企业的研发投资约为 1746 亿元，而亚马逊一家企业的研发投资就超过 1500 亿元。国内软件企业的研发投资不足导致其利润率整体偏低。2019 年，微软、甲骨文的利润率为 34% 左右，而用友、金蝶和科大讯飞分别为 13%、16% 和 8%。我国软件企业未来应进一步增加研发投资，提高企业在全球范围内的核心竞争力，促进企业盈利能力提高，使企业实现健康、可持续发展。

13.4.3　调动社会资本的投资积极性

在全球软件产业的并购活动中，北美地区的并购事件数量占全球并购事件数量的 79.2%，欧洲地区占 15.3%，亚太地区仅占 2.4%。社会资本更愿意投资互联网企业，2019 年，国内互联网产业的并购金额达到 218 亿元，而包括应用软件、系统软件、家庭娱乐软件等在内的软件产业并购金额仅为 96 亿元，不到互联网产业并购金额的一半。未来应充分调动社会资本对软件产业的投资积极性，大力发展产业链金融、融资租赁等与产业结合的金融服务，同时，通过发挥科创板与注册制试点的作用，培育一批具有国际竞争力的创新型软件企业。

第 14 章

我国软件产业的国际合作情况

在数字经济时代，大国竞争的焦点不是争夺资源，也不是领土扩张，而是在国际规则制定和技术创新能力方面的较量。近年来，我国软件产业的国际合作不断深化，智能制造、工业互联网等领域的政策交流和合作不断增加，已形成全方位开放合作的良好发展态势。我国积极参与国际开源生态建设，是国际开源生态的重要贡献者。在全球最大的开源代码平台上，有超过 3000 个来自中国的开源项目；在云计算领域应用最广泛的 3 个开源项目中，贡献排在前 5 名的企业中均有 2 家以上中国企业。国家工业信息安全发展研究中心测算得到，2018 年，国外软件企业在中国的收入约为 1946 亿美元。国外软件企业在中国的快速发展为全球软件产业的发展做出了贡献。

14.1 我国软件产业的"走出去"情况

14.1.1 软件出口将持续承压

软件产业是典型的技术驱动型产业，技术创新是软件企业的核心竞争力，国际化是促进我国软件产业发展的必经之路。加快软件产业的国际化进程，可以全面提高国内企业与跨国企业同场竞争的能力，使国内企业在不断发展的国内市场中占据更大的市场份额，在庞大的海外市场中谋求更多的利润空间。我国政府高度重视软件产业的国际化发展，《软件和信息技术服务业发展规划（2016—2020 年）》指出，要加快软件和信息技术服务出口，打造国际品牌。为了鼓励软件出口，国家在税收、投融资、产业配套及人才培养等方面出台了大量政策，并取得了一定的成就。

商务部服务贸易和商贸服务业司的数据显示，我国软件和信息技术服务业出口协议额从 2010 年的 126.20 亿美元增至 2018 年的 560.89 亿美元，增长了 344.45%。2010—2018 年我国软件和信息技术服务业出口情况如表 14-1 所示。在国际市场布局方面，我国软件出口市场包含 200 多个国家和地区，形成了以欧盟、美国、日本为主的面向全球的发展格局。其中，美国是最大和最主要的出口目的地，我国对美国的出口额占出口总额的 22.34%。在产业结构方面，以知识和研发为主要特征的知识流程外包比重稳步增长，逐渐呈现以信息技术外包为主，各类软件产品与服务不断丰富的多元化出口结构，高附加值业务量逐渐增加，示范引领作用不断增强。在地域分布方面，我国东部地区的软件出口量较大，持续发挥集聚引领作用。其中，江苏省、浙江省、广东省的出口额位居全国前三，占总出口额的 63.5%。在技术创新方面，近年来，我国软件著作权登记数量迅速增加，约从 2011 年的 10 万件增至 2017 年的 70 万件，2019 年达到 148 万件，增长率连续 5 年保持在 30% 以上，登记数量连续 3 年增加超过 30 万件。

表 14-1　2010—2018 年我国软件和信息技术服务业出口情况

年份	执行额 （亿美元）	同比增长率 （%）	协议额 （亿美元）	同比增长率 （%）	合同数 （个）	同比增长率 （%）
2010 年	97.30	34.01	126.20	24.42	39044	27.17
2011 年	143.39	47.36	190.68	51.09	46159	18.22
2012 年	194.16	35.40	234.20	22.82	53887	16.74
2013 年	253.56	30.59	320.71	36.94	52683	-2.23
2014 年	300.57	18.51	377.15	17.55	52265	-0.81
2015 年	333.93	11.10	425.78	12.89	52173	-0.18
2016 年	342.30	2.51	464.89	9.19	52790	1.18
2017 年	375.56	9.72	571.82	23.00	59943	13.55
2018 年	412.27	9.80	560.89	-1.90	59867	-0.13

软件产业受宏观经济的影响较大，当宏观经济形势恶化时，软件产业的整体需求会同步萎缩。近年来，受全球宏观经济下行、国际政局动荡等不利因素的影响，我国软件出口增长率逐渐下降，2016 年，增长率从两位数变为一位数；2018 年，开始负增长。工业和信息化部运行检测协调局的统计数据显示，2019 年，我国软件和信息技术服务业的出口额为 505.3 亿美元，同比下降 1.1%。2020 年 1 月至 4 月，我国软件和信息技术服务业的出口额为 124 亿美元，同比下降 13.5%，同比增长率下降 21.5%；外包服务和嵌入式软件的出口额分别同比下降 8.8% 和 10.7%。受新冠肺炎疫情的影响，我国软件出口将持续承压。2018 年我国软件出口分类情况如表 14-2 所示。

表 14-2　2018 年我国软件出口分类情况

合同类别	执行额（亿美元）	同比增长率（%）	协议额（亿美元）	同比增长率（%）	合同数（个）	同比增长率（%）
软件产品	10.96	-3.5	15.90	-12.7	4436	-6.92
系统软件	2.08	-12.4	2.73	-24.2	972	37.87
应用软件	8.25	-7.4	11.66	-19.7	3416	-15.21
支撑软件	0.63	804.9	1.51	1493.3	48	50.00
信息技术外包	401.31	10.2	544.99	-1.6	55431	0.46
软件研发外包	255.90	5.1	305.68	-22.4	39250	-3.95
信息技术服务外包	88.17	28.2	122.66	46.2	10015	31.71
运营和维护服务	52.35	1.6	112.06	48.9	6148	-8.24
云服务外包云	4.53		4.57		13	
合计	412.27	9.8	560.89	-1.9	59867	-0.13

14.1.2　我国对"一带一路"沿线国家的出口规模逐渐扩大

我国的软件产品主要向美国、欧盟、日本等发达国家和地区出口，商务部的统计数据显示，2018 年，我国软件出口执行额为 412.27 亿美元，我国对"一带一路"沿线国家的软件出口规模较小，但 2013 年"一带一路"倡议提出以后，我国与"一带一路"沿线国家在经贸方面的关系越来越紧密，在软件技术、标准和人才等方面的合作逐渐深入，软件出口规模逐渐扩大。2012—2018 年我国对"一带一路"沿线国家的软件出口情况如表 14-3 所示。2018 年，我国对"一带一路"沿线国家的软件出口执行额（即出口总额）为 69.71 亿美元，与 2012 年相比，增长了 159.43%。东南亚是主要出口市场，出口额达到 38.43 亿美元，占出口总额的 55%。排在后面的为西亚和北非地区（11.89 亿美元，占出口总额的 17%）、南亚地区（10.42 亿万美元，占出口总额的 15%）、独联体国家（4.65 亿美元，占出口总额的 7%）。中亚和中东欧市场占比较低，分别为 2% 和 4%。2018 年，中国对"一带一路"沿线国家和地区的出口额占出口总额的 16.91%，与 2012 年相比，提高了 3.07 个百分点。

表 14-3　2012—2018 年我国对"一带一路"沿线国家的软件出口情况

	年份	2012 年	2013 年	2014 年	2015 年	2016 年	2017 年	2018 年
合同数	沿线国家（万个）	0.87	0.85	0.97	0.86	0.96	1.16	1.18
	全球（万个）	5.27	5.39	5.23	5.22	5.28	5.99	5.99
	占比（%）	16.56	15.85	16.74	16.51	18.23	19.33	19.73
协议额	沿线国家（亿美元）	30.52	39.50	53.64	72.97	66.36	191.92	110.30
	全球（亿美元）	320.72	320.72	377.15	425.78	464.89	571.82	560.89
	占比（%）	9.52	12.32	14.22	17.14	14.27	33.56	19.66
执行额	沿线国家（亿美元）	26.87	32.50	45.16	55.05	49.29	64.33	69.71
	全球（亿美元）	194.17	253.56	300.58	333.93	342.30	375.56	412.27
	占比（%）	13.84	12.82	15.02	16.49	14.40	17.13	16.91

14.1.3　头部软件企业广泛参与国际竞争

面对复杂严峻的国际贸易环境，我国头部软件企业坚持推进国际化经营、广泛参与国际竞争、不断深耕海外市场，使我国软件产品和相关技术在应用中不断完善。工业和信息化部运行监测协调局发布的《2019 年中国软件业务收入前百家企业发展报告》显示，2018 年，我国软件业务收入前百家企业的软件出口额为 201 亿美元，占软件业务收入总额的 16%，占全行业出口总额的 39.3%。在这 100 家企业中，有 31 家企业在海外设立了分支机构、分公司或研发中心，积极探索新经济及智能制造领域的各类应用，产业链不断延伸，坚持开展跨国经营活动，推进我国企业在海外的本土化经营。

我国大量优秀软件产品在海外市场受到欢迎，国际影响力不断扩大。福昕 2016—2019 年的年收入额分别为 1.77 亿元、2.21 亿元、2.81 亿元和 2.49 亿元，海外收入占总收入的比例分别为 95.03%、94.78%、92.81%和 91.90%，在欧美地区的收入占总收入比例常年保持在 80%以上。福昕的海外客户有戴尔、亚马逊、谷歌、微软等国际龙头企业，亚马逊一度成为福昕的第二大股东，持股比例高达 13%。金山凭借 WPS Office 办公软件、金山文档、稻壳儿、金山词霸等办公软件产品，为全球 3.3 亿名用户提供办公服务，每天有超过 5 亿个文件在 WPS 平台上被创建、编辑和分享。字节跳动旗下的抖音及其海外版本 TikTok 成为全球性 App，月活跃用户数量达到 8 亿名，成为全世界第 6 大社交平台，长期位居下载量榜首。2020 年 4 月，抖音及其海外版本在全球软件市场的收入高达 7800 万美元，同比增长了 10 倍，在全球移动 App 收入排行中位居第一。

我国还有大量的优势装备和设备带动我国优秀软件"走出去"。大疆的无人机产品垄断全球市场，在北美的市场占有率达到 85%，市值飙升至 1600 亿元，大疆智图、飞行安全系统 GEO 等应用软件随着大疆的无人机产品飞往世界各地；2018 年，三一重工的海外销售额超过 150 亿元，其 ECC 设备控制监控系统在德国、马来西亚等国家实现部署。在开源社区贡献方面，华为在云计算开源项目 OpenStack 社区中的贡献度排在全球第 6 名，在 Linux Kernel 社区中的贡献度排在前 30 名，华为云贡献的 ServiceComb 开源微服务框架成为领域内第二受欢迎的开源项目；阿里巴巴在 GitHub 贡献了 400 多个开源项目，Netflix、Uber、滴滴、网易等企业都是其开源项目的使用者。

14.1.4　软件产业的集聚示范效应不断增强

我国软件产业布局呈现分布广泛但集聚效应明显的特点，为了发挥优势区域的示范带动作用，推动数字服务贸易的高质量发展，2020 年 4 月，商务部、中央网信办与工业和信息化部联合认定了首批 12 家国家数字服务出口基地，如表 14-4 所示。这 12 家基地分布在不同的地区，具有产业基础好、实力强、能够代表科技信息化产业发展方向和趋势及国家未来产业发展水平的特点。另外，这 12 家基地的开放程度高，有较强的国际竞争力和影响力，有利于加快我国数字服务贸易的发展，推动我国软件产业"走出去"，使我国软件产业在国际竞争中形成新优势。

表 14-4　首批 12 家国家数字服务出口基地

序号	基地名称	所在地
1	中关村软件园	北京市
2	天津经济技术开发区	天津市
3	大连高新技术产业园区	辽宁省
4	上海浦东软件园	上海市
5	中国（南京）软件谷	江苏省
6	杭州高新技术产业开发区（滨江）物联网产业园	浙江省
7	合肥高新技术产业开发区	安徽省
8	厦门软件园	福建省
9	齐鲁软件园	山东省
10	广州市天河中央商务区	广东省
11	海南生态软件园	海南省
12	成都天府软件园	四川省

　　虽然我国已经崛起了一批头部软件企业并推出了一些优秀软件产品，但与软件龙头企业相比，我国软件企业"不大不强"的问题依然存在，软件产业链协同创新能力不足，企业之间缺少合作，企业单打独斗的创新成本太高。首批 12 家国家数字服务出口基地的建设和发展，将使我国软件产业中的各类企业及其配套的上下游企业和服务业在地理层面上高密度地集聚在一起。各类产业要素将通过有机结合，实现紧密的互联互通和高效协同，使软件产业价值链得到重塑，进一步扩大我国的软件出口规模。《2019 年中国软件业务收入前百家企业发展报告》显示，我国软件业务收入前百家企业分布在全国 17 个省市，有 89 家分布在我国东部地区。由表 14-4 可知，首批国家数字服务出口基地的选择与软件业务收入前百家企业的区域分布相适应，意在充分发挥头部企业的集聚效应与示范带动作用，带动我国软件企业积极参与国际竞争、抢占国际市场。

14.2　我国软件产业的海外投资情况

14.2.1　软件产业对外投资金额迅速增加

在全球货物交易额增长放缓、国外直接投资流量连续 4 年萎缩的背景下，我国经济运行稳中有进，对外开放水平不断提高，政府部门积极引导我国软件企业"走出去"，软件产业的投资结构进一步优化。《2018 年度中国直接对外投资统计公报》显示，2018 年，我国对外直接投资 1430.4 亿美元，位居全球第二。2018 年，信息传输、软件和信息技术服务业的投资金额迅速增加，达到 56.3 亿美元，同比增长 27.1%，占投资总额的 3.9%。2018 年年底，我国信息传输、软件和信息技术服务业对外直接投资存量规模达到 1935.7 亿美元，是我国存量规模突破 1000 亿美元的 6 个行业之一，位居第 4。我国信息传输、软件和信息技术服务业在拉丁美洲的直接投资存量规模最大，达到 1559.6 亿美元。

14.2.2　在海外上市的企业数量不断增加

软件企业一般是轻资本企业，前期营利性弱，固定资产较少，不足以从银行获得抵押贷款。因此，软件企业的资金大多来自风险投资。为了获取外资，很多中国企业选择在海外上市。2000 年，新浪、网易、搜狐在美国纳斯达克上市，随后各大企业纷纷选择在海外上市。在 2019 年全球互联网上市公司 30 强中，有 10 家中国企业，依次为腾讯控股、阿里巴巴、百度、网易、美团点评、京东、拼多多、三六零、携程网、微博。这 10 家中国企业全部为海外上市企业，企业的总市值达到 9540.17 亿美元，占 30 强总市值的 27.2%。

海外上市对中国企业的国际化发展具有一定的推动作用。与在国内上市相比，在海外上市的门槛较低，创新型中小企业的上市条件十分宽松。海外上市股票的发行价格高、筹资速度快，可以带来丰富的国际合作资源，吸引更多高素质的投资者，提高企业的国际知名度与信誉度。然而，中国企业在海外上市也存在一些坏处：高昂的会计师、律师、交易所年费增加了企业的维护成本，还可能导致我国企业与本土资本市场脱节。为了吸引更多优秀的软件企业在国内上市，需构建多层次、多样化的市场体系，完善市场信息披露制度，营造更加公平、透明的投资环境。

14.2.3　监管政策收紧导致海外并购步伐放缓

海外并购一直是我国企业迅速占领海外市场的重要途径，往往聚焦于中国企业最需要的核心技术，基本投资策略是选取一些拥有核心技术能力且管理成熟的既有内生增长动力又有外延式产业并购机会的优质海外企业。我国软件企业在美国、欧洲等地积极开展海外并购。例如，联想以 23 亿美元的价格收购了 IBM 服务器业务，以 29 亿美元的价格收购了摩托罗拉移动业务；阿里巴巴全资收购美国电子商务服务提供商 Vendio Services，正式迈出进军海外市场的第一步，随后收购美国电子商务公司 Auctiva 并参与了大量 TMT 行业的初创企业私募股权投资；兰亭集势收购了美国社交网站 Ador；科蓝软件收购了韩国分布式内存数据库公司 SUNJE SOFT 株式会社，填补了我国在高端数据库领域的空白。

近年来，受美国、欧盟政策收紧、金融去杠杆及币值波动等因素的影响，我国企业的海外并购步伐明显放缓。2020 年 2 月，普华永道发布的《2019 年中国企业并购市场回顾与 2020 年展望》显示，2019 年，中国企业并购交易额降至 5587 亿美元，为 2014 年以来的最低值，与 2018 年相比，交易额和交易数量分别下降了 14% 和 13%，国内和海外并购交易额均有下降。《2018 年度中国直接对外投资统计公报》显示，2018 年，我国信息传输、软件和信息技术服务业发生对外并购事件 38 起，并购总额为 12.0 亿美元，仅占我国对外投资并购总额的 1.6%，在所有行业中排在第 11 名；2017 年，我国信息传输、软件和信息技术服务业发生对外并购事件 42 起，并购总额为 61.2 亿美元，占我国对外投资并购总额的 5.1%。与 2017 年相比，2018 年，我国信息传输、软件和信息技术服务业发生的对外并购事件的数量和金额均出现大幅下降。

第 15 章

我国软件产业的发展趋势和重点

可以预见，软件将不断嵌入人类生产和生活的各环节，软件产业在数字经济蓬勃发展的推动下将不断实现创新发展。面对新的发展机遇，我国软件产业需要乘风而上、顺势而发，抓住数字基建、制造业数字化、数据要素市场建设等新需求，在不断完善产业政策环境的基础上，提高产业链水平，形成"软硬协同、大小融通"的产业发展新格局。

15.1　软件产业的发展趋势

在推进以数据为中心的产业转型的过程中，软件云化、平台化、智能化、移动化趋势明显，软件产品和服务不断固化人类技术知识，两者相互渗透，软件生态不断延展和重塑[20]。软件逐渐成为数字时代的基石，随着 5G 等新技术的应用，软件的发展将获得更多的新动能、新空间并衍生出新生态。

15.1.1　软件产品云化

1. 操作系统

基于 Chrome 浏览器及 Linux 内核的 Chrome OS 云操作系统在经历了 10 年的发展后，逐渐成为主流，不断挑战传统的操作系统。StatCounter 的数据显示，截至 2019 年 12 月，其在全球桌面操作系统中的市场份额为 1.45%，与 Linux 操作系统（1.85%）的差距不断缩小，成为全球第五大操作系统；在美国，Chrome OS 的市场份额占比达到 6.5%，成为仅次于 Windows（65.08%）和 OS X（24.89%）的第三大桌面操作系统。

目前，Chrome 浏览器在全球浏览器中的市场份额为 67.15%，远远高于排名第二的 Safari 浏览器（9.7%）。谷歌为 Chrome 浏览器开发了一种可以运行 Android 应用的方法，即 Android Runtime for Chrome（ARC），它是基于 Chrome OS 设计的。谷歌正试图将 Android 和 Chrome OS 无缝对接，使其能够紧密协作。目前，通过云计算挑战传统操作系统发展模式的态势明显。

2. 数据库

Gartner 的数据显示，2019 年，全球数据库管理系统的收入约为 460 亿美元，同比增长了 18.4%，其中，云数据库管理系统收入在这 18.4% 的增长中占 68%。预计 2023 年，全球 75% 的数据库都会转移到云上。与传统数据库相比，云数据库管理系统不需要数据库管理员（DBA），用户可以在几分钟内对关系数据库或非关系数据库进行配置、管理、备份、恢复的数据库即服务（DBaaS）逐渐成为云服务的重要组成部分。Forrester 的调查数据显示，已有 33% 的全球基础设施业务决策者支持部署在生产环境中的 DBaaS，这个数字可能在 3～4 年内翻倍。2019 年，市场研究机构 Forrester 发布的 DBaaS 报告显示，甲骨文、亚马逊、MongoDB、微软、谷歌、IBM、SAP、阿里巴巴、腾讯等 IT 龙头企业已经在该领域进行了布局，且亚马逊、甲骨文、MongoDB、微软、谷歌在该领域处于领先地位。阿里云在容灾能力、产品形态、应用场景、开发语言支持、安全审计等领域的性能较为突出，属于第二梯队。IDC 发布的《中国金融云市场（2019 年下半年）跟踪》报告显示，在中国金融公有云市场中，阿里云处于领先地位，市场占有率达到 54%，位居第一；在金融云解决方案市场中，阿里云的市场占有率达到 12.2%，位居第一。

3. 办公软件

产品云化发展路径使办公软件更加契合用户的远程化、协同化、实时化、高效化办公需求，使其获得了更大的发展空间。办公软件通过提供文档管理、协同办公、远程会议、即时通信等云服务，摆脱了过去的产品授权模式带来的盗版、模式单一、盈利困难等问题，形成了"产品+服务"的双轮驱动发展模式。

2019 年，谷歌的 G Suite 的全球市场占有率为 55.7%，位居全球第一，体现了办公软件的云化趋势。G Suite 集成了具有邮件、日历、文档处理、表格、云存储、通信等功能的一系列办公软件产品，基于互联网实现了云端协同办公。

微软的 Office 365 于 2020 年正式升级为 Microsoft 365，除了传统的办公软件功能，微软还为其增加了全新的 AI 功能、丰富的内容和模板，以及云服务功能；金山 WPS 在云文档、云协作方面取得了重要成果，积累了大量用户，有超过 2000 万名日活跃用户。其通过使用云技术，不断丰富文章翻译、论文查重、协同办公、远程会议、智能表单、简历生成等办公功能，形成了一站式办公平台。

15.1.2 软件服务平台化

"软件即服务"的发展模式已在市场上得到了验证。基础软件、办公软件、工业软件、开放支撑软件、多媒体软件、人工智能软件及 ERP 系统、客户关系管理软件、供应链管理软件等均具有平台化趋势。与传统的单个产品授权模式相比，平台化使软件企业从卖产品转变为卖服务，软件企业不仅改变了收费模式，还围绕平台支点集聚上下游服务供应商，为用户提供一站式解决方案。

1. 工业生产领域

一方面，工业互联网软件借助工业 App 在平台端围绕工业领域的各类应用场景，以及企业研发设计、采购供应、生产制造、运营管理、企业管理、仓储物流、金融支持、数据资产管理等软件服务，成为工业领域集成化服务的软件平台代表，改变了企业需要在经营过程中配置各类单一软件，以及各软件产品集成应用和业务协同性差的局面[21]。

目前，全球有超过 400 个工业互联网平台，中国有近 270 个平台类产品及近 9 万个工业 App，主要集中于研发设计、生产制造、经营管理、运维服务等领域。另一方面，传统工业软件逐渐云化，基于工业 PaaS 提供的强大接入能力，CAD、MES 等传统工业软件加快部署、集成，工艺模型、知识组件、算法工具、开发工具等共性微服务组件在云服务平台上得到了充分的应用，用户在建模计算、数据管理、协同设计中获得了更便捷的产品体验。在云化过程中，开始出现工业软件独角兽企业，不断向传统的工业软件龙头企业发起挑战。例如，Procore 提供基于云端的建筑管理服务，建筑企业可以通过其实现报价、蓝图修改、项目监督等工程管理。

2. 商业经营领域

2018 年，工业和信息化部印发《推动企业上云实施指南（2018—2020 年）》。软件企业（特别是经营管理类软件产品企业）加速对平台化产品的布局。目前，浪潮、用友、金蝶等国内主要 ERP 软件企业纷纷推出了平台化产品。浪潮云 ERP 的产品服务覆盖了财务、采购、税务、人力、制造、营销、分析、供应链管理、客服等环节，能够应用于农业、能源、工业、建筑、医药等领域。用友则推出了 NC Cloud 大型企业数字化平台等平台化产品，2020 年第一季度，云服务业务同比增长 74.4%。传统软件产品和平台化软件产品对软件企业发展的影响不同，以金蝶 ERP 为例，2016 年，传统 ERP 营收占其总营收的 82%，云服务产品营收仅占 16%；2019 年，传统 ERP 营收占比降至 61%，而云服务产品营收则达到 39%。前瞻产业研究院的数据显示，在国内 ERP 市场中，用友、浪潮、金蝶分别以 40%、20% 和 18%的市场占有率位居前三，国外企业 SAP 和 Oracle 的市场占有率之和仅为 17%。

15.1.3　软件应用智能化

以 5G、人工智能、大数据为代表的新技术不断推动传统技术升级和应用范围扩大。随着数据量的集聚和算法模型的创新，软件应用越来越智能，新的应用场景和商业逻辑不断拓宽产业发展边界[22]。

1. 5G+软件

借助 5G 技术提供的快速、高带宽数据传输能力，软件产品和应用在图像处理、云端应用、设备调用、数据计算等方面，获得了更大的创新空间。华为发布的《5G 时代十大应用场景白皮书》指出，在 5G 技术的助力下，围绕虚拟现实、医疗、高清直播、驾驶、AI 辅助、智慧城市等应用，将衍生出巨大的创新和发展空间。英特尔发布的《5G 典型应用案例分析》报告指出，直播、云游戏、工业视觉、360 全屏将成为 5G 技术的重要应用。预计 2025 年，AR 和 VR、智慧医疗、内容分发网络、视频托管服务和在线视频服务等 5G 应用的市场规模将超过 5300 亿美元。

2. 人工智能+软件

软件是人工智能技术的天然载体。固化人类工作经验、知识和业务流程是软件的天然属性，也是人工智能的重要特征。在数据量爆发式增长的时代，人工智能模型的运行效率逐渐提高、创新基础不断夯实，智能化逐渐成为软件应用的发展趋势。从产业应用来看，一方面，在嵌入人工智能算法和数据资源后，传统的软件应用逐渐向智能化发展。例如，传统办公软件的功能更多体现在文档输入、格式调整、存储打印等文字加工层面；在融入人工智能技术之后，一些办公软件具有了全文翻译、模板写作、文章查重等智能化功能。另一方面，人工智能技术拓宽了软件应用边界。通过融合机器视觉、图像识别、生物识别等技术，不断研发车联网、智慧城市、智慧健康、智慧教育等领域的新应用。

3. 大数据+软件

数据是传统软件产品实现计算、识别、判断、分析等新功能的基础。在工业和信息化部发布的大数据产业试点示范项目中，"大数据+软件"已经在矿山管理、工厂设备管理、安全生产监控、物流分析、精准营销、采购寻源、仓库管理社会治理、金融管理等工业、民生、经济活动中得到了应用。随着数据采集、标注等基础技术的发展和数据类型的丰富，软件产品将在大数据的基础上获得更大的创新和发展空间。

15.2　软件产业的发展新形势

15.2.1　新冠肺炎疫情催生软件产业发展新趋势

2020 年年初，随着新冠肺炎疫情在全球的蔓延和扩散，各国的经济受到不同程度的冲击，经济下行、工厂停工、外贸下滑等情况逐渐出现。国际货币基金组织（IMF）预测，全球经济将萎缩 3%，这将是自 20 世纪 30 年代大萧条以来最严重的衰退。2020 年 4 月 9 日，IMF 总裁格奥尔基耶娃表示，新冠肺炎疫情是一场截然不同的危机，正在以闪电般的速度和前所未有的规模扰乱社会和经济秩序。2020 年 1 月，IMF 还预测将有超过 160 个国家实现人均收入正增长，而 2020 年 4 月，就改为预测将有超过 170 个国家出现人均收入负增长。格奥尔基耶娃认为，各国为控制疫情采取的防控措施使世界经济遭受巨大打击，非洲、拉丁美洲和亚洲多数地区的新兴市场和低收入国家将面临较高风险。联合国经济与社会事务部发布的《世界经济形势与展望》2020 年 4 月月度简报，将对 2020 年全球总产值的预测从此前的增长 2.5% 下调为 0.9%。2020 年 3 月，联合国贸发会议发布的《投资趋势监测：新冠肺炎疫情特别版》显示，全球跨国企业前百强中已有 61% 的企业发布了新的收入预期下调声明。

受疫情的影响，全球软件和信息技术服务业受到了较大的冲击。IDC 指出，2020 年全球 IT 支出下降 2.7%，传统 IT 市场缩减 1.6%，硬件设备市场缩减 8.8%。虽然软件是 2020 年全球 IT 产业中为数不多的保持增长的细分领域之一，但同比增长率下滑至 1.7%。2019—2020 年全球 IT 产业各细分领域的增长情况如表 15-1 所示。

表 15-1　2019—2020 年全球 IT 产业各细分领域的增长情况

细分领域	2019 年同比增长率（%）	2020 年同比增长率（%）
设备	0.9	−8.8
基础设施	8.8	5.3
软件	10.0	1.7
IT 服务	3.9	−2.0
IT 支出	4.8	−2.7

美国软件支出增长将暂时放缓。Forrester 预计，2020 年下半年，美国计算机和通信设备支出可能会下降 5%～10%；技术咨询和系统集成服务支出增长将暂时放缓，如果企业削减新技术项目，支出可能最多会下降 5%，软件支出增长率也将下降至 2%～4%。

英国 IT 和软件供应商及时对业务进行调整。新冠肺炎疫情期间，英国 IT 和软件厂商为软件和应用程序提供紧急服务、教育和远程工作支持。同时，受新冠肺炎疫情的影响，英国科技公司的投资可能会出现一些短期的中断，但已取得的进步和创新成果将帮助其渡过难关。

印度 IT 服务和业务流程外包部门面临双重挑战。国际评级机构 ICRA 的数据显示，受新冠肺炎疫情的影响，印度 IT 服务业的业务连续性和业务增长将在短期内受到影响。当前，该行业的增长率仅为 3%～5%，而 ICRA 此前预计该行业的增长率为 6%～8%。在印度 60 个 STPI 产业园中运营的 IT 企业将免除 2020 年 1 月 1 日至 2020 年 6 月 30日的租金。新冠肺炎疫情期间，印度约 90%的 IT 企业员工及 70%～80%的业务流程外包和中小企业员工在家办公，以确保业务的连续性。

新兴服务需求释放，软件产业发展空间扩大。习近平总书记于 2020 年 2 月 14 日主持召开中央全面深化改革委员会第十二次会议并发表重要讲话，强调要鼓励运用大数据、人工智能、云计算等数字技术在疫情监测分析、病毒溯源、防控救治、资源调配等方面发挥支撑作用。受疫情的影响，传统动能被短期抑制，但以新产业、新产品和新商业模式为代表的数字经济新动能逆势增长。特别是以软件技术为核心的无接触配送、远程教育、远程办公等新业态、新模式展现出巨大的发展潜力。国家统计局的 GDP 核算数据显示，2020 年第一季度，信息传输、软件和信息技术服务业同比增长 13.2%，成为为数不多的增长率超过两位数的行业。

疫情防控凸显软件平台化、智能化趋势。在疫情防控期间，面对人员定位、数据追溯、疫情筛查等新需求，"体温筛查系统""健康码""社区智能出行管理系统""社区大数据监测平台"等新产品和新应用快速落地，为疫情防控急需的数据更新、疫情标记、社区人员管理、人员追溯等提供了重要支持。在健康咨询诊断服务方面，为解决疫情防控带来的巨大问诊需求，腾讯健康等上线了线上问诊、AI 自诊等软件服务，有超过 300 个县市的 9 亿名用户使用，累计访问量达到 80 亿次；阿里巴巴推出人工智能 CT

诊断软件产品，20 秒内即可完成诊断，在超过 150 家医院得到应用，极大地缓解了一线医生的压力。

助力企业融资凸显软件服务化、协同化趋势。新冠肺炎疫情导致的生产要素割裂问题，使软件产品的远程化、实时化、智能化特点进一步凸显。银行机构和软件企业借助区块链等新技术推出了多种新兴金融授信服务，通过经营活动数据进行在线信贷审核，有效解决了中小企业在复工复产中的融资难问题。例如，华为推出的"供应链金融解决方案"以区块链技术为基础，通过引入 AI、IoT 等技术，从征信、融资、交易等角度入手，帮助企业降低融资成本、加快资金链周转、降低质押融资风险、实现数据共享。

创新复工模式凸显软件协同化、远程化趋势。新冠肺炎疫情导致用户对在线文档的需求迅速增加。QuestMobile 的数据显示，效率办公类软件产品的平均日活跃用户数量增加了近 4000 万名。疫情期间，金山文档的在线编辑日活跃量增长了约 6.5 倍，表单日活跃量增长了约 27 倍，而会议日活跃量增长了约 177 倍。

15.2.2　数字新基建释放软件产业发展新动能

2020 年，国务院政府工作报告中指出，加强新型基础设施建设，发展新一代信息网络，拓展 5G 应用，建设充电桩，推广新能源汽车，激发新消费需求，助力产业升级。首次将新基建写入政府工作报告。"新基建"源于 2018 年年底中央经济工作会议提出的"新型基础设施建设"。2019 年，5G、大数据中心、人工智能、工业互联网等概念不断加入新基建，新基建将成为支撑数字经济快速发展的重要基础。

1. 新基建带动软件产业投资增加

围绕 5G、物联网、工业互联网、人工智能、云计算、区块链等技术的软件应用是新基建的重要载体。随着数据传输和处理能力的提高，新型软件的应用空间将进一步扩大。从增长态势来看，2021—2025 年，我国新基建的直接投资将达到 10 万亿元，带动投资 17.1 万亿元。其中，5G 的直接投资将达到 2.5 万亿元，带动投资 5 万亿元；大数据的直接投资将达到 1.5 万亿元，带动投资 3.5 万亿元；人工智能的直接投资将达到

2200 亿元，带动投资 4000 亿元；工业互联网的直接投资将达到 6500 亿元，带动投资 1 万亿元。2021 年，车联网的市场规模将突破 1000 亿元。在疫情的影响和新基建的带动下，2020 年第一季度我国 VC 市场投资情况如图 15-2 所示。

表 15-2　2020 年第一季度我国 VC 市场投资情况

	投资案例数量（个）	投资金额（亿元）	金额全行业占比（%）
IT	163	6307.1	25.11
生物技术、医疗健康	112	4894.84	19.48
互联网	87	4232.5	16.85
半导体及电子设备	57	2588.71	10.30
金融	20	1490.31	5.93
机械制造	19	1066.42	4.24
化工原料及加工	19	904.22	3.60
清洁技术	13	854.52	3.40
教育与培训	11	583.53	2.32
娱乐传媒	9	496.62	1.98
连锁及零售	8	458.9	1.83
食品&饮料	7	429.49	1.71
电信及增值业务	7	241.87	0.96
物流	6	179.89	0.72
能源及矿产	4	155	0.62
其他	3	122.99	0.49
房地产	3	40.94	0.16
建筑、工程	1	21.31	0.08
纺织及服装	1	18.19	0.07
汽车	1		0.00
农、林、牧、渔	1		0.00
未披露	1	35.22	0.14

2. 新基建拓展软件创新空间

在生产制造领域，2020 年第一季度，新经济、新动能逆势增长，电子元件、集成电路的产量不减反增。中铝萨帕等借助工业互联网平台，建设了自动化生产线，整个车间只需要 5 名工人在线操作，就可以完成以前近 100 人的工作量，能够有序实现复工复产。

在商业服务领域，云计算的发展拓展了软件创新空间。例如，阿里云的客户已经覆盖了 38%的世界 500 强企业、80%的国内高科技企业和 50%以上的 A 股上市企业。Canalys 的数据显示，阿里云在国内市场中的市场份额为 46.4%。新冠肺炎疫情推动了云服务的落地，据不完全统计，有超过 2 亿人使用钉钉居家办公，约有 5000 万名学生使用钉钉远程上课。腾讯云已经形成了近 200 个不同业务场景的全栈解决方案，覆盖了政务、物流、制造、司法、酒店、文旅等业务场景，可以为初创企业、成熟企业等不同阶段的企业提供存储、计算等软件服务。在生态构建方面，基于云计算的搜索、智能推荐、图像识别、文字识别、语音识别、企业画像等服务，催生了云支付、云会议等软件新应用和新服务。在腾讯会议推出后的两个月内，日活跃用户数量超过 1000 万名，腾讯视频云支持企业直播超过 300 万次。

15.2.3　数据要素孕育软件产业发展新生态

许多国家和地区越来越重视数据这一战略资源。2020 年 2 月，欧盟委员会发布了《塑造欧洲的数字未来》《欧洲数据战略》和《人工智能白皮书》3 份重要的数字战略文件，旨在创建欧盟单一数据市场。2020 年 4 月，美国国际开发署（USAID）发布《数字战略 2020—2024》，希望加强国家级数字生态系统的开放性、包容性和安全性。2020 年 5 月，"培育数据市场"首次出现在我国政府工作报告中。许多省市制定和实施了与大数据相关的政策文件。全球数据总量接近 40ZB，中国的数据量占全球数据总量的 20%左右，成为世界第一大数据资源国。

数据新要素促进软件产品升级。软件是数据、逻辑和物理实体调度的天然综合体，数据积累无疑将丰富软件产品的功能。以新冠肺炎疫情防控为例，部分企业充分发挥在工业大数据领域的技术优势，通过资源调度与数据分析，实现抗疫资源的精准对接。海尔、航天云网等企业通过工业互联网大数据平台，实时汇总防疫物资产能情况并更新全国防疫物资产能态势图，实现防疫物资的产能调度和需求对接，有效解决了疫情防控的物资供应问题。阿里云面向制造企业推出防疫复工生产管理方案，帮助企业进行返岗人员近期健康信息记录、防疫物资准备、生产场地设备消毒等，使企业的生产管理效率提高了50%以上。徐工信息的汉云平台对设备保养数据及历史故障数据进行了多维度的离线计算和分析，为企业提供保养提醒及设备异常恢复方案。腾讯、用友、华为等为复工企业提供员工体温异常筛查、生产设备远程监控与维护等解决方案和服务，有效缓解了企业的压力。

数据新要素拓展软件生态版图。传统软件产业的商业模式主要为直接交付软件产品，随着数据量的丰富、人工智能技术的发展及人们对软件服务智能化、准确化、个性化需求的增加，以数据为核心的软件生态逐渐发展起来。围绕数据的全生命周期，具有数据采集、分析、清洗、处理、交易、存储、可视化等功能的软件蓬勃发展，一大批独角兽企业不断涌现。截至2019年，我国大数据产业规模超过8000亿元，2020年年底有望超过10000亿元。在工业管理、智能调度、智能诊断、营销对接、智慧税务、安全应急等领域涌现了多个典型应用。2019年，有33家优秀产品和61家优秀应用解决方案入选工业和信息化部"2019年大数据优秀产品和应用解决方案案例"。

15.2.4　工业互联网拓展软件产业发展新空间

软件的技术进步和产业发展正加速驱动制造业数字化、网络化、智能化转型，工业互联网在与传统产业深度融合的过程中拓展了软件产业发展新空间。工业和信息化部的统计结果显示，我国工业互联网已经初具规模，有超过70个具有一定区域和行业影响力的平台，持续拓展在能源、交通、医疗等领域的应用，重点工业互联网平台的平均设备连接数量达到65万台。

赋能传统制造业为软件提供发展空间。借助工业互联网平台，软件在研发设计、生产制造、经营管理、运维服务等环节的应用不断深化，软件对数字化车间、智能工厂建设的支撑作用逐渐增强，在不同地区和行业中形成了具有不同特色的软件定义新型制造体系。例如，2018年7月，江苏省工信厅联合华为启动实施《江苏省工业互联网创新发展"365工程"》，截至2019年年底，江苏省已有超过25万家上云企业、超过

3000 家星级上云企业、34 家标杆工厂、11 个"互联网+先进制造业"特色产业基地。在赋能传统制造业的过程中，一批产品生命周期管理系统、云 ERP、商务智能系统、云仿真、云计算系统、智能安全监控系统等软件产品在工业互联网平台的牵引下落地，拓宽了传统软件产品的边界。

创新现代服务业为软件提供增值空间。工业互联网能够打通企业研发设计、生产制造、经营管理、运维服务等环节，物流、设计等现代服务不断通过平台服务、工业 App 等嵌入到企业的生产和经营过程中。随着工业互联网从企业级发展到园区级、集群级，依托工业互联网平台的软件创新将获得更大的发展空间。例如，在工业和信息化部每年发布的工业互联网 App 优秀解决方案名单中，除了传统的生产制造、协同管理、工厂云、安全检查、智能运维等解决方案，还包括精益仓储、创新设计、配送物流等服务类 App。工业互联网平台在行业实践中逐渐成为产业管理的枢纽和企业数字化转型的一站式平台，政策服务、金融服务、用工服务等新服务不断增加。

15.2.5　社会治理现代化催生软件产业发展新需求

在社会治理领域，人们对政府服务的精准化、实时化、全面化需求不断升级。通过大数据、区块链、人工智能等新兴软件技术创新政府监管和治理方法，搭建面向不同社会治理主体的信息连接桥梁，促进简政放权，提高公共服务水平，催生"数据多跑路、百姓少跑腿"的服务趋势。

软件助力政府服务云化。通过把握数字基建新机遇、创新软件应用、提高新冠肺炎疫情防控期间的政府服务效率，凸显软件赋能特色。在云招商方面，2020 年 2 月 15 日，重庆两江新区开展"云签约"活动，引资 69 亿美元；2020 年 2 月 11 日，南京浦口经济开发区开启"云招商"，通过"云洽谈""云推介""云签约"等方式，签约亿元以上项目 42 个，总投资金额达到 116.82 亿元；2020 年 2 月 17 日，德阳市通过网络投资推介会推出了 37 个重点项目，总投资金额达到 1501.7 亿元。在云管理方面，杭州市政府通过阿里巴巴的数字化平台推行员工"健康打卡"和"健康码"，确保了当地复工复产的有序进行。在云服务方面，广州、上海、深圳、江苏、安徽等省市通过充分发挥"数字政府"平台的支撑作用，推进"不见面""非接触"的线上政务服务，保障企业复工复产；无锡新吴区、福建蓬壶镇等地通过"疫情防控平台"梳理当地企业的用工需求，实时监控工地疫情防控信息，为政府有序组织复工提供支持。

软件平台提高区域治理水平。公安部联合阿里巴巴建设了儿童失踪信息紧急发布平台"团圆系统"，2017—2019 年，发布 4297 条儿童失踪信息，找回儿童 4217 名，找回率达到 98.1%。疫情防控期间，智慧城市与工业大数据应用结合，具有巨大的实用价值。例如，国网杭州供电公司联合当地发展和改革委员会、物价监管部门发布了全国首个"转供电费码"，运用互联网和大数据技术，破除转供电违规加价壁垒，通过"用户码上查、政府码上管、供电公司码上帮"的业务创新机制，将超过 3 亿元的电费"减免"红包及时送到 40 万家复工复产企业；浪潮云联合山东省教育厅搭建"山东省教育疫情防控体系和信息化平台"，教育部门可以通过平台及时掌握师生的健康状况，来确保复学师生的安全。

15.3　软件产业的发展重点

软件是数字社会之基。随着全球数字化水平的提高，国家治理、产业发展、技术创新等领域不断对软件产业的发展提出新要求。在新形势下，我国应提高产业基础能力、增加研发投资、加强基础研究与人才培养、保障产业安全机制，逐渐提高产业链水平，完善人才培养机制，形成竞争优势。

15.3.1　加强顶层制度设计

我们要聚焦支撑制造强国、网络强国、数字中国、智慧社会等国家信息化发展战略，发挥软件在保障安全、引领创新、促进转型、培育动能中的基础性支撑作用，在全球新一轮科技和产业竞争中抢占发展先机，构筑国家竞争新优势。

健全软件产业政策体系。针对我国软件产业细分领域的特点，制定体系化软件产业发展顶层设计方案；针对薄弱环节的不同情况，设置多元化发展路径；为自主研发、合作研发、跨国并购等发展路径制定不同的支持政策。建立健全国产软件推广机制，培育自主开源生态；布局基础软件、新兴软件核心技术研发，促进应用软件产品化；促进软件的转型升级，加强产业联动；不断完善软件贸易出口支持政策，提供财政和税收优惠。

加强政策间的配合。聚焦国家重大战略需求，通过引导性政策鼓励软件产品供给企业与市场需求企业对接，把握当前产业链与供应链格局变化的新趋势，实现弯道超车。搭建产业发展平台，加强产业发展实践总结；创新政策，鼓励软件产业链上下游创新产业链组织模式；打造最佳产业联盟，在"软件出海""行业标杆"方面，形成更多契合国内市场需求的特色产品；梳理软件产业财税、金融支持政策，发挥国内市场对软件产业发展的带动作用。优化对政府、国企等信息技术部门的考核管理机制，完善风险管理制度，为国产软件产品的应用提供更多试错空间。

增加研发投资。第一，增加中央及地方各级财政机构的研发投资，逐渐缩小与发达国家的研发投资差距；第二，完善研发税收抵免的相关举措，推动落实将研发费用加计扣除比例提高到 75% 并扩大到所有企业的举措，使更多软件企业享受优惠；第三，优化科研项目管理和经费使用方法，落实国务院《关于优化科研管理提升科研绩效若干措施的通知》，赋予科研人员更大的人财物自主支配权，减轻科研人员的负担，调动科研人员的积极性，使其将更多精力投入科学研究和关键领域的核心技术攻关中。

加强品牌建设与知识产权保护。完善软件价值评估体系，制定并推广软件价值评估规范，开发软件定价工具；持续推进软件名城和名园建设，充分发挥产业的集聚优势，打造软件产品、企业、园区和名城一体化的软件产业发展生态；通过产业链、价值链、供应链的互联互接，激发企业创新行为，打造优势特色品牌，培育一批国际层面的知名品牌；持续推进软件知识产权保护和正版化工作，使软件正版化检查工作与国产软件推广工作有机结合；推进软件价值合理评估工作，推广软件价值评估规范，完善软件价值评估机制，有效引导市场资源的合理配置。

加强对软件企业的金融支持。第一，出台配套财税扶持政策。为关键软件创新研发设立专项资金，推动成立国家软件产业投资基金，引导社会资本支持软件产业发展，开拓更多的融资途径，为初创企业提供更多的资金支持；鼓励地方财政在中央贷款贴息的基础上，进一步加大支持力度，设立专项纾困资金，为受新冠肺炎疫情影响严重的软件产业链、供应链企业提供支持。第二，加强信贷支持。推动金融机构对有发展前景但受新冠肺炎疫情影响较大的软件企业适当下调贷款利率，并开通特殊通道，缩短审批时间，有条件的地区可推行一企一案的针对性解决方案。第三，推进工业互联网产融结合。发挥工业互联网平台资源集聚和数据分析优势，鼓励平台开展"工业云贷"等相关金融服务，降低供应链、产业链相关企业的融资门槛，形成新的发展模式和利润增长点。

15.3.2 提高产业链竞争水平

提高企业整体实力。第一，打造具有战略性和全局性的产业链，将产学研用有效结合，加强软件核心技术攻关，支持上下游企业加强产业协同和技术合作，增强产业链韧性，提高产业链水平；第二，集中力量培育大型企业，尊重核心技术领域的寡头垄断规律，整合政策、资金、人才等资源，实现核心技术突破；第三，支持中小企业的发展，引导中小企业聚焦主业、提高专业化发展水平，加快培育"小巨人"和"单项冠军"，缓解中小企业的融资难问题，进一步激发中小企业的创新创业活力；第四，提高产业链控制和重组能力，加强国内外形势研判和超前布局，增强应对全球产业链外迁、产业链逆向回流的能力，推动软件产业向研发设计、中高端制造等价值链高端环节延伸，稳步提高高科技产业的比例，不断提高产业链的控制与主导能力。依托产业链核心企业，加强全球范围内的投资和产业合作，优化全球供应链布局，提高对全球资源的整合利用能力。

引导软件产业打造差异化竞争力。一方面，准确把握软件多技术融合的发展趋势，系统研判云计算、大数据、人工智能、5G等新一代信息技术对传统操作系统、数据库、工业软件发展的影响；选准技术路径并尽快组织力量切入，推进差异竞争、换道突破、优势互补，加快关键软件创新，尽快培育形成竞争优势；瞄准关系长远的重点领域，超前谋划，提前布局"前沿技术"和"颠覆性技术"，抢占未来产业发展的制高点。另一方面，发挥我国应用强、网络强、市场强的优势，增强软件产业体系化创新能力，促进应用侧与供给侧的有机对接，引导网、云、端的良性互动；发挥企业在工业互联网、云计算、5G 等领域的技术优势，促进面向新型架构的操作系统、数据库、工业软件的创新发展，形成产业发展的综合优势。

构建"软硬协同、大小融通"的产业发展新格局。鼓励产业主体实现软硬件协同发展，分级分类布局软硬件协同发展的重点领域，引导软硬件企业合作，鼓励软硬件企业在标准对接、产品配套、市场捆绑等方面形成"战略联盟"；开展生态建设试点遴选和宣贯工作，鼓励大型企业发挥生态引领作用，引导优势企业强强联合，培育一批工程化水平高、生态整合能力强、市场影响力大的大型软件企业，推动产业链上下游协同发展；在工业 App 等重点领域，鼓励中小企业提高网络化、专业化服务能力。

完善软件人才培养机制。全面加强软件基础教育、职业教育、高等教育，推进产教融合，建设信息技术新工科，打造高素质软件人才队伍，为产业发展提供智力保障；推进信息技术新工科和国家示范性软件学院建设，加强对软件高水平人才的培养；在工业软件等重点领域，支持工科院校开设工业软件基础研发课程，鼓励工业企业联合高校及培训机构培养具备工业知识和软件开发能力的复合型人才；建立适应软件产业发展需求的人事制度、薪酬制度、人才评价机制，优化知识产权共享与利益分配机制。

15.3.3　优化市场环境

对接数字基础设施升级需求。鼓励我国软件和信息技术服务业企业和科研机构等生态主体对接新冠肺炎疫情防控和新型数字基础设施升级需求。第一，充分运用新一代信息技术，协助政府、企业、协会、科研机构的数据开放与共享。在推进国家数据共享交换平台建设、打通部门之间的数据壁垒、激活公共数据价值的同时，为软件企业提供新的需求解决方案；第二，以重点工业互联网平台为节点，打通电子政务与工业数据之间的数据壁垒，构建形成高度自动化、智能化的制造业产能波动和供应链风险预警数据资源体系，以及战略性行业关键物资的应急保障数字基础设施；第三，建设国家现代化工业大数据资源平台，推进工业互联网平台、标识解析体系等新型数字基础设施建设，集聚数据资源，为数据要素市场提供公共资源。

促进制造业数字化转型。推动传统产业的数字化改造，为软件企业提供发展空间。第一，以应对新冠肺炎疫情为契机，统筹分配工业和信息化相关专项资金，鼓励各级地方主管部门通过加强试点示范、专项支持、退税补贴等方式，推动制造企业上云、上平台和数字化、网络化、智能化转型升级，增加软件企业的用户数量；第二，发挥各类政府产业基金的作用，加快制造业数字化转型项目的落地，支持国产软件企业运用大数据、人工智能、区块链等新一代信息技术推进制造业数字化、网络化、智能化改造，增强产业链的韧性；第三，发挥大型工业互联网平台企业和行业龙头企业的带动作用，引导传统企业进行信息化改造，培育新模式、新业态，打造"云"上产业链。

加快数据要素市场建设。推动制定数据治理规范，保证数据在统一框架下的有序流动，在数据安全的情况下实现数据开放和共享；加强数据管理与规模应用，引导企业加快实现业务数据化，推动企业对外提供数据产品和数据服务，不断挖掘数据作为关键生产要素的价值，拓展数字经济的"下沉"空间。

参考文献

[1] 李宏宽. 我国自主软件产业生态构建及对策研究[R]. 北京: 国家工业信息安全发展研究中心, 2020.

[2] 马瑞敏, 李宏宽, 李端. 我国软件产业竞争力与发展思考[R]. 北京: 国家工业信息安全发展研究中心, 2019.

[3] 董瑞志, 李必信, 王璐璐, 等. 软件生态系统研究综述[J]. 计算机学报, 2020, 43(2):250-271.

[4] K. Mizushima, Y. Ikawa. A Structure for Innovation Reproduction in the Eclipse OSS Ecosystem[J]. International Journal of Innovation and Sustainable Development, 2017, 6(4):420-440.

[5] 黄鹏. 加快提升我国软件产业国际竞争力[J]. 中国信息化, 2019(9):98-100.

[6] 李颖. 中国 IT 产业发展报告（2018—2019）[M]. 北京: 社会科学文献出版社, 2019.

[7] Miklós Biró, Ricardo Colomo-Palacios, Richard Messnarz. Addressing Evolving Requirements Faced by the Software Industry[J]. Journal of Software: Evolution and Process, 2020, 32:2237.

[8] 张得光, 李兵, 何鹏, 周华昱. 基于软件生态系统的开源社区特性研究[J]. 计算机工程, 2015, 41(11):106-113.

[9] ASF. Apache Software Foundation Annual Report-FY2019[R]. Massachusetts: Apache Software Foundation, 2019.

[10] OpenStack Foundation. 2019 OpenStack Foundation Annual Report[R]. California: OpenStack Foundation, 2019.

[11] Duc A N, Cruzes D S, Hanssen G K, et al. Coopetition of Software Firms in Open Source Software Ecosystems[C]. Essen: Proceedings of the 8th International Conference on Software Business (ICSOB 2017), 2017:146-160.

[12] Linux Foundation. Linux Kernel Development Report[R]. California: Linux Foundation, 2017.

[13] David B. Audretsch, Maksim Belitski. The Role of R&D and Knowledge Spillovers in Innovation and Productivity[J]. European Economic Review, 2020, 123(4):10-33.

[14] 黄鹏. 扎实推动我国软件产业高质量发展[J]. 智能制造, 2019(8):27-28.

[15] 胡思洋. 2019—2020 年信息技术产业形势分析[R]. 北京：国家工业信息安全发展研究中心, 2020.

[16] Iain M. Cockburn, Megan MacGarvie. Entry and Patenting in the Software Industry[J]. Management Science, 2011, 57(5):915-933.

[17] Diego Useche. Are Patents Signals for the IPO Market? An EU – US Comparison for the Software Industry[J]. Research Policy, 2014, 43(3):1299-1311.

[18] 张宇霞，周明辉，张伟，等. OpenStack 开源社区中商业组织的参与模式[J]. 软件学报, 2017, 28(6):1343-1356.

[19] Can Cheng, Bing Li, Zengyang Li, et al. Developer Role Evolution in Open Source Software Ecosystem: An Explanatory Study on GNOME[J]. Journal of Computer Science and Technology, 2017, 32(2):396-414.

[20] Slavica Rocheska, Marjan Angeleski, Gjorgji Mancheski. A New Methodological Approach for Designing the Software Industry Value Chain[J]. Ecoforum, 2015, 4(2):87-93.

[21] 黄鹏. 新基建图景下加快推进工业互联网创新发展[J]. 中国信息化, 2020(4):13-14.

[22] 金芝，周明辉，张宇霞. 开源软件与开源软件生态：现状与趋势[J]. 科技导报, 2016, 34(14):42-48.